史料が語るエピソード
日本史100話

樋口州男／編著

はしがき

「日本史の教科書は面白くなかったが、先生が紹介してくれたエピソード・裏話などは興味深く、記憶に残っている」などといった話をよく耳にする。

たしかに教科書は、それだけでは面白くないかもしれない。なぜなら教科書は、極端な言い方をすれば、あくまで学校の授業で活用される素材にほかならないからである。つまり、教科書の大切さ、面白さ、魅力が発揮されるのは、これまた極端な言い方になるが、それが生徒と教師とによって作りあげられる授業のなかで、どのように活用されるかにかかっていると言ってよい。そのため、これまでにもさまざまな努力・工夫が積み重ねられてきているのであり、そこにおいてエピソードの紹介もまた有益な役割を果たしてきたことは言うまでもなかろう。もっとも、エピソードのみが印象に残っているというのは――それはそれで結構楽しい思い出だが――、いささか残念で、やはり教科書が限られた短い記述のなかで伝えようとしている、私たちの先人が営んできた具体的な生活、歴史に多大な影響を与えた出来事、さらにはその歴史を動かした著名人・民衆等々の理解が、興味を持って深められていく上での適確なエピソードが望まれるのではなかろうか。

本書の目指すところも同様で、それゆえ、すでに教科書などによって基本的知識を身につけておられる読者には、さらに深く日本史の面白さを味わっていただけると確信している。また教科書などに少々苦手意識をお持ちの読者には、本書読了後、あらためて日本史概説書に挑戦されることをお薦めしたい。

さて、本書はすべての章にわたってしっかりとした史料的裏付けに基づくエピソードを紹介するように心がけたが、エピソードの選択にあたっては、それぞれの章においても冒頭の「どんな時代だったのか」で述べているように、独自の基準を設けている。

第1章――古代国家の形成から律令制度の導入、そしてその律令国家が動揺していく過程を「箸墓《はしはか》古墳は卑弥呼《ひみこ》の墓か」以下、多様な視点から捉えたエピソード。

第2章――古代の最後にして中世が始まる時代の政治史に関わる題材を中心に、武士、陰陽師《おんみょうじ》、さらには荘園に至るまでの幅広いエピソード。

第3章――源頼朝の挙兵から北条氏滅亡に至るまでの時代で、たとえば伝源頼朝像の真偽をめぐる議論をはじめ、近年研究の進展にともなって注目されているエピソード。

第4章――内乱の時代を特徴づける政治史・外交史に関わるものから、室町殿《むろまちどの》（将軍家）以下、村人に至るまで、当時の様々な階層の人々の息遣いが感じられるエピソード。

第5章――戦乱の世から平和な世への移行期に関して、東国の動向、ヨーロッパ人宣教師の眼、さらには織田信長・豊臣秀吉の政策などから取りあげたエピソード。戦乱のなかでの旅にも注目。

第6章――体外戦争や国内戦争のない「平和」な時代における田畑勝手作りの禁の問題点をはじめ、従来の固定的な見方に対して再考を促すエピソードなど。大津波・大地震にも注目。

第7章――幕藩体制の崩壊・近代国家建設から明治天皇と乃木希典《のぎまれすけ》の死に至るまでのエピソード。外交関係では新しい視点からのエピソードを紹介し、三陸大津波も取り上げている。

本書は、右のように古代国家形成期から明治期に至るあいだのエピソード100話を紹介し、読者が全体を読み通すことで一定の通史が理解できるようになっている。しかし、興味深いものから読み進められてよいことはもちろんである。なお「しっかりとした史料的裏付け」「近年の研究云々」などといった表現から、やや堅苦しい感じを受けられるかもしれない。骨太のエピソード集としてお読みいただけると幸甚である。最後に、本書は多くの先学の研究に依拠している。しかし本書の性格上、その大半の紹介を割愛させていただいた。この場を借りて非礼をおわびしたいと思う。

二〇一三年三月

編集委員代表　樋口州男

目次

第7章　明治期──どんな時代だったのか……248

第1章　古代国家の形成期――どんな時代だったのか

ヤマト政権の成立　史料上にこの日本列島のことが初めて取り上げられるのは、中国の史書『漢書《かんじょ》』においてである。その『漢書』地理志《ちりし》によると、紀元前一世紀頃より九州北部に百以上の「小国（クニ）」が分立していたことがわかる。弥生時代中期に入って、九州北部を中心に「小国」といえる政治的集団が形成されていったことは、軍事的な性格を有する環濠《かんごう》集落や高地性集落の遺跡が発見されるなど、考古学的な研究の成果からも裏付けられる。

この「小国」が抗争と統合を繰り返しながら徐々に大きな政治的集団へ成長していき、三世紀には女王卑弥呼《ひみこ》の統治する邪馬台国《やまたいこく》の成立にいたる。しかし、その所在地が特定されていないため、邪馬台国がすでに近畿地方から九州北部までの広域に及ぶ統治体となっていたか、まだ大和、あるいは九州北部を中心とする地方政権の段階であったのかは明らかでない。

四世紀には、大和地方を拠点として、近畿から九州北部におよぶ広域の政治連合が形成される。この政治連合はヤマト政権とよばれ、大王《おおきみ》を中心とした諸豪族による連合政権として、四世紀後半から五世紀に東日本や九州中部へ勢力を拡大していくとともに、鉄資源の確保や大陸の先進技術の受容のため、朝鮮半島南部への進出も進めていった。こうして五世紀後半のワカタケル大王（雄略《ゆうりゃく》天皇）の時代には、ヤマト政権は関東地方から九州中部をその勢力下におさめるようになった。

律令国家の建設　六世紀に入ると、中央における有力豪族同士の権力抗争や地方豪族の反乱などによりヤマト政権の支配は動揺し、朝鮮半島南部における影響力も後退していった。

中国で隋《ずい》に続いて六一八年に唐《とう》がおこり、中央集権的な国家を整備していくと、高句麗《こうくり》・百済《くだら》・新羅《しらぎ》の朝鮮三国も唐に倣《なら》って中央集権化を進めていくことになった。さらに、唐による高句麗征討によって半島情勢が緊張していくなかで、ヤマト政権内においても唐や朝鮮諸国と同様の中央集権国家を建設しなくてはならないという気運が高まり、六四五年、中大兄皇子《なかのおおえのみこ》や中臣《なかとみの》鎌足《かまたり》らが蘇我蝦夷《そがのえみし》・入鹿《いるか》父子を滅ぼし、大化改新《たいかのかいしん》とよばれる中央集権的な律令制度を導入する諸改革を実施していくこととなった。こうした改革は、壬申《じんしん》の乱後、天武《てんむ》天皇や持統《じとう》天皇に引き継がれ、文武《もんむ》天皇の七〇一年に大宝律令《たいほうりつりょう》が制定されることで一応の完成をみることになる。

律令体制の動揺　七一〇年の平城京遷都後の奈良時代になると、律令制度の動揺が目立ち始める。七世紀末から八世紀初め、政界の中心的役割を担った藤原不《ふ》比等《ひと》の死後、藤原氏と反藤原氏勢力の間で、長屋王《ながやおう》の変や藤原広嗣《ひろつぐ》の乱、恵美押勝《えみのおしかつ》の乱など、権力抗争が繰り広げられて政局は混乱をきたし、さらには口分田《くぶんでん》不足や班田《はんでん》農民の浮浪・逃亡により、律令体制の根幹をなす班田制も動揺していった。政府は七二二年の百万町歩の開墾計画、翌七二三年の三世一身法《さんぜいっしんのほう》に続き、七四三年には墾田永年私財法《こんでんえいねんしざいほう》を出して、開墾した田地の永久私有を保障することで土地支配制度の強化をはかろうとしたが、現実には有力貴族や大寺社による私有地拡大を促すことになり、律令制的土地支配体制は一層崩壊していくこととなった。

本章では、古代国家の形成から大化改新による律令制度の導入、そして奈良時代に入って繰り返される政変など、律令制度が動揺していく過程を、多様な視点からとらえたエピソードを取り上げることでたどっていく。

第1話　箸墓古墳《はしはか》は卑弥呼《ひみこ》の墓か

箸墓古墳　『魏志《ぎし》』倭人伝《わじんでん》には、

卑弥呼死する以《もっ》て、大いに冢《つか》を作る。径《けい》百余歩、殉葬《じゅんそう》するもの奴婢《ぬひ》百余人。

と、大きな墳墓が造られたことが記されている。その卑弥呼の墓とされる有力な候補に箸墓古墳がある。箸墓古墳は奈良県桜井市箸中《はしなか》にあり、三輪《みわ》山の西麓に位置する最古級の古墳で、全長二百八十メートル、後円部径百五十五メートルの前期古墳最大の前方後円墳である。この箸墓を卑弥呼の墓に比定する説はすでに昭和初期からあったが、考古学的には、二四七年頃と推定される卑弥呼の没年と箸墓古墳の築造年代にはずれがあるとされていた。近年、古墳の出現時期は従来よりも遡《さかのぼ》ることが明らかとなり、箸墓古墳についても、炭素14年代測定法を用いた調査により、その築造年代は二四〇～二六〇年頃という国立歴史民族博物館の研究成果が二〇〇九年に発表されている。もっとも、こうした研究成果には異論も出されているが、箸墓古墳の築造年代が卑弥呼の没年と合致する可能性が高まったことから、箸墓古墳は卑弥呼の墓の有力な候補として一層注目されるようになった。また、箸墓古墳を含む纒向《まきむく》遺跡は、広範にわたる人や物資の交流拠点となった大規模集落遺跡で、こちらも邪馬台国《やまたいこく》との関連で注目される遺跡である。

箸墓古墳の被葬者　箸墓古墳は、現在、倭迹迹日百襲姫命《やまとととひももそひめのみこと》を被葬したと伝える大市墓《おおちのはか》として宮内庁が管理している。倭迹迹日百襲姫命（『古事記』では「夜麻登登母々曾毗売命《やまとともももそびめのみこと》」）は神武《じんむ》天皇から七代目にあたる孝霊《こうれい》天皇の皇女とされ、『日本書紀』崇神《すじん》天皇七年には、国内で蔓延した疫病に関して、倭迹迹日百襲姫命が神がかりして大物主神《おおものぬしのかみ》の言葉を告げたという記事、同十年には、孝元《こうげん》天皇の皇子武埴安彦命《たけはにやすひこのみこと》の謀反《むほん》を予言したという記事が見える。また、倭迹迹日百襲姫命は大物主神の妻となったが、夜ごとに訪れていた神の正体が蛇であることに驚き叫び声を上げ、神に恥をかかせてしまったことを後悔して、箸で陰部を突き自殺したとされる。これが箸墓の名の由来とされるが、このように倭迹迹日百襲姫命は『日本書紀』には呪術《じゅじゅつ》的能力を有するシャーマン的な女性として登場し、『魏志』倭人伝に「鬼道《きどう》を事とし、能《よ》く衆を惑《まど》わす」と記され、シャーマン的な女王として男弟とともに倭国を統治した卑弥呼と共通性がみられることは興味深い。

卑弥呼と『日本書紀』

『日本書紀』には直接「卑弥呼」の名はみられない。しかし、神功《じんぐう》皇后三十九年是歳条《ぜさいじょう》の注に、「魏志云《いわ》く」として、景初《けいしょ》三（二三九）年の「倭の女王」による魏への遣使の記述が見られ、『日本書紀』の編者は卑弥呼を神功皇后にみたてていたことがうかがえる。神功皇后は仲哀《ちゅうあい》天皇の皇后で、応神《おうじん》天皇をみごもったまま神託によって新羅《しらぎ》征討を行ったといういわゆる神功皇后伝説で有名だが、神功皇后もまた神託をうけるなど、一面において巫女《みこ》的性格をもつ女性と見ることができる。南北朝時代に『神皇正統記《じんのうしょうとうき》』を著した北畠親房《きたばたけちかふさ》や江戸時代の儒学者松下見林《けんりん》なども卑弥呼を神功皇后に比定しているが、明治時代に那珂通世《なかみちよ》が、神功皇后の時代は卑弥呼の時代より約一〇〇年後であることを指摘し、卑弥呼＝神功皇后説は否定されることになった。そのほかにも卑弥呼は、垂仁《すいにん》天皇の皇女倭姫命《やまとひめのみこと》や、九州説では九州地方の女酋《じょしゅう》などに比定する場合もある。

第2話　ヤマトタケル伝説と倭王権

ヤマトタケルの西征・東征　ヤマトタケルは『古事記』（『記』と記す）では「倭建命」、『日本書紀』（『紀』と記す）では「日本武尊」と記される。第十二代景行《けいこう》天皇の皇子で、またの名をヲウスノミコ（『記』＝小碓命、『紀』＝小碓尊）、ヤマトヲグナ（『記』＝倭男具那、『紀』＝日本童男）といい、『記』『紀』のほか『風土記』などに登場する伝承上の英雄である。

その短い生涯を、おもに『古事記』によってたどってみよう。

父景行天皇が妃《きさき》にしようとした二人の女性を兄の大碓命《おおうすのみこと》がうばい、朝夕の食前にも出てこなくなったため、天皇は小碓命に「よくお前からねんごろに教えさとしなさい」と命じられた。小碓命は天皇の言葉を取り違え、大碓命が厠《かわや》に入ったとき、待ち伏せして捕えつかみつぶしてその手足をもぎ取って投げ捨て殺してしまった。天皇は猛々しい小碓命の性質を恐れ西征を命じた。九州に赴《おもむ》いた小碓命は、熊曾建《くまそたける》の新室完成の祝宴に美少女に変装してまぎれこみ、熊曾建兄弟を剣で刺し殺した。このとき弟の熊曾建から「倭建御子《やまとたけるのみこ》」の名の奉献をうけた。その帰途、出雲《いずも》では出雲建を詐《いつわ》りの刀を用いて殺している。西征を終えて帰国した倭建命に対し、天皇は続いて東の方十二の国々の平定を命じた。倭建命は伊勢神宮に参じ、叔母《おば》の倭比売命《やまとひめのみこと》に「西征から帰国して間もないのに、次は兵も下さらずに東征に遣《つか》わすとは、天皇は私に死ねとお思いになっておられるのか」と嘆き悲しんだという。それでも、東征に出発した倭建命は相模《さがみ》の焼遣《やきつ》（『紀』では駿河《するが》の焼津《やいづ》）で国造《みやつこ》にだまされて火攻めにあい、草薙剣《くさなぎのつるぎ》で草を苅り払って難をのがれ、走水《はしりみず》の海（現在の浦賀水道）では渡の神の怒りで海が荒れ、后の弟橘比売命《おとたちばなひめのみこと》（『紀』では弟橘媛）が海中に身を投じて神の怒りをしずめるなど、苦難の末に東国を平定し帰途についた。伊吹《いぶき》山の神を討ち取りに山には入るものの、神の降らす氷雨《ひさめ》に打ち惑わされ、伊勢の能煩野《のぼの》で力尽き、「倭は国のまほろば　たたなづく　青垣　山ごもれる　倭し　美し」という有名な思国歌《くにしのびうた》をよみ、故郷の大和をしのびながらこの世を去る。死後、「八尋白智鳥《やひろしろちどり》」となって飛び去ったとされる。

ヤマトタケルとワカタケル

五世紀の倭の状況を記した『宋書《そうじょ》』倭国伝の倭王武《ぶ》の上表文には、「昔より祖禰《そでい》躬《みずか》ら甲冑《かっちゅう》を擐《つらぬ》き、山川を跋渉《ばっしょう》して寧処《ねいしょ》に遑《いとま》あらず。東は毛人《もうじん》を征すること五十五国、西は衆夷《しゅうい》を服すること六十六国」とあり、東へ西へと征討事業を繰り広げたことはヤマトタケルの物語を連想させる。また、倭王武である雄略《ゆうりゃく》天皇の名はワカタケルであり、別にヤマトタケルと同じ「童男《おぐな》」という名をもつだけでなく、兄の黒日子《くろひこ》王、白日子《しろひこ》を打ち殺している乱暴な人物像もヤマトタケルと共通する。さらに、『記』『紀』いずれにもヤマトタケルの子にワカタケルの名がみえることなどから、ヤマトタケルは雄略天皇の父に位置づけられていた時期があったとの指摘もある。しかし、『日本書紀』編纂までの過程で、万世一系の思想が形成されるなかで雄略天皇の存在が強調されるようになるとともに、神功皇后による朝鮮征討の物語の成立により、神功《じんぐう》皇后以前に東国征討の物語を挿入する必要が出たため、ヤマトタケルが雄略天皇から引き離されて景行天皇の皇子として扱われることになったとも考えられる。

第3話　聖徳太子の実像と太子信仰

『日本書紀』のなかの聖徳太子

『日本書紀《にほんしょき》』には「聖徳太子」について「東宮聖徳《とうぐうしょうとく》」「厩戸皇子《うまやとのみこ》」「豊聡《とよと》耳聖徳《みみしょうとく》」「豊聡耳法大王《とよとみみのりのおおきみ》」「法主王《のりのうしのおおきみ》」「上宮厩戸豊聡耳太子《かみつみやのうまやとのとよとみみのひつぎのみこ》」など多くの名があることが記されていて、そのなかの「聖徳」「豊聡耳」などは太子の聡明性を強調する名といえる。ただし、『日本書紀』には「聖徳太子」という名は登場していない。「聖徳太子」という名が用いられるのは天平勝宝《てんぴょうしょうほう》三（七五一）年に編纂された日本最古の漢詩集である『懐風藻《かいふうそう》』が初見とされる。

また、生まれてすぐ言葉を話したとか、十人の訴えを同時に聞き分けたとか、先々のことまでも見通すことができたとか、超人的なエピソードのほかにも、仏教の興隆や冠位《かんい》十二階・憲法十七条の制定、遣隋《けんずい》使《し》の派遣、『天皇記』『国記』の編纂など推古《すいこ》朝の政治改革を推進し、卓越した行政手腕を発揮した人物として描かれている。

こうした『日本書紀』のなかの「聖徳太子」を、真実の「聖徳太子」像ととらえることは当然できない。近年は、実在する皇族としての「厩戸皇子」と「聖徳太子」を区別し、現在まで伝えられている「聖徳太子」像を完全な虚像とする説（大山誠一『聖徳太子の真実』平凡社）も見られるが、現在伝わる太子像が『日本書紀』編纂者によって多少の、あるいはかなりの脚色が加えられているのか、または全面的な創作なのかは見解が分かれるところではあるが、意図的に本来の厩戸皇子とは異なる「聖徳太子」像が新たに創り出されていったことは間違いないだろう。
推古朝の政治改革推進の中心人物は、「聖徳太子」というよりは蘇我馬子《そがのうまこ》であったと解釈するのが妥当である。しかし、乙巳《いっし》の変で蘇我《そが》本宗家を滅ぼした後に成立した天武《てんむ》朝系の政府においては、『日本書紀』編纂に際して、大化改新につながるような政治改革を推進した中心人物が蘇我馬子では都合が悪い。このため馬子に代わる改革推進者が必要となり、厩戸皇子の存在がクローズアップされることになったとみられる。

太子信仰の形成　「聖徳太子」は実在しなかったとする説においては、『日本書紀』における「聖徳太子」像の創作が、その後の太子信仰形成の契機となったととらえるが、これには否定的な見解も強く、『日本書紀』以前の史料である法起寺塔露盤銘《ほうきじとうろばんめい》に「上宮太子聖徳皇《じょうぐうたいししょうとくおう》」、天寿国繍帳銘《てんじゅこくしゅうちょうめい》に「等已刀弥弥乃己等《とよとみみのみこと》」、『古事記』に「豊聡耳命」といった尊称がすでに用いられていることなどからも、『日本書紀』以前に太子信仰が始まっていた可能性は否定できない。太子没の翌年に完成したとされる法隆寺金堂釈迦如来像の光背銘に、釈迦を太子そのものとして彼岸到達を祈願したことが記されており、太子没後すぐに太子への信仰が始まっていたとする見方もある。さらに、六七〇年に焼失した法隆寺の再建に際して太子への信仰が形成・拡大していったとも考えられる。奈良時代になると太子を菩薩とみる伝記が登場し、平安時代になると『上宮聖徳太子伝補闕記《じょうぐうしょうとくたいしでんほけつき》』『聖徳太子伝暦《しょうとくたいしでんりゃく》』『上宮聖徳法王帝説《じょうぐうしょうとくほうおうていせつ》』などの伝記が著された。とくに『聖徳太子伝暦』はそれまでの太子伝の集大成ともいえるもので、その後の太子信仰に大きな影響を与えた。そして太子信仰は仏教界にとどまらず、広く民間へと広まっていくことになる。

第4話　伊勢神宮に奉仕した皇女――大伯皇女《おおくのひめみこ》

伊勢斎宮《さいぐう》　伊勢神宮は、皇大神宮《こうたいじんぐう》（内宮《ないくう》）と豊受大神宮《とゆけ》（外宮《げくう》）からなり、前者はアマテラスを、後者は豊受大神を祭っている。朝廷が編纂した歴史書である『日本書紀《にほんしょき》』では、アマテラスは王家の祖先神とされており、伊勢神宮は古代の朝廷によって国家の最高神として位置付けられた。天皇に代わって伊勢神宮に奉仕するために派遣されたのが、斎宮である。斎宮は、天皇の代替わりごとに未婚の皇女から卜定《ぼくじょう》され、潔斎《けっさい》（心身を清めること）ののちに伊勢に群行《ぐんこう》した。群行は、大和《やまと》―伊賀《いが》―伊勢の経路が利用されたが、平安京遷都後は、山城《やましろ》―近江《おうみ》―伊賀―伊勢の経路が利用され、仁和《にんな》二年（八八六）以降は、山城―近江―伊勢の経路が利用されるようになった。

斎宮は、伊勢国（三重県）多気《たき》郡の斎宮に居住して、伊勢神宮の三節祭《さんせつさい》（六月と十二月の月次祭《つきなみさい》と九月の神嘗祭《かんなめさい》）の時には、神宮に赴《おもむ》いて祭祀《さいし》に参加した。斎宮は天皇が死去または譲位すると退下して、都に戻った。

斎宮の起源は、崇神《すじん》天皇皇女の豊鍬入姫命《とよすきいりひめのみこと》や垂仁《すいにん》天皇皇女の倭姫命《やまとひめのみこと》とされるが、斎宮が制度化されたのは飛鳥《あすか》時代の天武《てんむ》天皇の時代である。『日本書紀』には、次のような記事がある。

冬十月の九日に、大来皇女《おおくのひめみこ》は、泊瀬《はつせ》斎宮より、伊勢神宮に向かわれた。

六七三年十月に、大伯《（来）》皇女は、潔斎していた大和国《やまと》（奈良県）の泊瀬《はつせ》から、伊勢神宮に向かった。大伯皇女は、天武天皇の皇女であり、当時十三歳だった。大伯皇女の母は、大田皇女《おおたのひめみこ》（天智《てんじ》天皇の皇女）であり、同母弟には、大津皇子《おおつのみこ》がいる。系図を見ればわかるように、天智天皇（中大兄皇子《なかのおおえのみこ》）と天武天皇（大海人《おおあまの》皇子《みこ》）の兄弟は、密接に婚姻関係を結んでいた。大伯皇女は、六六一年に誕生したが、古代の皇女では唯一誕生した日が伝わっている。『日本書紀』の記事を見よう。

　七年春の正月の六日に、斉明《さいめい》天皇は、西に向かうために海路についた。八日に、船が大伯海《おおくのうみ》についた時に、大田皇女が、女児を出産した。そのため、この女児を大伯皇女という。

　朝鮮半島では、六六〇年に唐と新羅《しらぎ》によって百済《くだら》が滅亡した。朝廷は百済の救援要請に応じて、救援軍の派遣を決めた。斉明天皇は、救援軍派遣のために筑紫《つくし》の朝倉宮《あさくらのみや》に移動した。大田皇女も、祖母の斉明天皇とともに筑紫に向かったが、途中の大伯海（現在の岡山県）で大伯皇女を出産したという。大伯皇女は、東アジア情勢が緊迫化し、朝廷が対外戦争の準備をするなかで誕生したのである。

　大伯皇女の父大海人皇子は、壬申《じんしん》の乱に勝利して即位し、天武天皇となった。天武天皇は、法典の編纂、国制の整備、歴史書の編纂を行って、律令《りつりょう》体制を整備した。大伯皇女

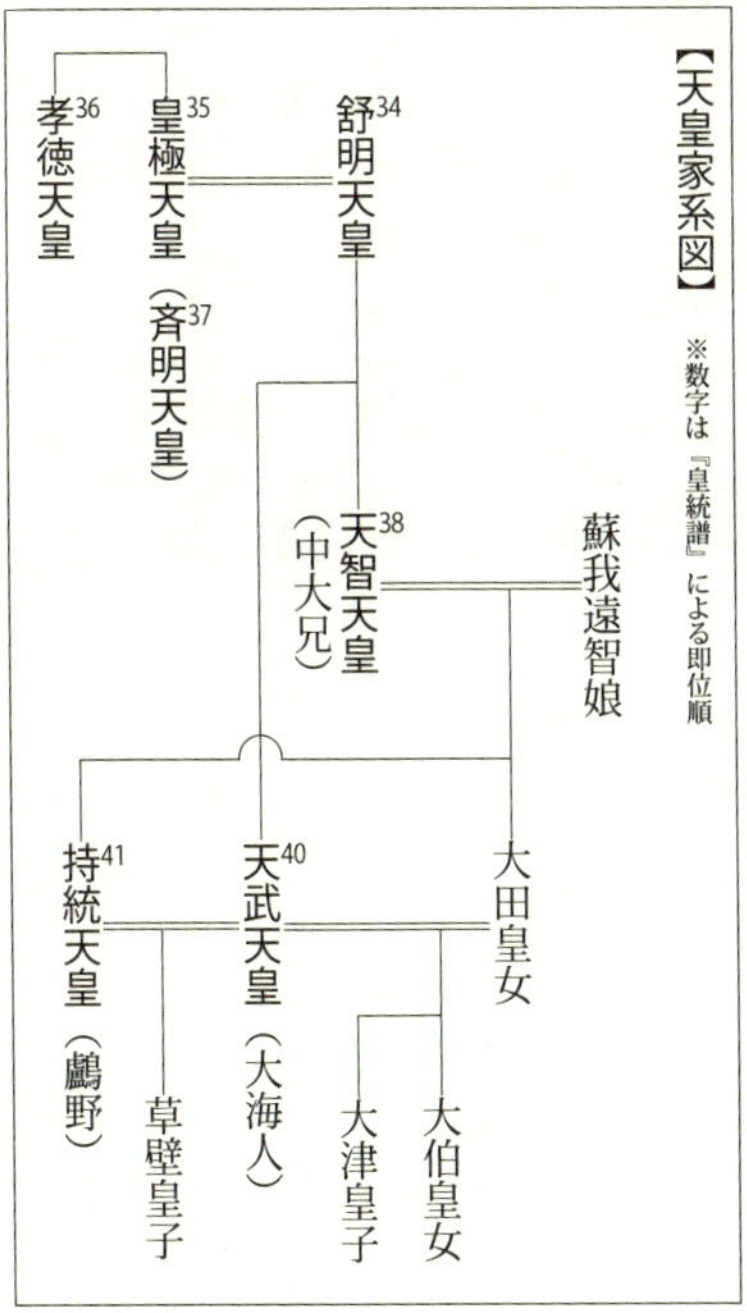

は、天皇に代わって伊勢神宮に奉仕することで、父天武天皇の王権を支える重要な役割を果したのである。

大伯皇女の歌　大伯皇女は、十三年間にわたって斎宮を務めた。大伯皇女の生涯の転機となったのが、父・天武天皇の死である。六八六年に天武天皇が死去すると、皇后の鸕野皇女《うののひめみこ》（のちの持統《じとう》天皇）が政権を掌握した。鸕野皇女は、大伯皇女の母大田皇女の同母妹であり、大伯皇女にとっては叔母にあたる。鸕野皇女は、皇太子の草壁皇子《くさかべのみこ》（母は鸕野皇女）の地位を安定化させるために、大津皇子に謀反《むほん》の嫌疑をかけて処刑した。大津皇子が、草壁皇子の対抗勢力になりうると考えられたのであろう。大伯皇女は、父に続いて同母弟の大津皇子を失ったのである。

父の死を受けて大伯皇女は斎宮を退下し、都の飛鳥《あすか》に戻った。『万葉集《まんようしゅう》』には、都に戻る際に、大伯皇女が詠んだ歌がおさめられている。

　　大津皇子が亡くなった後に、大伯皇女が、伊勢斎宮から都に上る時に作った歌二首

神風《かむかぜ》の　伊勢の国にも　あらましを　なにしか来《き》けむ　君もあらなくに

（伊勢国にでも　いればよかったのに　どうして来たのだろう　君もいないのに）

見まく欲《ほ》り　我《あ》がする君も　あらなくに　なにしか来けむ　馬疲《つか》るるに

（会いたいと　思う君も　いないのに　どうして来たのだろう　馬が疲れるだけなのに）

大伯皇女が、伊勢斎宮の務めを終えて都に戻った時には、弟の大津皇子はこの世の人ではなかった。これらの歌からは、最愛の弟である大津皇子を失った大伯皇女の悲嘆を読み取ることができよう。『万葉集』

には、大津皇子の遺体が二上山《にじょうさん》に埋葬された際に、大伯皇女が哀傷して詠んだ歌もおさめられている。

うつそみの　人なる我《あれ》や　明日《あす》よりは　二上山《ふたがみやま》を　弟《いろせ》と我《あ》が見む

（この世の　人である私は　明日からは　二上山を　弟として眺めよう）

大伯皇女は、七〇一年に四十一歳の波乱に富んだ生涯を閉じた。大伯皇女以後も、飛鳥時代から鎌倉時代にかけて、皇女たちが伊勢斎宮となって伊勢に派遣された。斎宮には、斎宮寮の男女の官人が仕えたが、しばしば歌合《うたあわせ》が行われるなど和歌文化が興隆した。また、『伊《い》勢《せ》物語《ものがたり》』六十九段「狩の使」には、伊勢斎宮の恬子内親王《てんしないしんのう》と在原業平《ありわらのなりひら》の恋愛譚《たん》が収められており、斎宮は王朝文学の舞台にもなっている。

斎宮は、後醍醐天皇の皇女祥子内親王《しょうしないしんのう》が卜定されたのを最後に廃絶した。江戸時代には、斎宮の再興が議論されたこともあったが、実現することはなかった。伊勢国多気郡（三重県明和町）の斎宮跡は国史跡に指定され、発掘調査が行われている。

第5話　富本銭《ふほんせん》と和同開珎《わどうかいちん》

富本銭の発見　和同開珎が、日本で最初に鋳造された貨幣であるということは長く定説とされていた。しかし、平成十（一九九八）年から翌年にかけて、奈良国立文化財研究所が実施した奈良県明日香《あすか》村の飛鳥池《あすかいけ》遺跡での発掘調査で、約三百点の富本銭（不良品が多数を占める）が発見されたことで、和同開珎以前にすでに貨幣が鋳造されていたことが明らかとなった。富本銭は直径約二・五センチメートルの円形で、中央に四角い穴があり、その穴の上下に「富」「本」の文字があり、左右には亀甲《きっこう》形の七曜《しちよう》文を配した貨幣である。

実はこの富本銭は、古くからその存在が一部では知られていた。江戸時代の元禄《げんろく》七（一六九四）年に発行された日本最古の貨幣図録の一つである『和漢古今寳銭図鑑《わかんここんほうせんずかん》』に、すでに富本銭が「古寳銭《こほうせん》」として紹介されているのである。「古寳銭」とは実用的な流通貨幣ではなく、縁起物やまじない用の銭のことで、こうした銭は中国では「厭勝銭《えんしょうせん》」と呼ばれ、江戸時代には「絵銭《えぜに》」として盛んに作られるようになった。富本銭もこのような「絵銭」の一種とされていたのである。

昭和六十（一九八五）年、奈良平城京跡の井戸から、和同開珎など奈良時代の貨幣とともに富本銭が出土し、富本銭が古代の貨幣であることが証明されることになった。その後も、平成三（一九九一）年に続き平成五（一九九三）年と、今度は藤原京の発掘現場から富本銭が出土し、和銅《わどう》元（七〇八）年鋳造の和同開珎より古い貨幣の可能性も出てきた。こうして富本銭に対する関心が急速に高まるなか、飛鳥池遺跡での大量発見となるのである。『日本書紀《にほんしょき》』天武《てんむ》天皇十二（六八三）年の記事に、

今より以後必ず銅銭を用い、銀銭を用いることなかれ。

とあり、富本銭はこの時に鋳造されることになった貨幣ではないかと推定されている。

和同開珎の鋳造とその目的　慶雲《けいうん》五（七〇八）年正月、武蔵国秩父郡から銅が献上された。これを機に慶雲から和銅へと改元が行われ、二月には貨幣鋳造のための催鋳銭司《さいちゅうせんし》が設置され、五月に和同開珎銀銭が発行され、八月には和同開珎銅銭が発行されることになった。このように和同開珎は銀銭と銅銭が発行されたが、七〇九年八月と七一〇年九月には銀銭は廃止されている。銀銭の廃止は、先に挙げた『日本書紀』天武天皇十二年の記事にも見られるが、これは銅銭発行より以前に銀銭（無文銀銭とよばれ、百点以上が出土している）が流通していたことを裏付けるものである。和同開珎がまず銀銭を発行し、次いで銅銭を発行して銀銭の流通を禁じたのは、従来からの銀銭にかえて銅銭の流通を円滑に進めるための過渡的な措置だったと考えられる。

和同開珎鋳造の目的は、律令国家建設にあたり唐と同様の貨幣制度の整備をはかるということも考えられるが、より具体的には平城京造営のための資金の確保が目的であったと推測される。また、富本銭が鋳造された天武天皇の時代にも新都造営が計画されているため、富本銭鋳造もこれに関連するものであったとする指摘もある。しかし当時は、和同開珎発行の経緯でもわかるように、銀銭が流通していたために、富本銭は和同開珎のように流通するには至らなかったようである。

第6話　防人《さきもり》となった東国の民衆と『万葉集』

防人歌　防人に　立たむ騒《さわ》きに　家の妹《いむ》が　業《な》るべきことを　言はず来《き》ぬかも

（防人に　出発するあわただしさで　家の妻の　生活のすべを　言わずに来てしまったよ）

防人となって出発する男性が、家に残していく妻の生活を気遣って詠んだ歌である。防人は、古代の朝廷が九州北部の警備のために置いた兵士であり、おもに東国から徴集された。『日本書紀《にほんしょき》』には、六六四年に、対馬《つしま》（長崎県）・壱岐《いき》（同）・筑紫国《つくし》（福岡県）に防人が置かれたとある。前年には、白村江《はくそんこう》の戦いで倭《わ》・百済《くだら》連合軍が唐・新羅《しらぎ》連合軍に敗北しており、対外的緊張が高まっていた時期であった。朝廷は、海岸からの攻撃を防ぐ水城《みずき》や朝鮮式山城を建設するとともに、防人を設置して防衛体制の強化をはかったのである。

『万葉集《まんようしゅう》』には、約百首の防人歌が収められている。防人歌は、防人とその家族の歌から成り、家族との別離を悲しむものや家族の安全を願うものが多くみられる。

防人の心情　今日《けふ》よりは　顧《かへり》みなくて　大君《おほきみ》の　醜《しこ》のみ楯《たて》と　出《い》で立つ我《われ》は

（今日からは　振り返らないで　大王の　つたない楯となって　出発するのだ私は）

防人が大王《おおきみ》（天皇）への忠誠と任務をはたす決意を詠んだ歌であり、律令国家の体制に順応した内容になっている。「大君の醜のみ楯と」は、防人の徴集が大王を頂点とする律令国家によってなされたことを示している。

大君《おおきみ》の　みことかしこみ　磯《いそ》に触《ふ》り　海原《うのはら》わたる　父母《ちちはは》を置きて

（大王の　命令を承り　磯に触れ　海原を渡る　父母を置いたまま）

この歌も「大君」に言及しているが、防人が故郷に残した父母への想いを歌ったものである。『万葉集』の防人歌の大半は、巻二十に収められている。東国から徴集された防人は、淀川《よどがわ》の河口に位置する難波津《なにわつ》に召集された。防人は、難波津に到着すると、歌を献上する進歌《しんか》を行った。難波津は古代の重要港湾であり、防人は難波津から船を利用して九州へ向かったのである。巻二十の防人歌は、天平勝宝《てんぴょうしょうほう》七（七五五）年に、兵部少輔《ひょうぶのしょう》であった大伴家持《おおとものやかもち》が採録したものである。家持は、『万葉集』編纂《へんさん》の中心人物とされる歌人で、防人の進歌を評価して、拙劣な歌を取り上げなかったとされる。

最後に、防人の率直な心情が表現された歌を紹介したい。

ふたほがみ　悪《あ》しけ人なり　あたゆまひ　我《わ》がするときに　防人に差す

（ふたほがみは悪い人だ　急病に　私がなっているときに　防人に指名して）

自分を防人に指名した「ふたほがみ」という人物を名指しして批判した歌であり、防人となったことへの不満を詠んでいる。病気の自分を防人に指名した人物に抗議する内容であり、体制批判とも受け取れる性格をもっている点が注目される。防人歌には古代の民衆の感情が表現されており、重要な史料であると言えよう。

第7話　長屋王《ながやおう》はなぜ殺されたのか

長屋王　長屋王の父高市《たけち》皇子は天武《てんむ》天皇の最年長の皇子で、壬申《じんしん》の乱では軍事指揮権を委任されてその勝利に貢献し、持統《じとう》天皇の時代にも太政大臣《だいじょうだいじん》となるなど、天武・持統朝における最有力の皇子の一人であった。母の御名部《みなべ》内親王は天智《てんじ》天皇の皇女で、元明《げんめい》天皇とは同母の妹である。父が天武の皇子、母が天智の皇女というのは文武《もんむ》天皇と同じで、文武天皇に匹敵する恵まれた血統をもつといえる。さらに草壁《くさかべ》皇子と元明天皇の娘で文武天皇の妹にあたる吉備《きび》内親王を妻とし、藤原不比等《ふひと》の娘長娥子《ながこ》も妻に迎えている。

長屋王の生年については、天武天皇五（六七六）年説と天武天皇十三（六八四）年説がある。『続日本《しょくにほん》紀《ぎ》』には大宝《たいほう》四（七〇四）年正月に「无位《むい》長屋王に正四位上を授く」とあるが、蔭位《おんい》の制では二十一歳で叙位が行われることになるので、六八四年生年説だとその年齢に合致するが、六七六年生年説だと二十九歳で初めて授位されたことになる。大宝令《りょう》では親王の子には従四位下が授位されるが、長屋王の場合は本来の規定より三段高い正四位上が与えられている。また、長屋王邸出土木簡のなかから「長屋親王」とある木簡が発見されていて、長屋王は天皇の孫であるにもかかわらず、天皇の皇子である親王と称されていたことも明らかとなり、当時の朝廷内では特異な地位を占めていたことが推定される。

長屋王の変　養老《ようろう》四（七二〇）年、藤原不比等が死去すると、長屋王は、その翌年には右大臣に続いて左大臣に就任し、政権の中枢を担うようになる。しかし、神亀《じんき》六（七二九）年二月十日、漆部君足《ぬりべのきみたり》、中臣《なかとみの》宮処東人《みやこのあずまひと》から「長屋王が密かに左道《さどう》を学び、国家を傾けようとしている」との密告があった。藤原氏が即座に対応して、不比等の三男宇合《うまかい》が六衛府《ろくえふ》の兵を指揮して長屋王邸を取り囲むなか、十二日には長屋王は妻の吉備《きび》内親王と、二人の間に生まれた膳夫《かしわで》王・葛木《かずらき》王・鉤取《かぎとり》王に毒を飲ませて絞殺し、自らも服毒自殺をとげた。これを長屋王の変という。

長屋王政権は基本的に不比等の政策を継承し、長屋王は不比等の四兄弟や神亀元（七二四）年に即位した聖武《しょうむ》天皇との関係もおおむね良好だったようだ。神亀四（七二七）年閏《うるう》九月、聖武天皇と不比等の娘光明《こうみょう》子《し》の間に待望の皇子が生まれると、異例のことながら、誕生からわずか三十三日目にこの皇子を皇太子とする詔《みことのり》が出されるが、病弱だった皇子は翌年には夭折《ようせつ》してしまう。さらにこの年、聖武天皇と県犬養広刀自《あがたいぬかいのひろとじ》との間に安積《あさか》皇子が生まれると、藤原四兄弟は危機感をつのらせ、不比等の娘光明子を聖武天皇の皇后に立てようと画策するが、これに反対する長屋王と決定的に対立することになった。こうした状況のなかで、藤原氏が光明立后に反対する長屋王を除くため事件を仕組んだとする見方が通説とされてきた。

こうした通説に対し、皇位における聖武天皇の意志を重視し、聖武天皇の子孫による皇位継承を確実なものにするためには、聖武天皇にとって長屋王とその一族の排除がどうしても必要であったとし、事件に藤原氏が主導的役割を果たしたことは変わりないものの、聖武天皇が事件に積極的に関与した可能性を指摘する説も出されている。こうした場合、事件における直接の標的は長屋王本人というよりは、長屋王の子どもたち、なかでも長屋王と吉備内親王の子で当時二十六歳になっていた膳夫王だったのではないかという推測も出ている。

第8話　藤原広嗣《ひろつぐ》の怨霊《おんりょう》と玄昉《げんぼう》の死

藤原広嗣の乱　天平《てんぴょう》十二（七四〇）年九月、大宰少弐《だざいのしょうに》の藤原広嗣は、聖武《しょうむ》天皇に上表文を提出した。広嗣は藤原式家《しきけ》の宇合《うまかい》の子であり、天平十（七三八）年に大宰少弐となって、大宰府《だざいふ》に左遷されていた。

広嗣は、上表文で、災害が続くのは悪政が原因であるとして、当時重用されていた僧の玄昉と吉備真備《きびのまきび》を政権から排斥することを求めた。朝廷は、広嗣の動きを謀反《むほん》と判断して、大野東人《あずまひと》を大将軍とする征討軍を派遣した。征討軍に敗北した広嗣は、海路新羅《しらぎ》へ逃走しようとしたが、征討軍に捕縛されて、肥前《ひぜん》国（佐賀県・長崎県）の松浦《まつら》郡で処刑された。広嗣の反乱は、聖武天皇に大きな衝撃を与えたようであり、天皇は、反乱のさなかに平城京《へいじょうきょう》を出て、東国への行幸《ぎょうこう》を行っている。

広嗣の怨霊　広嗣によって批判された玄昉は、天平十七（七四五）年に、筑紫《つくし》の観世音寺《かんぜおんじ》（福岡県太宰府市）に左遷された。翌年には、玄昉は死去する。朝廷が編纂した歴史書である『続日本紀《しょくにほんぎ》』には、次のような記事がある。

> 僧玄昉が死去した。……左遷された地で、死去した。うわさでは、「藤原広嗣の霊のために殺された」ということである。

玄昉の死をめぐっては、藤原広嗣の怨霊《おんりょう》によるものとするうわさが流れたのである。玄昉が死去した際に、玄昉の排斥を主張して反乱を起し処刑された藤原広嗣の存在が、クローズアップされたのであろう。

『続日本紀』は、平安時代の前期の延暦《えんりゃく》十六（七九七）年に成立した歴史書であり、広嗣の怨霊について は簡潔に記されている。一方、平安時代の後期に成立した説話集である『今昔物語集《こんじゃくものがたりしゅう》』では、玄昉の死について、次のように記している。

その後、広嗣は悪霊となって、朝廷を怨《うら》むとともに、玄昉に対する怨みを晴らそうとした。かの玄昉の前に、悪霊が出現した。悪霊は、赤い衣服を身に着けて冠をつけており、にわかに玄昉をつかみ取って空にのぼった。悪霊は、玄昉の身体をばらばらに引き裂いて落したので、玄昉の弟子たちが拾い集めて葬った。天皇は悪霊を恐れて、「吉備大臣は広嗣の師である。すぐに彼の墓に行って、なだめるようにせよ」と言ったので、吉備は宣旨《せんじ》を受けて、西に行って広嗣の墓で、言葉をつくしてなだめたが、悪霊のために吉備の方が倒されそうになった。吉備は、陰陽道《おんみょうどう》をきわめた人だったので、陰陽道の術で自分の身を守って、熱心になだめたので、広嗣の悪霊はとまった。その後、悪霊は神となった。その地で鏡明神という。かの玄昉の墓は、いまは奈良にあると語り伝えられているということである。

広嗣は、玄昉の讒言《ざんげん》によって征討軍が派遣されたと考えて、玄昉を怨んだ。そのため、敗死した広嗣は、悪霊となって玄昉の身体を裂いて殺害したという。『今昔物語集』では、広嗣の怨霊によって玄昉が殺害される様子が、凄惨に描かれている。時代がくだるにつれて、広嗣の怨霊のイメージは増幅していったのである。

第9話　墾田永年私財法《こんでんえいねんしざいほう》の目的

墾田永年私財法の発令　墾田永年私財法は、天平《てんぴょう》十五（七四三）年に発令された法令で、『続日本紀《しょくにほんぎ》』には、

墾田は養老《ようろう》七年の格《きゃく》（三世一身法《さんぜいっしんのほう》）によって、期限が切れた後に、例によって収授することになっている。このため農夫は耕作を怠《なま》け、開墾した土地が再び荒廃してしまうという。今後は開墾した農地をそのまま私財とし、三世一身という期限にかかわらず、みなすべて永久に収授しないようにせよ。

とあり、品階・位階に応じて所有限度を定めた上で、新たに開墾した土地の永久私有を認めるものであった。墾田永年私財法発布までの経緯を通説に基づき簡単に解説すると、こうなる。

六四五年、大化改新によって唐に倣《なら》った律令制度が導入されることとなり、大宝《たいほう》元（七〇一）年、大《たい》宝律令《ほうりつりょう》の制定により律令体制が成立した。しかしその後、律令体制は動揺をきたし、公地公民の原則のもと実施された班田収授は口分田《くぶんでん》の不足などにより実施が困難となっていった。このため、政府は養老六（七二二）年の百万町《ひゃくまんちょう》歩《ぶ》開墾令《かいこんれい》に続き、翌七二三年には、水路を新設して開墾を行った場合は三世（本人・子・孫の三代という説と子・孫・曾孫の三代という説がある）、従来からある水路を利用して開墾を行った場合は本人一代と、期限を限って開墾地の占有を認める三世一身法を出して民間の開墾を奨励し

た。しかし効果は上がらず、二十年後の天平十五年に墾田永年私財法を出すにいたった。この墾田永年私財法によって律令制度の公地公民の原則が否定され、土地の永久私有が認められるようになったため、中央の有力貴族や大寺社による大規模な開墾が積極的に行われるようになり、初期荘園が成立していくことになった。

このように、墾田永年私財法の発令は公地公民制を否定し、律令体制が解体していく契機ととらえるのが一般的な解釈といえる。

しかし、現在はこうしたとらえ方を修正し、むしろ律令制度を補完するために墾田永年私財法が出されたとする説などが注目されている。

公地公民制と班田収授法　墾田永年私財法を公地公民制解体の契機とする通説的理解は、大化改新で公地公民の原則が打ち出され、大宝律令によって公地公民制が確立したということが前提となっている。改新の詔《みことのり》には、その第一条に、「昔在《むかし》の天皇等の立てまへる子代《こしろ》の民、処々《ところどころ》の屯倉《みやけ》、及び別《こと》には臣《おみ》・連《むらじ》・伴《ともの》造《みやつこ》・国造《くにのみやつこ》・村首《むらのおびと》の所有《たもて》る部曲《かきべ》の民、処々の田荘《たどころ》を罷《や》めよ」（『日本書紀』）とあり、大化改新で私地私民から公地公民への転換をはかる改革が進められたという根拠となっている。

たしかに、改新の詔にある「子代の民」は大王家《おおきみけ》の私有民である子代《こしろ》・名代《なしろ》を、「部曲の民」は豪族の私有民を指し、その廃止によって人民を国家が直接掌握しようとすることになったと考えられる。つまり「私民制」から「公民制」への転換とみなすことができるのである。しかし、改新の詔で「子代の民」「部曲の民」とともに廃止されることになった「屯倉」「田荘」は農業の経営拠点を表すもので、直接大王家や豪族たちの私有地を意味するものではなく、「屯倉」「田荘」の廃止を直ちに「私地制」から「公地制」への転換ととらえることはできないのである。また、『日本書紀』の持統《じとう》天皇六（六九二）年八月条に田荘の記述がみられ、田荘が全廃されていなかったことも明らかである。さらには、律令制度において、口分田や位田《いでん》・職分田《しきぶんでん》など用益権者のいる田は私田と認識され、このような私田を支給した残りの乗田《じょうでん》が公田《こうでん》とされていた。実は、口分田が公田と認識されるのは天平十五年の墾田永年私財法以後なのである。このように、墾田永年私財法を公地公民制解体の契機ととらえるにあたっての、墾田永年私財法発令以前に公地公民制がすでに実現していた、という前提自体が大きく揺らぐことになるのである。こうした点から、学術用語としての「公地公民制」という語は、史料用語の内実とは異なった意味として用いられており、使用を避けるのが望ましいという見解（吉村武彦『古代史の基礎知識』角川選書）もある。

班田制と唐の均田制《きんでんせい》　そもそも、日本の班田収授法が手本とした唐の均田制では、丁男（二十一〜五十九歳）・中男（十六〜二十歳）には口分田八十畝《ぽ》と、代々の世襲が許されている永業田《えいぎょうでん》二十畝の計百畝（＝一頃《けい》＝約五・五ヘクタール）が支給されることになっていた。しかし、この百畝はあくまでも支給の理想額あるいは田地所有の限度額を示したもので、実際に支給された田はその半分程度と考えられる。このため、農民が開墾した小規模な開墾地は受田のなかにそのまま吸収されるとともに、開墾による大土地所有を規制するという機能も備えていたといえる。

しかし、日本の班田制では唐の永業田の概念を取り入れることなく、口分田のみを受容し、それも支給額は良民男子で二段、良民女子は一段百二十歩と、現実に支給する目標額として、唐の均田制にあるような墾田地の所有限度に関する規定はつくらなかったので、現実の開墾地を取り込んでいくような融通性をもたなかった。農業技術の未発達な古代においては、耕地の荒廃はおこりやすく、生産の維持のためには荒廃地の再開墾は不可欠であったし、生産の拡大には新たな開墾も必要だったであろう。しかし、日本の班田制にはこうした開墾地・再開墾地を受田のなかに吸収していくような制度がなかったのである。それを補うために出されたのが墾田永年私財法であり、この墾田永年私財法によって、唐の均田制がもつ開墾地を取り込むしくみを整備したとみることができるのである。

占有面積規定の有効性　墾田永年私財法が収められている史料には、『続日本紀』『類聚三代格《るいじゅうさんだいきゃく》』『令《りょうの》集解《しゅうげ》』の三種があり、その内容はそれぞれに異なっている。このうち高校教科書などに掲載されている墾田永年私財法は『続日本紀』を出典とするもので、その内容は、①墾田を永久に私有とすること、②品位階による墾田の占有面積に関する規定、③国司在任中の墾田についての規定、の三部分からなる。ところが、『類聚三代格』所載の墾田永年私財法には、その発令の時点で重要な意味をもっていたと考えられる②の占有面積の規定が含まれていない。これは、『類聚三代格』の墾田永年私財法は「弘仁格《こうにんきゃく》」に基づく条文で、律令の補足・修正法である格は、その編纂時点での有効性によって法令を選択し、さらに、内容の削除や修正を行うものであるため、「弘仁格」にある墾田永年私財法に占有面積の規定が削除されているということは、弘仁十一（八二〇）年の「弘仁格」編纂の時点では、「其《そ》の親王《しんのう》の一品《いっぽん》及び一位は五百町……」という品位階による占有面積の上限を定めた規定はすでに無効となっていたものと推測される。

第10話　井真成墓誌《せいしんせいぼし》の発見——最古の「日本」国号

井真成墓誌の発見　二〇〇四年十月に、中国西安市で井真成という名の日本人の墓誌が発見されたことが、西北大学より発表された。この墓誌は中国で初めて発見された日本人の墓誌として、日中両国において大きな注目を集めることになった。

墓誌というと、現在の日本では墓石とは別に立てる戒名や俗名などを記した石版を指すことが多いが、中国では死者の名前や生前の経歴、没年などを記して墓中に埋める金石をいう。中国の墓誌は、一般に死者の経歴などを記した正方形の誌石（身・底ともよぶ）と、その誌石文を保護するための台形状の蓋という部分からなり、とくに隋唐《ずいとう》時代に盛んに作られるようになる。井真成墓誌もこのような形状の墓誌で、一辺が四十センチメートル弱とこの時代の墓誌としてはやや小ぶりである。西安東郊外の不法工事の現場でパワーショベルによって掘り出され、文物市場に売り出されて個人の所蔵となったのち、その存在を知った西北大学歴史博物館の賈麦明《かばくめい》副館長によって買い求められた。

墓誌の内容　蓋には十二文字が四行に刻まれ、「贈尚衣奉御井府君《ぞうしょういほうぎょせいふくん》の墓誌の銘」とある。本体の誌石には十二行に百七十一文字が刻まれているが、掘り出された際の破損により、三行目から十二行目までの一番上の一字が欠字となっている。墓誌の抄訳は、以下の通りである。

姓は井《せい》、字《あざな》は真成《しんせい》。国は日本と号す。才は生まれながらに優れていて、命を受けて遠く中国に馳《は》せ参じた。中国の礼儀教養を身につけ、唐の朝廷に上ったさまは、堂々たるものであった（あるいは、正装して朝廷に立ったならば並ぶものはなかったに違いない）。ところが思わぬことに、よく勉学し、まだ、学業が終わらぬうちに、開元《かいげん》二十二（七三四）年正月官舎において亡くなった。三十六歳であった。皇帝はこれを傷み、詔勅《しょうちょく》によって尚衣奉御《しょういほうぎょ》の官職を贈り、葬儀は官でとり行わせた。その年の二月四日に万年県の滻河《さんすい》の東の原に葬った。身体はすでに異国の地に埋められたが、魂は故郷に帰ることを願っている。

井真成とはどんな人物か　この墓誌が発見され最大の関心事となったのは、井真成がいかなる人物であったのか、ということである。研究者の多くは、井真成を遣唐使とともに唐に渡った留学生と考えた。七三四年に三十六歳で没した井真成の時代に派遣された遣唐使は、大宝《たいほう》二（七〇二）年出発の第八次遣唐使、養老《ようろう》元（七一七）年出発の第九次遣唐使、天平《てんぴょう》五（七三三）年出発の第十次遣唐使の三度だが、第八次遣唐使の大宝二（七〇二）年出発の時点ではまだ井真成は幼く、天平五（七三三）年出発の第十次遣唐使は井真成が没した七三四年一月には長安《ちょうあん》に到着したばかりか、まだ到着していなかったとも推測される。中国で勉学に励んでいたと墓誌に記されていることを考えれば、井真成が同行した遣唐使は七一七年出発の第九次遣唐使であった可能性がもっとも高い。

この遣唐使には、留学生・学問僧として、帰国後聖武《しょうむ》天皇のもとで活躍した吉備真備《きびのまきび》や玄昉《げんぼう》のほか、玄宗《げんそう》皇帝の信任を得て唐朝で活躍し、「天《あま》の原　ふりさけみれば　春日《かすが》なる　三笠《みかさ》の山に　出《い》でし月かも」という有名な望郷の歌を残し唐の地で没した阿倍仲麻呂《あべのなかまろ》などがいる。井真成も第九次遣唐使に同行して唐に渡ったとすれば、在唐十六年余りとなる。ただし、中国の研究者のなかには、墓誌に井真成の唐朝における履歴の記載が全くないこと、唐では留学の期限を九年と定めていたことなどから、七三三年の第十次遣唐使にしたがって入唐《にっとう》した留学生であったとする説もみられる。

井真成の出自については、渡来人系の氏族で、外交使節となる人物を多く輩出している葛井《ふじい》氏とする説（東野治之氏）、同じく渡来人系の井上氏とする説（鈴木靖民氏）などがあるが、阿倍仲麻呂が中国名を朝《ちょう》衡《こう》などと名乗ったように、日本名とまったく関係のない名を中国名とした可能性もある。なお、葛井氏も井上氏も河内《かわち》国、現在の大阪府藤井寺市を本拠とする氏族で、墓誌の最後に「魂は故郷に帰ることを願っている」とあることからも、藤井寺市では「せめて墓誌の里帰りを」という運動が市民の間でおこり、その里帰りが二〇〇五年十二月に実現している。

また、上海の復旦大学の韓昇氏は、二〇一〇年の論文において、前述したように留学生の滞在期間は最長九年までであること、井真成が死後追贈された「贈尚衣奉御」は従五品上の官職で、単なる留学生が授与されるものではないこと、井真成が没した場所は短期滞在の外国使節の官舎であること、などを根拠として、井真成が留学生であることは決してなく、第十次遣唐使の随員であると結論づけている。この説に対し、井真成を留学生とする日本側からは、「尚衣奉御」にふさわしい遣唐使の幹部であるならば、記録に残っていいはずであるが、一切伝わっていないこと、交通がまだ未整備の八世紀の段階では、九年の留学期間が終わったからすぐに帰国するというのは、まだとうてい不可能であったのでは、といった指摘も出され、井真成の人物像にせまる議論はまだまだ決着しそうにない。

「日本」の国号　ところで、「日本」という国号が正式に制定された時期は特定されていないが、天武《てんむ》天皇（在位六七三〜六八六年）の時代とする説や、持統《じとう》天皇による朱鳥《しゅちょう》四（六八九）年の飛鳥浄御原令《あすかきよみはらりょう》施行の時点とする説、大宝《たいほう》元（七〇一）年の大宝律令制定の時点とする説などが有力とされている。

実際の国号「日本」の使用例としては、日本では正倉院文書《しょうそういんもんじょ》の中の天平十八（七四六）年の文書に「日本」の文字がみられ、中国では『文苑英華《ぶんえんえいが》』という詩文集に「勅日本国王書」があり、これは七五三年に帰国した第十二次遣唐使が持ち帰った玄宗皇帝の国書とされている。七三四年の「井真成墓誌」はこれらよりさらに古い「日本」の使用例としても注目されたのである。

ところが、「徐州《じょしゅう》刺史《しし》杜嗣先《としせん》墓誌」に「日本」の国号がみえることが、すでに台湾大学の葉国良氏によって紹介されている。この墓誌は先天《せんてん》二（七一三）年のもので、「井真成墓誌」よりさらに二十一年早い「日本」という国号の使用例となる。さらに、吉林《きつりん》大学の王連龍氏が二〇一一年に発表した論文では、儀鳳《ぎほう》三（六七八）年に作られた「百済人祢軍《くだらじんでいぐん》墓誌」に「日本」の文字がみられることが報告されている。しかし、唐代には「日本」が朝鮮諸国をさす語として使用されることもあり、墓誌銘の文脈や対句表現からも、この墓誌中の「日本」が国号として用いられたものではないとする見解もある。また、「徐州刺史杜嗣先墓誌」は葉氏が一九九二年に台北の骨董店で発見した墓誌を筆写したもので、現物の墓誌や拓本の有無は明らかではなく、「百済人祢軍墓誌」も王氏が入手したのは拓本で、こちらも現物の墓誌の所在は不明である。したがって、現状で国号として「日本」の文字があるもっとも古い実物資料は「井真成墓誌」であるといえよう。

第11話　行基《ぎょうき》――「菩薩《ぼさつ》」と崇《あが》められた天平僧《てんぴょうそう》

「菩薩」と崇められた行基　天平《てんぴょう》二十一（七四九）年二月二日の夜、行基は、かつて彼が平城京布教の拠点としていた思い出多い菅原寺《すがわらでら》にて没した。享年八十二歳（『続日本紀《しょくにほんぎ》』などでは八十歳）であった。『続日本紀』同年二月二日条には、行基の生涯が、次のように記されている。

大僧正《だいそうじょう》の行基和尚が遷化（没）した。和尚は薬師寺の僧である。俗姓は高志《こし》氏（渡来系の氏族）で和泉《いずみ》国の人であった。和尚は性質が純粋で、すぐれた生まれつきの才能をもち、人の手本となる徳風がはやくからあらわれていた。

はじめ出家した時、瑜伽唯識論《ゆがゆいしきろん》（瑜伽師地論《ゆがしじろん》と唯識論。ともに大乗仏教の聖典）を読んで即座にその意味を理解した。……僧侶や俗人の多くの人々が、教化を慕ってつき従い、どうかすると千人単位で数える程であった。……みずから弟子たちを率いて、諸所の要害の地に橋を造り堤防を築いた。……豊桜彦天皇《とよさくらひこ》（聖武天皇《しょうむ》）は、行基を大へん敬い重んじられた。詔《みことのり》して大僧正の位を授け、……。和尚は事ごとにふしぎな異変や霊験を多くあらわしたので、時の人は行基菩薩と号した。

『続日本紀』は、行基に対する神格化が進んだ平安初期に編纂されたものであり、多分に修飾された部分も多い。しかし、ここには、現代社会にまでいたる行基信仰の原点が記されているといえよう。彼が出家後に読了したという『瑜伽師地論《ゆがしじろん》』では、無量の衆生を教化し苦を寂滅《じゃくめつ》することが強調され、同じく『唯《ゆい》識論《しきろん》』では、大乗戒《だいじょうかい》にいう菩薩的行動が重んぜられているという（井上薫『行基』吉川弘文館）。かつて、国家権力による大仏造立事業などに積極的に協力した行基の後半生を、「転向」、民衆への「裏切り」など と厳しく批判した研究者もいたが、人々から「菩薩」と崇められた行基は、そうした国家権力との関係とはかかわりなく、現代にいたるまで多くの人々を魅了している。

行基の前半生――国家権力からの激しい弾圧　養老《ようろう》元（七一七）年四月二十三日に発令された詔で、行基と弟子たちは、次のように国家権力から名指しで批判された。

小僧行基と弟子たちは、町に群れ集まり、妄《みだ》りに罪福を説き、徒党を組んで、指臂《しひ》を焚《た》き剥《は》ぎ（行基たちは、指や手足に火を灯して見せたり、皮を剥いでそれに写経する行為を行っていたという）、家々を訪問しては仮りを説き、強いて余物を乞《こ》い、詐《はか》りて聖道と称して百姓を妖惑《ようわく》している。（そのため）人々は心をかき乱され、多くは生業を棄ててしまった。（『続日本紀』養老元年四月二十三日条）

さらに養老六（七二二）年七月十日、太政官は、次のような奏上を行い、名指しはしていないものの、行基と弟子たちの活動を厳しく糾弾した。

この頃在京の僧尼たちが、浅識軽智《せんしきけいち》をもって、罪福の因果《いんが》を巧みに説き、戒律を練らずして、都の人々を詐り誘っている。……ついに人の妻子に剃髪刻膚《ていはつこくひ》（出家）させ、ややもすれば仏法と称して、たやすく家出をさせている。（在京の僧尼たちは）禁令を恐れず、親や夫を顧みず……妖《あや》しい教えを広めている。……その弊害を思うと、とくに禁断すべきである。

（『続日本紀』養老六年七月二十三日条）

この頃、行基たちは、平城京造営に酷使される役民の苦難の救済に尽力していた。彼らの教えは、多分にカルト的な要素をもちつつも、国家権力がその支配の正当化に用いた、素朴な在来の家族道徳や共同体道徳と巧妙に習合させた儒教的イデオロギーを相対化しうる教えを説き、民衆をその呪縛《じゅばく》から解放することで、彼らの心を苦しみから救済しようとしていた。

行基の晩年――国家権力を変節させた行基

聖武《しょうむ》天皇は、天平十五（七四三）年十月十五日、四か月の間、都の恭仁《くに》京から離れて滞在していた紫香楽宮《しがらきのみや》にて、次のような詔（大仏造立の詔）を発した。

朕《ちん》は徳の薄い身でありながら、かたじけなくも天皇の位をうけつぎ、その志は広く人民を救うことにあり、努めて人々をいつくしんできた。……（しかし）天下のもの一切がすべて仏の法恩に浴しているとはいえない。そこで本当に三宝《さんぼう》（仏法）の威光と霊力に頼って、天地共に安泰になり、よろずの代までの幸せを願う事業を行って、生きとし生けるものの悉《ことごと》く栄えんことを望むものである。

ここに……菩薩の大願を発して、盧舎那仏《るしゃなぶつ》の金銅像一体をお造りすることとする。……天下の富を所持するものは朕である。天下の権勢を所持する者も朕である。この富と権勢をもってこの尊像を造るのは、ことは成り易いが、その願いを成就すること難しい。……したがってこの事業に参加する者は誠の心をもって、……自らがその思いをもって、それぞれ盧舎那仏造立に従ってほしい。

（『続日本紀』天平十五年十月十五日条）

『続日本紀』によれば、この詔が発せられた四日後、行基は弟子たちを率いて、大仏造立のために民衆に参加を勧誘したとある。こうして、晩年の行基は、国家権力に協力して大仏造立事業に邁進することとなった。じつは行基は、これ以前から、聖武天皇を中心とする恭仁京の造営事業などに積極的な協力を開始していた。

聖武天皇が大仏造立を志したのは、恭仁京遷都に先立つ天平十二（七四〇）年二月、難波《なにわ》行幸の途次に、河内《かわち》国智識寺《ちしきじ》で盧舎那仏を拝したことに始まるという。智識寺の盧舎那仏は、民衆の「知識」（仏法の仲間として協力しあうこと）によって造立されたものであった。さらに聖武は、「恭仁京造営に際しての行基集団の活動を見聞し、行基のカリスマ性への尊崇の念が深まるにつれ、自らが願主となり、行基を知識頭主とする日本全国の知識結《ちしきゆい》化の構想へと具体化していったのであろう」とも推測されている（速水侑編『民衆の導者・行基』吉川弘文館）。大仏造立の詔の思想は、菩薩行を志し、民衆を「知識」として結集して救済することを目指した、行基の思想そのものなのである。行基が変節したのではなく、これまで行基を弾圧してきた国家権力が行基の思想に感化されて変節したのである。

『日本霊異記《にほんりょういき》』の行基——民衆の真の救済者　行基は、平安初期に編纂された『日本霊異記《にほんりょういき》』の上巻縁第五、中巻縁第二・七・八・十二・二十九・三十の七話に登場する。行基は『日本霊異記』でもっとも数多く登場する人物であり、民衆とともに生きた編者景戒《けいかい》が理想とあおぐ宗教者であった。『日本霊異記』に登場する行基は、きれいごとでは生きてはいけない民衆の心の闇「欲望を捨てられない人間存在」を見据え、闇からの解放の道を説く文殊《もんじゅ》菩薩として登場する。苦しむ民衆の現場で生き続けた行基の生涯にこそ、景戒は、ともに苦しみながら民衆を救済しうる真の救済者「菩薩」としての可能性を見出したのであろう。

第12話　女帝と道鏡《どうきょう》――皇統断絶さえ辞さなかった二人の恋

国史上の「三大悪人」　戦前の皇国史観の時代、国史上の「三大悪人」とされたのが、道鏡、足利尊氏、田沼意次《おきつぐ》であった。平安時代初期の仏教説話集『日本霊異記《にほんりょういき》』には、「道鏡法師、皇后（称徳女帝《しょうとく》）と同じ枕に交通《とつぎ》し、天下の政を相摂《あいと》りて、天下を治む」と記されるなど、説話の題材として称徳女帝と道鏡の淫《みだ》らな関係が批判され、はては道鏡巨根説まで唱えられるにいたった。

宇佐八幡宮神託事件《うさはちまんぐうしんたくじけん》　道鏡が称徳女帝の寵愛《ちょうあい》を利用して皇位への野望を抱いた事件とされるのが、宇佐八幡宮神託事件である。事件のあらましは、『続日本紀《しょくにほんぎ》』神護慶雲《じんごけいうん》三（七六九）年九月二十五日条によれば、次のようであった。

大宰府《だざいふ》の神官であった阿曾麻呂《あそまろ》が、道鏡に気に入られようとして、宇佐八幡宮の神託と偽って「道鏡を皇位に即《つ》ければ天下は太平になるであろう」と言った。道鏡はこれを聞いて深く喜んだ。

一方、称徳女帝は、和気清麻呂《わけのきよまろ》を招き、「昨夜の夢に、八幡神の使いがきて『大神は天皇に奏上することがあるので、尼の法均《ほうきん》（清麻呂の姉）を遣わされることを願っています』と告げた。そなた清麻呂は法均に代わって八幡大神のところへ行き、その神託を聞いてくるように」と勅した。

清麻呂が出発するに臨んで道鏡は「大神が使者を請うのは、おそらくわたしの即位のことを告げるためであろう」と語り、吉報をもたらせば、官職位階を重く上げてやる、ともち掛けた。これに対し、宇佐八幡宮に到着した清麻呂は、八幡神から「わが国家は開闢《かいびゃく》より君臣の秩序は定まっている。臣下を君主とすることは未だかつてなかったことだ。天つ日嗣《ひつぎ》（皇位）には必ず皇統の人を立てよ。無道の人は早く払い除けよ」との神託をえた。

帰京した清麻呂は、神のお告げのままに天皇に奏上し、これを聞いた道鏡は大いに怒り、清麻呂の官職を解いて因幡員外介《いなばいんがいのすけ》に左遷し、さらに清麻呂が任地に就《つ》かないうちに、称徳女帝の詔《みことのり》により、官位が剥奪され、大隅国《おおすみ》に配流された。また、法均も還俗《げんぞく》させられ、備後国《びんご》に配流された。

しかし、この事件は、数日後に急転直下の結末を迎える。『続日本紀』同年十月一日条によれば、称徳女帝は群臣を一同に集め、長文の宣命《せんみょう》を下した。その宣命の中で女帝は、次のように、群臣にむかって道鏡の皇位継承を否定した。

そもそも君主の位というものは願い求めても得ることは極めて難しい、……先にこの位を得ようとした人（道鏡）は、謀《はかりごと》が拙《つたな》かったのである。我こそは十分うまく謀ったので必ず成功するだろうと、いろいろに願い祈ったりするけれども、やはりそこは諸聖や天神地祇《てんしんちぎ》や歴代天皇の御霊がお許しにならず、お授けにならないので自然に人の口からも出てしまって、かえって身を滅ぼし災を被り、ついには己も他人も罪に陥ってしまったのである。

さらにこの時、称徳女帝は、五位以上の者に紫色の綾絹でできた長さ八尺の特製の帯を下賜した。その帯の両端には、金泥で「恕《じょ》」字が書かれていた。とくに藤原氏の者には、まだ成人に達していなくてもこれを下賜した。

この数日間の女帝を取り巻く情勢の変化は詳《つまび》らかではないが、道鏡への皇位継承に反対する藤原氏などの群臣勢力からの猛反発があったことは想像に難くない。女帝が、「恕」の字の書かれた帯を与えたことに、彼女の帝王としての弱さと、彼女がかつて経験しなかった敗者の状況を読みと取る見方もある（北山茂夫『女帝と道鏡』講談社学術文庫）。

苦悩する女帝　父聖武《しょうむ》天皇から皇位を譲られた称徳女帝にとって、最大の悩みの一つは、次期天皇をめぐる皇位継承問題であったであろう。彼女は、聖武天皇から、「王を奴としようとも、奴を王としようとも、汝のしたいように」せよと、皇位継承者決定への重責を一身に担わされていた。

しかし、彼女に相次ぐ不幸が訪れる。天平勝宝《てんぴょうしょうほう》八（七五六）年に聖武太上《だいじょう》天皇が亡くなり、さらに天《てん》平宝字《ぴょうほうじ》四（七六〇）年には、彼女が精神的な支えとしていた母光明《こうみょう》皇太后が亡くなったのである。こうして嫡《ちゃく》系の血をわけた弟妹をもたぬ彼女は、天涯孤独の身となった。さらに彼女は、伴侶をもつことが許されぬ女帝の身でもあった。北山茂夫氏は、この時、「彼女の心身をさいなむ寂寥《せきりょう》には、わたくしたちの想像をこえる切実なものがあったにちがいない」と想像する。苦悩する女帝が唯一心のよりどころとしたのが、病にも苦しんでいた彼女の看病にあたった道鏡だった。いつしか彼女は、道鏡を「朕をも導き護ります己が師」とまで崇拝するようになり、天平神護《てんぴょうじんご》二（七六六）年には法王の位を授けていた。二人の関係は決してかりそめの情事ではなかった、と北山氏は指摘している。

「道鏡を皇位に即ければ天下太平になるであろう」との宇佐八幡宮の神託と、彼女が夢にみた八幡神からのお告げの符合は、皇位継承問題に悩む彼女の年来の苦悩を吹き払うほどの喜びであったであろう。

作為された事件　『続日本紀』宝亀《ほうき》元（七七〇）年八月二十一日条には、皇太子白壁《しらかべ》王（後の光仁《こうにん》天皇）の令旨《りょうじ》が次のように引用されている。

聞くところによれば、道鏡法師は密《ひそ》かに皇位をうかがう心を抱いて、久しく日を経ていたという。しかし、山陵の土がまだ乾かぬうちに、悪賢い陰謀は発覚した。これはひとえに天神地祇が守られ、土地と五穀の神がお助け下さったからである。しかし、いま先聖（称徳女帝）の厚い恩を顧みると、法によって刑罰を加えるのは忍びない。そこで、道鏡を造下野《しもつけ》国薬師寺別当《やくしじべっとう》に任じ、派遣することにする。

『続日本紀』によれば、この年の八月四日に称徳女帝が亡くなると、道鏡の皇位継承の悪賢い陰謀が発覚して、下野国薬師寺別当として左遷されたとされる。

『続日本紀』からは、道鏡の皇位継承を切望したのは道鏡自身であったのか、称徳女帝であったのか、判読するのは困難である。近年では、この事件は、傍流の血統から即位した天智《てんじ》天皇系の光仁《こうにん》天皇（平安王朝）を正当化するために、光仁の子桓武《かんむ》天皇の命で編纂された『続日本紀』が、奈良王朝主流の称徳女帝と道鏡を不当に貶《おとし》めるために作為したものと指摘する説が提起されている。

事件の真相は、まだ解明途上にある。しかし、二人の恋を哄笑《こうしょう》し、道鏡を一方的に「悪人」とする偏見を見直すべきことは確かであろう。

第13話　光仁《こうにん》天皇と井上《いのえ》内親王――竜になった皇后

光仁天皇の即位

宝亀《ほうき》元（七七〇）年八月四日、称徳《しょうとく》女帝が皇嗣《こうし》を決めぬままに亡くなった。『続日本紀《しょくにほんぎ》』によれば、この日、左大臣の藤原永手《ながて》らが「禁中で策を練り」、白壁《しらかべ》王（後の光仁《こうにん》天皇）を皇太子に擁立したという。白壁王は、天智《てんじ》天皇の孫にあたり、天武天皇の血統につらなる奈良王朝においては傍系の身であった。彼は、称徳女帝時代の皇位継承をめぐる暗闘のなか、「酒をほしいままに飲んでは行方をくらまし」、暗殺を免れたという。この年の十月一日、白壁王は天皇に即位した。

鎌倉時代初期の歴史物語『水鏡《みずかがみ》』に、白壁王の皇太子擁立にまつわる、より詳細な記述がある。それによれば、この時群臣たちには、聖武《しょうむ》天皇の孫にあたる「大納言文屋浄三《ふんやのきよみ》」やその弟の「宰相大市《おおち》」を推す声が強く、これを受け入れた大市を皇太子とする宣命《せんみょう》が読まれる段になって、藤原百川《ももかわ》・永手《ながて》・良継《よしつぐ》の三人が、自分たちで作成した白壁王を皇太子とする宣命を宣命使に読ませ、さらに百川が、群臣会議を主導して白壁王を皇太子とすることを決定し、天皇と定めたと

【天皇家系図】　※数字は『皇統譜』による即位順

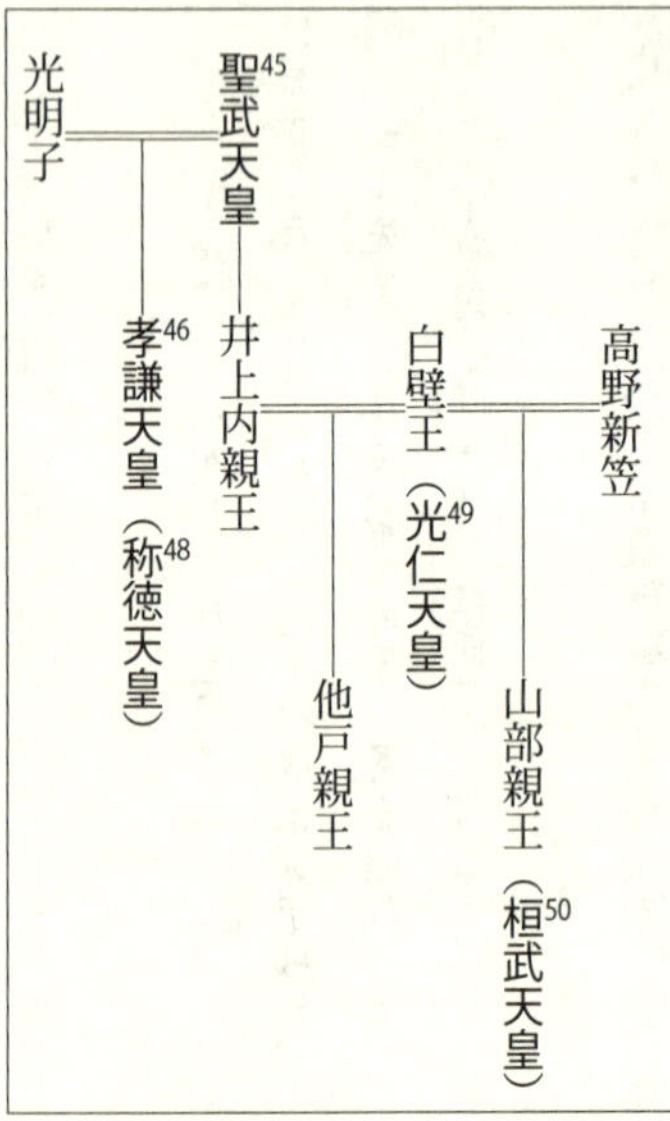

ある。『水鏡』から、『続日本紀』に記された永手らの「禁中で策を練り」の詳細とともに、白壁王擁立における百川の主導的役割を知ることができる。慈円《じえん》の『愚管抄《ぐかんしょう》』でも、光仁天皇から始まる平安王朝の成立に百川が大きな役割を果たしたことが特筆されている。

暗殺された井上内親王母子　天皇となった光仁は、同年十一月六日、皇妃の中から聖武天皇の皇女である井上内親王を皇后と定め、翌年正月十六日には、井上内親王との間に生まれた他戸《おさべ》親王を皇太子とした。この背景には、傍系の血統から即位した光仁が、奈良王朝の血筋を優遇することで、その正統性を誇示しようとしたのではないかとの説がある。

しかし、二人の関係は、他戸親王と山部《やまべ》親王（光仁と高野新笠《たかののにいがさ》の間に生まれた皇子。後の桓武《かんむ》天皇）の皇嗣をめぐる抗争とからみつつ、この後に泥沼の様相を呈することとなる。『続日本紀』から、その経過をたどってみよう。

（宝亀三〈七七二〉年）三月二日　皇后の井上内親王は呪詛《じゅそ》の罪（光仁天皇の姉、難波《なにわ》内親王を呪《のろ》い殺そうとしたとされた）に連座して、皇后の地位を廃された。

（同年）五月二十七日　天皇は、皇太子の他戸親王を廃して庶人とした。天皇は次のように詔《みことのり》した。

……今、皇太子として定めてあった他戸王の母である井上内親王が、呪詛《じゅそ》によって大逆《たいぎゃく》をはかっていることは一度や二度のことではなく、たびたび発覚している。それ故……他戸王の皇太子の位を停め退ける。

（宝亀四年）正月二日　山部親王を立てて皇太子とした。

（同年）十月十九日　当初、井上内親王は呪詛した罪に問われて皇后を廃されたが、後にもまた難波内親王を呪詛した。この日、天皇は詔して、井上内親王とその子の他戸王を大和国宇智郡にある官に没収した邸宅に幽閉した。

（宝亀六年）四月二十七日　井上内親王と他戸王がともに卒した。

この呪詛事件については、井上内親王による難波内親王の呪詛の理由が定かでなく、真相は、皇太子他戸親王の追い落としと山部親王擁立をもくろんだ藤原百川による策謀だったとの説がある。また『水鏡』には、山部親王擁立をもくろむ百川が、井上内親王が光仁天皇を呪詛したことを理由に、井上内親王母子の放逐を進言し、光仁もこれに従った旨が記されている。呪詛事件の真相は藪の中というしかないが、この頃、群臣をまきこむ他戸親王と山部親王の皇嗣をめぐる激しい抗争があり、その抗争の中で、百川らの山部親王派が勝利し、井上内親王母子は、山部親王派に組みすることとなった光仁天皇の命で幽閉され、ともに暗殺される運命をたどったのではあるまいか。

竜になった井上内親王　井上内親王母子が亡くなった後、抗争に勝利した山部親王が重病に陥り、宝亀十（七七九）年七月九日には藤原百川が没した。光仁天皇は、山部親王が重病に陥る過程で、二度も井上内親王の墓の改葬を命じている。

『水鏡』には、井上内親王母子の死後、母子の怨霊《おんりょう》におびえる百川や光仁天皇と山部親王父子の様子が次のように記されている。

（宝亀）六年四月二十五日井上皇后が亡くなり、現身のまま竜におなりになった。他戸親王も亡くなったという。……同八年冬は雨も降らず、世の中の井戸の水みな絶えて、宇治川の水も絶えてしまった。十二月には、百川は、彼を殺そうとする甲冑《かっちゅう》を着た者百余人が現れる夢をたびたび見、また光仁天皇と山部親王も同様の夢を見て悩まれた。光仁天皇は、これは皆、井上内親王母子の霊のしわざとお考えになり、深くお憂いになられ……。

さらに『水鏡』には、百川が井上内親王の怨霊に殺されたことが記されている。また『愚管抄《ぐかんしょう》』によれば、百川によって禁獄され、生きたままに竜となった井上内親王によって、百川が「蹴コロサセ」られたとある。

井上内親王の人生は政治に翻弄された生涯であった。彼女は、五歳で伊勢神宮の斎宮《さいぐう》に定められ、皇位継承をめぐって藤原仲麻呂《なかまろ》に毒殺されたともいわれる弟安積《あさか》親王の死とともに斎宮の任を解かれ、皇統の傍流であった白壁王の妃とされた。白壁王との間に二子をもうけるが、他戸親王を出産したのは四十五歳であったという(三十四歳説もある)。そして夫白壁王の天皇即位は、結果的に彼女の運命を悲劇へと導いていくことになるのである。

『続日本紀』には、井上内親王母子の死後、地震や干ばつ・水害・落雷などの記事が頻出する。後世の人々は、こうした天災の頻発を政治に翻弄され非業の死をとげた母子の怨霊と結びつけ、とくに水にまつわる災害の頻発との関連から、彼女が水神としての竜となって百川らを殺したと考えるようになっていったのであろう。

第2章　平安期——どんな時代だったのか

平安時代の幕開け　平安時代とは古代最後の時代であり、中世が始まる時代でもある。約四〇〇年も続くこの時代は、それぞれの時代的特徴から、前期・中期・後期と三期に分けられる。

平安前期は、およそ八世紀末から十世紀初めまでの時期である。この時期は、古代国家が中国から導入した律令制に修正を加えながら維持していこうとした時代である。

七九四年、桓武《かんむ》天皇は平安京に遷都し、自身の王朝建設を目指した。その後、嵯峨《さが》天皇の時代には、蔵人《くろうど》頭や検非違使《けびいし》など、律令には規定されていないが、現実に適応するための役職を設置した。このような律令外の役職を令外官《りょうげのかん》というが、こうして律令を修正し、日本社会の実状にあわせた政治運営が行われるようになった。また、この頃から政治の世界では藤原北家（のちの摂関家）が勢力を伸ばしていく。藤原氏はその過程で、応天門の変や菅原道真《みちざね》の排斥《はいせき》などいわゆる他氏排斥も行っている。

平安前期は唐風文化の影響が強い時代でもあった。文学では漢詩文が隆盛を極めたが、この時代に和歌を歌ったのが六歌仙《ろっかせん》である。

摂関政治と時代の変容　十世紀初めから十一世紀後半までが平安時代の第二期、平安中期である。中央の政治では、前代から始まった摂関政治が、藤原道長《みちなが》（九六六—一〇二七）の頃全盛期を迎える。摂関とは摂政・関白の略称であるが、天皇が幼少で政治的な判断ができない場合、代わって決裁するのが摂政、成人した天皇を補佐するのが関白である。藤原氏はこの摂関となるか、あるいは結婚を通じて天皇とミウチ関係（外戚《がいせき》という）を結ぶことにより、政治の中枢に位置したのである。これが摂関政治である。

税制では、律令に規定された庸《よう》や調《ちょう》という人頭税から、土地に課税する中世的な地税へと変化した。このように、この時期は古代から中世への過渡期と位置付けられる。

中世の始まり　十一世紀後半以降を平安後期というが、この時代は院政という政治形態がとられた時代である。院政とは、天皇位を譲位した上皇が政治の実権を握る政治形態である。

政治形態の変化とともに、官僚機構や税制などにも様々な変化があった。また、平安中期の平将門《まさかど》の乱以降、武士が存在感を示し出したが、この時期には保元《ほうげん》・平治《へいじ》の乱を経て、武士が一層発言力を強めている。

財政構造の変化とともに、院や摂関家、寺社などはそれぞれ独自の財源を確保し、独立性を高めるようになった。これらの政治勢力を権門というが、権門は財源として荘園《しょうえん》と呼ばれる私有地を獲得した。一方国司が支配する土地は公領と呼び、この時期に荘園と公領という中世社会を基礎づける土地制度が成立した。また、それぞれの権門が分立したが、このような権力の分立も中世社会の特徴とされ、この時期はまさしく中世の始期と位置付けられるのである。

さて、本章は平安前期の「桓武天皇の『二大事業』を見直す」から始まり、平安中期、摂関政治期の「藤原道長と三条《さんじょう》天皇」、平安後期の「鳥羽《とば》院・崇徳《すとく》院の父子相克」「アナタコナタする平清盛」まで、平安初期から摂関政治、院政、平氏政権という、平安時代を彩る政治上のエピソードを中心に、武士にまつわるものや陰陽師《おんみょうじ》の活躍、社会の基礎となる荘園の問題など、幅広い題材を扱っている。いずれも平安時代を理解するための重要なエピソードである。

第14話　桓武《かんむ》天皇の二大事業を見直す

桓武天皇の出自　桓武天皇といえば、日本史上、もっとも有名な天皇の一人であろう。延暦《えんりゃく》十三（七九四）年、平安京に遷都し、平安時代を始めた天皇。一般的にはこんなイメージであろうか。

ところが、桓武天皇は本来天皇になれる立場の人間ではなかった。桓武天皇の父親は、奈良時代正統な天皇とされていた天武《てんむ》天皇の流れではなく、天智《てんじ》天皇の流れを引く光仁《こうにん》天皇であった。母親は、当時あまり高く見られていなかった渡来系氏族出身の女性。さらに、光仁天皇には皇后として聖武《しょうむ》天皇の娘、井上《いのえ》内親王《ないしんのう》がおり、光仁天皇と井上内親王の間には井上内親王の血を介して天武系に連なる他戸《おさべ》親王がおり、皇太子となっていた。つまり、奈良時代末に天武直系の血筋が絶えたことから他戸親王への中継ぎとして父光仁天皇は即位できたのである。このため、当初桓武天皇には即位の可能性はなかったのである。しかしその後、他戸皇太子が廃太子となるというアクシデントがあって（一説には桓武を即位させるための陰謀だったともいう〈第13話参照〉）即位できたのである。

不安定な桓武王朝　桓武天皇は即位直後、天武系の皇親である氷上川継《ひがみのかわつぐ》を謀反《むほん》の罪で流罪としている。この事件の真相もはっきりとはしないのだが、おそらく桓武天皇側による天武系皇親の排除の動きであろう。このように、即位直後の桓武王権は不安定な要素を抱えていたのである。そのため、桓武天皇は自身の王朝を新王朝として喧伝する必要があったのである。そして長岡京、平安京建設という造都事業と、対蝦夷《えみし》戦争の二大事業を推進していくのである。

軍事と造作　この二大事業は軍事と造作といわれたが、新王朝にふさわしい新都を建設し、夷狄《いてき》を服属させることにより、自らの王権を中華になぞらえて強化しようとしたのである。しかし問題もあった。すでに、父光仁天皇の代から緊縮財政政策がとられていたが、この二大事業により、経済負担が増大したのである。桓武天皇は、晩年に参議《さんぎ》の藤原緒嗣《おつぐ》と菅野真道《すがののまみち》を呼んで、天下の徳政《とくせい》を論じさせている。

時に緒嗣は「今天下が苦しんでいるのは軍事と造作です。この二つをやめれば民衆も安らぐでしょう」といった。真道は異議を唱えたが、桓武天皇は緒嗣の意見を採り入れ、二大事業を取りやめた。（『日本後紀《にほんこうき》』延暦二十四年十二月七日条）。

ここでは緒嗣の意見を採り入れ、桓武天皇が徳政を行ったことがクローズアップされているが、むしろこの二大事業が民を苦しめていたということに注目すべきだろう。史書に頼って歴史を見ていく私たちはどうしても史書の論理や為政者《いせいしゃ》の目線で歴史を見てしまうが、その影にいた民衆の思いにも目配《めくば》りをすべきだろう。桓武天皇の崩御《ほうぎょ》に際して、『日本後紀』大同《だいどう》元（八〇六）年四月七日条は、「内には興作《こうさく》を事とし、外には夷狄を攘《う》つ。当年の費《ついえ》と雖《いえど》も後世の頼《たより》とす」と記す。後世の頼りともち上げてはいるが、「当年の費え」とその負担の大きかったことも認めているのである。

第15話　国風暗黒時代と六歌仙《ろっかせん》

国風暗黒時代　「国風暗黒時代」という言葉をご存知だろうか。「国風文化」なら日本史の教科書に出てくる言葉なのでご存知の方も多いだろう。国風文化は平安中期、摂関政治華やかなりし頃、和歌や女流文学を中心に日本風の文化が花開いたことをいう。これに対し、国風暗黒時代は文学史の分野で用いられた言葉で、平安前期、漢文学を中心に唐風文化が花開いた頃のことを、国風文化が見られない時代として表現した概念なのである。したがって、この言葉は国風文化こそあるべき姿で、国風文化が見られない時代は暗黒だという価値観を含んでいるような印象を与える。そのためであろうか、現在ではあまり使われなくなっている。

六歌仙　この国風暗黒時代を代表する歌人が著名な六歌仙なのである。六歌仙とは、いうまでもなく僧《そう》正遍照《じょうへんじょう》、在原業平《ありわらのなりひら》、文屋康秀《ふんやのやすひで》、喜撰法師《きせんほうし》、小野小町《おののこまち》、大友黒主《おおとものくろぬし》の六人である。古典の時間に一度は聞いたことがあるだろう。ところで六歌仙というと和歌の名手というイメージがあるが、実はそうではない。六歌仙の名をあげているのは『古今和歌集《こきんわかしゅう》』の序文であるが、序文には「六歌仙」という表現はないし、六人を「歌仙」と称してもいない。序文は「近き世にその名聞こえたる人」として六人をあげ、むしろ欠点などを指摘しているのである。

近代の有名な人をあげますと、僧正遍照は歌の姿は様になっているが真実味がたりない。……在原業平は心がありすぎて表現が不十分。……文屋康秀は詞《ことば》は巧みだが内容にあっていない。……喜撰法師は表現が不足で意が十分尽くされていない。……小野小町の歌はしみじみとしているようだが強さをもっていない。

かなり厳しい指摘である。そもそも『古今和歌集』序文は、和歌の歴史をたどり、万葉集の盛期から国風暗黒時代の衰退期を経て、『古今和歌集』による「ルネッサンス」を宣言する構成となっている。そのため、国風暗黒時代の歌人に対してはことさら厳しいのかもしれない。

ところでこの六人、どのような人物であろうか。

在原業平は、薬子《くすこ》の変を起こした平城《へいぜい》天皇の皇子阿保《あぼ》親王の子である。阿保親王は、承和《じょうわ》の変に際して橘逸勢《たちばなのはやなり》らの謀反《むほん》を密告した人物であり、一説によればそのことを晩年悔い悩んだという。業平自身の東下りが本当かどうかはともかく、業平もさほど恵まれた身分・環境ではなかったようである。僧正遍照は桓武《かんむ》天皇の孫であるが、母の身分が低いため臣下となり、俗名吉岑宗貞《よしみねのむねさだ》といった。出家後は僧正という僧の最高位に達しており、六歌仙の中では恵まれた人物かもしれないが、俗世では恵まれてはいなかったのではないか。喜撰法師に至っては氏素性《うじすじょう》が知られないばかりか、歌も『古今和歌集』に収められた一首しか知られない。文屋康秀は下級官人、大友黒主は近江の地方豪族である。小野小町については諸説あり、近年では仁明《にんみょう》天皇更衣説が有力であるが、晩年零落《れいらく》したとする伝説もあり、どことなくはかなげである。

総じてみれば、六歌仙はさまざまな階層の歌人をわざわざ選んだ可能性もあるが、いずれにしてもどこか恵まれない印象がある。これも国風暗黒時代に和歌を歌ったものの宿命かもしれない。

第16話　応天門《おうてんもん》の変の謎——院政期に着目された怪事件

応天門の変の謎　貞観《じょうがん》八（八六六）年、閏《うるう》三月十日の夜、平安京大内裏《だいだいり》内にある応天門が出火して全焼した。律令国家の最後の正史『日本三代実録《にほんさんだいじつろく》』から、その後の経過、いわゆる応天門の変の顛末《てんまつ》を要約してみよう。

八月三日　左京の下級官人の大宅鷹取《おおやけのたかとり》によって、大納言伴善男《とものよしお》と善男の子の中庸《なかつね》らが、共謀して応天門に放火したことが告発される。

八月七日　清和天皇の勅をうけた南淵年名《みなぶちのとしな》と藤原良縄《よしなわ》が、善男への事情聴取を行う。

八月二十七日　放火の目撃者であった鷹取の娘を殺害した生江恒山《いくえのつねやま》なる善男の従者が尋問される。

九月二十二日　善男と中庸、さらに紀豊城《きのとよき》ら五人の共謀者に、応天門放火の罪で斬首《ざんしゅ》の判決が下される。後に詔《みことのり》が出され、死一等が降され、善男らは遠流《おんる》に処される。

さらに、『日本三代実録』は、善男の人となりや事件の背景を、次のように記している。

善男は、生来爽俊《そうしゅん》で、鬼の血筋を引いている。彼を知る者は、悪賢い男という。貞観の初めに左大臣源信《みなもとのまこと》との間に対立があり、数年後、善男は、信が陰謀を企て反逆をなそうとしていると嘘の訴えをして陥《おとしい》れようとした。その後、善男は大逆の罪を犯し、父子ともに天に自ら罰せられた。

『日本三代実録』の記事から推測すれば、目撃者鷹取の娘を殺害した善男の従者の自白が、善男らの応天門放火の動かぬ証拠とされたようであり、放火の背景には善男と左大臣源信との対立があり、善男らは政敵源信の失脚をもくろんで応天門に放火し、その罪を信にきせようとした、といったところになろうか。

しかし、このストーリーは、できすぎの感もいなめず、善男の従者による目撃者の娘の殺害に、疑問を呈する説もある。また『日本三代実録』によれば、事件の真相が究明される最中の八月十九日に、藤原良房《よしふさ》が正式に摂政に任じられたと解釈できる記事がある。二十七日に目撃者の娘の殺害者の尋問が行われ、事件の真相が急転直下の解明にいたる直前に、良房が正式に摂政に任じられたのは果たして偶然だろうか。善男は本当に放火犯だったのだろうか。応天門の変には、いまなお解明されつくされない謎が秘められている。

後白河《ごしらかわ》院政期に注目された応天門の変　応天門の変から下ることおよそ三百年後の十二世紀末期、応天門の変は専制君主後白河院を中心とする宮廷で注目をあびることとなった。きっかけは、安元《あんげん》三（一一七七）年の安元の大火（「太郎焼亡《たろうしょうぼう》」）であった。この大火で、院の権威の象徴として新造された平安京大内裏内の大極殿《だいごくでん》・八省（朝堂院《ちょうどういん》）は、応天門などの諸門とともに全焼した。時あたかも後白河院によって専制的人事権が行使されていた時代。宮廷では院の寵愛をめぐって政争が渦巻いていた。安元の大火での応天門焼失により、「最初の焼失の応天門の変にまつわる政争渦巻く故事が、人々の胸中に去来したであろう」との想像もなされている（小峯和明『説話の森――中世の天狗からイソップまで』岩波現代文庫）。

こうした状況の中、後白河院を中心とする宮廷で作成されたのが『伴大納言絵巻《ばんだいなごんえまき》』である。この絵巻もまた多くの謎につつまれている。とくに、戦前より最大の謎とされてきたのは、同絵巻の上巻冒頭部で、紅蓮の炎をあげて炎上する応天門の場面から一転した静寂な庭に、後ろ姿で佇んでいるかにみえる束帯《そくたい》姿の謎の貴人の特定である。同絵巻の詞《ことば》書きには、この人物を特定できる記述がない。

この人物については、これまで①伴善男、②藤原基経《もとつね》、③源信、④藤原良房、⑤藤原良相《よしみ》の五人が想定されてきたという（黒田日出男『謎解き伴大納言絵巻』小学館）。現状ではいずれの説も決め手を欠くといわざるをえないが、小峯氏は、この人物が後ろ姿に描かれていることに注目する。同絵巻には、ほかにも二人、後ろ姿の人物が描かれている。夜の清涼殿《せいりょうでん》で清和天皇と密談する藤原良房と思われる人物と、冤罪《えんざい》を嘆き、自邸の庭で無実を天道に訴える源信である。これら三人の後ろ姿の人物の描写を、「切実さを後ろ姿で表現するという、一段と劇的な手法」だと評している研究者もいる（黒田泰三『思いっきり味わいつくす伴大納言絵巻』小学館）。

応天門の変の真相は、いまもって謎につつまれているが、伴善男は伊豆に配流され、その地で二年後の貞観十（八六八）年に亡くなり、政敵源信も復権せず、偶然にも善男が没したのと同じ年に、狩りの途中で落馬して野中の深みにはまって亡くなっている。また、彼らの死の前年には、『李部王記《りほうおうき》』（『大鏡《おおかがみ》』裏《うら》書《がき》）に善男と結託して信の失脚をもくろんだことが記されている右大臣藤原良相が没し、その四年後には、良相と対立関係にあったらしい藤原良房が没し、良房の家系は実質的に断絶する。応天門の変の背景には、単に善男と信の対立ではかたづけられない宮廷社会の陰湿な政争の闇が見え隠れするが、彼らはいずれも

出光美術館所蔵

最終的には誰一人として勝者にはなりえなかった。同絵巻に描かれたのは、政争渦巻く宮廷社会に生きかつ死んでいった者たちの悲しい人間存在の生と死への共感であり、そんな彼らへの鎮魂だったのではあるまいか。小峯氏は、同絵巻全体に漂う「不安と暗澹《あんたん》たる雰囲気」を指摘しているが、後ろ姿の人物の描写に、現代社会にも通じる人間存在の悲しさが切実に表現されているといえよう。

子どもの喧嘩とうわさの広がり　『伴大納言絵巻』の作成目的を解明する鍵として黒田日出男氏が重視するのが、「子どもの喧嘩とうわさの広がり」の場面である。詞書きには、伴善男の従者の隣の子（『宇治《うじ》拾遺物語《しゅういものがたり》』では善男の従者の子）と放火の目撃者の子の子どもの喧嘩を機に、善男が放火の真犯人であることが路上で公言され、この争いを見るため近隣の人たちが集まり、善男が放火の真犯人であることを聞き、噂がまたたくまに世に広まっていった、と記されている。黒田氏は、この場面に悲劇の構造のクライマックスを読みとるとともに、同絵巻の作成目的を、庶民の噂や密告によって権力者の地位さえもが一瞬に崩壊してしまいかねない院政期社会のありようとの関係から考察している。

同絵巻作成の中心にいた専制君主後白河院さえもが、庶民の噂に戦々恐々として不安におののいていたのである。庶民の流行歌である今様《いまよう》への後白河院の異常なまでの執心も、こうした院政期社会と密接不可分だったのではあるまいか。

第17話　菅原道真《すがわらのみちざね》失脚の真相——王朝国家の守護神となった男

昌泰《しょうたい》の変　昌泰二（八九九）年二月十日、宇多《うだ》上皇からの信任が厚かった菅原道真は、右大臣にまで上り詰めた。この日、道真は権勢の絶頂をきわめたのである。

翌年十月十一日、道真は、同じ学者の家出身のライバル文章博士《もんじょうはかせ》三善清行《みよしきよゆき》から、次のような手紙を送られる。

自分はかつて勉学のかたわら陰陽道《おんみょうどう》の吉凶法を学んだが、それによれば、明年は辛酉《しんゆう》という六十年に一度めぐってくる変革の年にあたっており、その禍《わざわい》はあなたに及ぶだろう。……願わくば止足（自分の止まるべき時や充足の時）を知り、職を辞するならば、後の人も仰ぎみて尊ぶであろう。

（『本朝文粋《ほんちょうもんずい》』巻七）

この手紙で清行は、翌年の辛酉の年に起きるであろう禍を前に、道真が政界を引退すべきことを忠告している。さらに清行は、十一月二十一日には今度は朝廷に、辛酉の年である明年二月に「帝王革命」がおこり、天の命によって天皇が革《あらた》められる事態が生じ、その際斬刑《ざんけい》に処せられる者が出るかもしれないから、戒厳《かいげん》して「近臣」や「群臣」を封ずるべきであると建議している。「近臣」は道真、「群臣」は道真派の者たちを指していることはいうまでもなかろう。

さらにその翌年正月二十五日、醍醐《だいご》天皇から、突如、次のような命令書が発令される。

私が即位した際、左大臣（藤原）時平《ときひら》らは、宇多《うだ》上皇の詔《みことのり》によって、ともに輔《たす》けあって政治を行うよう命じられ、いま五年がたとうとしている。ところが右大臣菅原道真は、身分の低い家柄からにわかに大臣の位にのぼり、おのれの分をわきまえずに浅見《せんけん》の野望をいだき、佞諂《ねいてん》の情（媚《こ》び諂《へつら》う心）をもって上皇をまどわし、皇位の廃立を行って父子（宇多上皇と醍醐《だいご》天皇）の志を離反させ、斉世《ときよ》親王（醍醐天皇の弟）の即位をにおわして兄弟の愛を破ろうとした。……道真はもはや大臣の位にとどまるべき人物ではない。法律の定めによって罪すべきであるが、恩情によりて大臣の官を停めて、大宰権帥《だざいごんのそち》とする。（『政事要略《せいじようりゃく》』巻二十二）

この史料によれば、道真は、専権の野望を抱き、宇多上皇にとりいって、醍醐天皇を廃し、自身の娘婿の斉世親王を天皇に即位させようと企てたとして、大宰権帥に左遷されることになったことがわかる。道真にこうした企てがあったかどうかについては諸説紛々であるが、前年の三善清行の手紙や朝廷への建議内容から推測して、辛酉《しんゆう》革命の年を機とする、道真を失脚させるための何らかの政変が水面下で進行していたことは確かであろう。醍醐天皇は、辛酉革命の年を機に自らが廃位に追いこまれることを危惧し、その機先を制して、陰謀の中心だと何者かに吹聴された道真を左遷させたのではあるまいか。

道真の目指した国政改革　道真が政界で台頭した九世紀は、律令国家の根幹たる班田《はんでん》制が破綻へと向かっていった時代である。道真は、仁和《にんな》二（八八六）年に讃岐《さぬき》守として現地に赴き、そこで疲弊する民衆の姿を直視し、凍てつく冬に凍える民衆の姿を、「寒早十首」とよばれる漢詩連作で詠じた（『菅家文草《かんけぶんそう》』所収）。その最初の一首は次のような詩である。

何《いず》れの人にか　寒気早き　寒は早し　逃げたるが還りたる人
戸を案じても新口なく　名を尋ねては旧身を占う
地毛も郷土も痩《や》せ　天骨も去来すれば貧し
慈悲をもって繋《つな》がざれば　浮逃《ふとう》（浮浪と逃亡）定めて頻りならむ

この漢詩で、道真は、逃亡先から強制送還されてきた「送還人」の境涯を、本籍地に戻そうにも偽籍《ぎせき》化した戸籍は役に立たず、たとえ戻したとしても土地はやせ衰えており、彼らの身体は衰弱していくばかりであり、慈悲をもった政治を行わなければ、逃亡や浮浪はますます続発するであろう、と詠じている。

道真は、寛平《かんぴょう》二（八九〇）年に讃岐守の任を終え、中央政界に復帰する。彼は、宇多天皇の信任を得て、同八年には民部卿《みんぶきょう》となる。民部卿となった道真は、危機に瀕した国家再建のための国政改革に着手していった。延喜《えんぎ》五（九〇五）年の「観世音寺《かんぜおんじ》資材帳」と寛平年間作製の「東大寺諸国封物来納帳」（ともに『平安遺文《へいあんいぶん》』所収）をもとにして、道真が民部卿に就任して以降、両寺への封物納入が、中央政府から諸国からの直接納入へ転換したとし、道真の目指した国政改革は、後の王朝国家につながる班田制から、国司一国請負制への転換だったと推測する研究者もいる（平田耿二『消された政治家菅原道真』文春新書）。

消された道真の国政改革法規　道真の国政改革に関する法規は現存していない。平田氏は、「寛平八年の民部卿就任から西海に左遷された昌泰四年（延喜元年）正月までに制定された国政改革関係の重要法規が、すべて消えてしまった」といい、ここに菅原道真と藤原時平の政治の主導権をめぐる抗争を読みとっている。つまり、両者ともに、後の王朝国家につながる国政改革を目指していたとし、目指す国政改革の最後の仕上げとして翌年に予定されていた造籍と班田を前に、時平らはその主導権を得るためにも道真を政界から追放しなければならず、その輝かしい功績を自分たちのものとするため、道真追放後に道真の国政改革関係の法規を廃棄してしまったと、大胆に推測しているのである。この説には異論も多いが、いずれにしても、道真と時平の間に政治の主導権をめぐる抗争が存在したことは確かであろう。

王朝国家の始動と天神《てんじん》信仰の成立　延喜《えんぎ》三（九〇三）年二月二十五日、道真は左遷先の大宰府で没した。享年五十九歳。道真の死後、延喜九（九〇九）年には、疫病《えきびょう》が蔓延する中で時平が三十九歳の若さで没し、延長《えんちょう》八（九三〇）年には、清涼殿《せいりょうでん》落雷事件が起き、醍醐天皇も天神と化した道真の怨霊《おんりょう》に震えながら没した。その後、道真の目指した国政改革は、時平にかわって国政を主導することとなった、生前から道真と親交のあった時平の弟忠平《ただひら》（忠平は道真の左遷に反対した）によって実施に移され、王朝国家が始動する。また忠平の子師輔《もろすけ》によって道真の霊を祀る北野神社の社殿が増建されるなど、天神と化した道真は、摂関政治の全盛を極めることになる忠平流摂関家に厚く崇敬され、王朝国家を主導する摂関家の守護神となっていった。さらに、朝廷の権威すら相対化する道真の霊は、民衆の守護神にすらなってゆく。律令国家に苦しめられる民衆の救済を目指した道真の志は、その死後、実現するのである。

第18話　平将門《まさかど》の「新皇《しんのう》宣言」

『将門記《しょうもんき》』が伝える将門の即位　治承《じしょう》四（一一八〇）年、伊豆国の流人源頼朝挙兵の報が都へもたらされた時のことである。のちに摂政・関白となる九条兼実《くじょうかねざね》は、その日記『玉葉《ぎょくよう》』に「義朝《よしとも》の子が謀反《むほん》を起こした。まるで将門のようだ」と記した。将門とは、下総《しもうさ》北部を本拠に勢力をはり、天慶《てんぎょう》二（九三九）年、常陸《ひたち》・下野《しもつけ》・上野《こうずけ》の国司を追放してみずから新皇（新しい天皇）と称し、坂東《ばんどう》の大半を制圧したが、翌年、一族の平貞盛《さだもり》らに攻められて敗死した豪族である。およそ二百四十年前のことであるにもかかわらず、同じ東国で起こっていることや、その衝撃の大きさから、ただちに将門の乱が思い起こされているのである。

将門の乱の衝撃といえば、何といっても将門が新皇に即位したことであろう。将門の乱を描いた軍記物語の先駆《さきが》けとして知られる『将門記』の新皇即位場面の記事を見てみよう。

将門が上野国の国府を占領し、坂東諸国の国司を任命した時のことである。一人の巫女《みこ》が現れ、「われは八幡大菩薩の使者である」と口ばしり、さらに「朕《ちん》の位を平将門に授け奉《たてまつ》る。そのことを記した位記は、左大臣正二位菅原道真《すがわらのみちざね》の霊魂が捧げるところである。……」と告げた。そこで将門が位記を頭上に捧げ持つようなしぐさをして、繰り返し礼拝すると、数千人の兵たちは立ちあがって喜び、伏し拝んだ。またこの場を取り仕切っていた側近の武蔵権守興世王《ごんのかみおきよ》と常陸掾《ひたちのじょう》藤原玄茂《はるもち》らも大いに喜び、将門を新皇と名づけた。

八幡神といえば、奈良時代、弓削道鏡《ゆげのどうきょう》が宇佐八幡神（現在の大分県宇佐市に鎮座）の託宣《たくせん》を利用して皇位継承者になろうとしたが、結局、失敗した事件に代表されるように、託宣の神として知られていた。また菅原道真は政敵藤原時平《ときひら》らの讒言《ざんげん》によって九州の大宰府《だざいふ》に左遷され、失意のうちに死去したことから、死後、その祟《たた》りが噂されるようになり、とくにこの新皇即位の出来事の九年前における宮中清涼殿《せいりょうでん》への落雷事件以後は、彼の霊魂に対する恐怖が人々を脅《おびや》かしていたという。すなわち『将門記』によると、将門の新皇即位は託宣の神八幡神と恐るべき道真の霊魂が協力して行ったことになるのである。

道真霊魂の登場をめぐって　『将門記』に見える将門即位記事については、明治期以来、これを作者による創作とみなす説と、史実もしくは記事に近い事実があったとする説との双方からさまざまな意見が出されており、このうち後者の場合、さらに発展して「将門の国家とは何か」にまで議論が及んでいる。たとえば、のちの鎌倉幕府へとつながる東国国家がこの将門の国家において最初に姿を見せたとして高く評価するものなどがそれである。

ところで、作者創作か史実かの議論に関わる重要な論点の一つとして、菅原道真の霊魂登場をどのように理解するかということがある。たとえば、作者創作説の立場からは、当時、都ではともかく、遠く離れた坂東に道真の霊魂が登場するのは早すぎるのではないか、また道真と同じく将門もやがて志半《こころざしなか》ばで敗死し、その霊は怨霊《おんりょう》として恐れられるようになるが、とすれば、将門敗死後、『将門記』作者が二人の怨霊を結びつけて即位の話を創作したとも考えられるのではないか、といった主張がなされている。

一方、こうした作者創作説に対して、今日、多くの支持を得ているのは、将門の即位場面に道真の霊魂が現れる理由を詳細かつ具体的に論証し、将門の即位は必ずしも虚構とはいえないとする次に要約した説である（川尻秋生『戦争の日本史4 平将門の乱』吉川弘文館）。

「道真の子息たちは常陸・下総・上総などの国司になっている。とくに菅原兼茂《かねもち》は、将門の新皇即位をそれほどさかのぼらない時期に常陸介として赴任しており、さらにこの兼茂のもとへは以前から父道真の霊が出現するという噂も流れていた。→ところで将門の新皇即位を演出した一人は将門側近の『常陸掾玄茂』であった。→とすれば、彼ら兼茂・玄茂を媒介として、新皇即位記事に道真の霊魂が登場してくることも理解できる。→また民衆による税の運搬や坂東に存在した貴族の荘園などを考慮する時、当時の都と坂東との活発な人・物資・情報の往来も想定される。」

道真の子と将門即位を演出した将門の側近とが、ともに常陸国司であったことに着目した説得力に富む説である。今後はこの説を受けて、道真の霊魂が将門即位という決定的な場面に登場してくることの意味――たとえば今日では、朝廷をはじめ都の人々を脅かす道真の霊魂は、都の「本天皇」に対して東国における「新皇」を名乗る将門にふさわしいなどとみられている――がより深められていくことになろう。とはいえ、なお将門の即位に道真の霊魂が関わってくることの可能性については議論の余地が残っていると思われる。それは、先の『玉葉』が伝えるもう一つの即位の話、および常総地方における菅原氏一族関連の伝承である。

もう一つの新皇即位の話　頼朝挙兵の報に接した折、その日記に「まるで将門のようだ」と記した九条兼実は、それからしばらくすると、今度は訪問客から聞いたとして次のような話を書き留めている。

昔、将門が謀反を起こした時、八幡大菩薩の使者と名乗る青色の服を着た壮士が天から降りてきて、将門に朕の位を授けると言ったそうだ。また先年、(訪問客が)この話を信西《しんぜい》という人物にしたところ、信西は、亡国の夭者《ようじゃ》は天から降りてくることを将門は知らなかったのかと答えた。

頼朝の挙兵によって将門への興味・関心を呼び起こされた貴族たちの間で、将門をめぐるさまざまなエピソードが語られるようになっているわけだが、即位の場面では『将門記』と異なって、巫女ではなく青い服の壮士が出現してきており、また道真の霊魂もいないのである。しかも「信西」、すなわち平治の乱で殺害された後白河院の近臣で、当時第一級の学者として知られた人物も、この話を否定していないことは気になる。一体、こうした将門即位に関する『将門記』と『玉葉』の話の違いをどのように理解すればよいのであろうか。『将門記』の抄略《しょうりゃく》といわれる『今昔物語集』中の将門即位の話にも道真霊魂が見えないことなどとあわせて興味深いテーマといえよう。

最後に将門即位と道真の霊魂の話に関連して、現在も常総地方に残る道真子息伝承について触れておきたい。たとえば『将門記』によると、将門の弟たちのうち将平《まさひら》だけは将門の即位に反対しているが、その将平の学問の師が道真の息男景行《かげゆき》で、景行を祀った三郎天神も現存しているなどといった話がそれである。またその景行が、将門と敵対した源護《まもる》や平良兼《よしかね》らと共に、延長《えんちょう》四(九二六)年、常陸羽鳥《はとり》に道真の菩提供養のために「菅原神社」を建立し、三年後にはそれを兼茂・景茂《かげもち》らの兄弟と下総豊田郡に移したことを伝える板碑《いたび》・石碑の拓本も紹介されている。碑文の真偽も含めて、道真の子息たちが常総地方で父の話を語ったことは確かであるとしても、あらためてその内容を問うことが求められているのではあるまいか。

第19話　将門《まさかど》の首・純友《すみとも》の首

将門の首　平将門・藤原純友といえば十世紀前半、関東と瀬戸内海で反乱を起こした人物である。初期の武士の代表格であるが、結局二人とも討たれ、首を取られてしまう。その後、将門の首は市《いち》の外の樹に懸けられたという。

十日、左中弁《さちゅうべん》、相弁《すけのべん》らから将門の首を市司《いちのつかさ》が受け取らないと報告があった。そこで市の外の樹に懸けるように命じた。（『貞信公記《ていしんこうき》』天慶《てんぎょう》三年五月十日条）

律令制では死刑として絞首刑と斬首《ざんしゅ》刑があり、『延喜式《えんぎしき》』によれば死刑は市で行うこととなっていた。すなわち、見せしめとして市で公開処刑されていたのである。こうした慣例から、将門の首も市司のもとへもたらされたものの、市司が受け取らず、市の外の樹にかけられたという。市司が受け取らなかったというのは、すでに死穢《しえ》などが意識されたのだろうか。いずれにしても当時都を震撼とさせた将門の首であるだけに、多くの見物人が出たことであろう。

純友の首　一方の純友はわずか十三歳の子、重太丸とともに警固使《けいごし》橘遠保《たちばなのとおやす》によって討たれ、天慶《てんぎょう》四（九四一）年七月七日に両人の首が進上された。『今昔物語集《こんじゃくものがたりしゅう》』巻二十五―二「藤原純友、海賊により誅《ちゅう》せらるる語《こと》」では二人の首について次のように述べている。

（橘遠保は二人の首を持って）京にのぼり着き、まず右近《うこん》の馬場で、純友の首を獲ったことを天皇に奏上《そうじょう》した。そのため京中の人々が見て大騒ぎした。……その次の日のこと、左門府生掃守在《さもんのふしょうかにもりのあり》上《かみ》という高名な絵師がいた。天皇はその在上に「純友と子どもの首を写生して持参せよ」と命じた。天皇はその首を直接見たいと思われたが、首を内裏に持ち込むべきではないので、このように命じたのである。さて、絵師は右近の馬場に行って、その形を写生して内裏《だいり》に持参したが、天皇は殿上《てんじょう》でこれをご覧になった。首の形は少しも違うところがなかった。ただし、天皇がこのような絵をご覧になったことを世の人はよくは言わなかった。

純友と重太丸の首は右近馬場に梟首《きゅうしゅ》された。それを朱雀《すざく》天皇が見ようと思ったが、天皇が穢《けが》れに触れるわけにはいかない。そこで絵師に写生させ、絵で見たというのである。

本来、見せしめとして犯罪を抑止するための梟首《きょうしゅ》であるが、怖いもの見たさを刺激する部分もあるのだろう。その一方で死穢も避けたい。この二つの話からはそうした貴族の意識がかいま見えるようだ。ちなみに純友の首図は文殿《ふどの》に保管され実在していたが、平安末期に紛失してしまったようである（『吉記《きっき》』養和《ようわ》元年八月二十日条）。

第20話　陰陽師《おんみょうじ》安倍晴明《あべのせいめい》——闇の社会から呼び出された男

「平成」の晴明ブーム　昭和六十三（一九八八）年、後に「平成」の晴明ブームがおきる火付け役となる一冊の小説が刊行された。夢枕獏氏の『陰陽師』である。翌昭和六十四（一九八九）年一月、昭和天皇崩御により、長らくつづいた「昭和」に終止符がうたれ、「平成」の時代となった。世界史的にも、この年は、長らく世界を規定してきた米ソ冷戦に終止符が打たれ、新たな混沌とした時代が開始される転換点となった。

夢枕は、そんな混沌とした不安な時代の開幕を予測するかのように、政争渦巻く平安時代の闇の社会に生じた難事件を、式神《しきがみ》を操って次々に解決していく一人のスーパースターの物語を紡ぎ上げていった。彼こそ、陰陽師安倍晴明である。夢枕は、この小説の執筆動機を次のように記している。

ずっと以前から、書きたくて書きたくてたまらなかったのが、平安時代の話である。闇の話を書きたかったのだ。鬼の話を書きたかったのだ。その頃には、まだ、闇も鬼も、人の居る空間に残っていたからである。そして、安倍晴明という男の話を書きたかったのである。

夢枕の小説は爆発的にヒットし、平成六（一九九四）年には、岡野玲子氏によって漫画版『陰陽師』が刊行され、平成十三（二〇〇一）年には、夢枕の小説を原作とする映画『陰陽師』が封切りされた。この間、平成五（一九九三）年には五十五年体制の崩壊、平成七（一九九五）年には阪神淡路大震災と地下鉄サリン事件、さらに平成十三年には、九・一一同時多発テロが起きている。安倍晴明は、こうした「平成」日本の社会を救うスーパースターとして、現代の人びとに呼び出されたのである。

晴明の史実と伝承

史実としての安倍晴明は、藤原実資《さねすけ》の『小右記《しょうゆうき》』、藤原行成《ゆきなり》の『権記《ごんき》』、藤原道長《みちなが》の『御堂関白記《みどうかんぱくき》』など、晴明が生きた平安時代中期の貴族の日記などに散見される。

たとえば『御堂関白記』寛弘《かんこう》元（一〇〇四）年七月十四日条に、次のような記事がある。

> 一日中、曇っていた。時々、小雨が降った。夜に入って、大雨が降った。右頭中将《うとうのちゅうじょう》（藤原実成《さねなり》）が天皇の仰せを伝えて言ったことには、「（安部）晴明朝臣が五竜祭《ごりゅうさい》を奉仕したところ、天の感応《かんのう》が有った。被物《かずけもの》を賜うこととする」ということだ。早く賜うべきである。雷声は小さかった。

この年は、六月半ばから七月の半ばにかけて雨らしい雨は降らず、晴明の主宰した五竜祭によって、三十余日ぶりの大雨が降ったという。

また、『権記』長保《ちょうほ》二（一〇〇〇）年十月十一日条には、一条天皇が新造なった内裏に遷《うつ》る折、晴明が「反閇《へんばい》」という呪術を行ったことが記され、さらに晴明が「反閇」を行った理由として、「此の度は晴明は道の傑出者（陰陽道の達人）なるを以て此の事を供奉《ぐぶ》する也」と説明されている。

史実としての晴明は、延喜《えんぎ》二十一（九二一）年に誕生し、応和《おうわ》元（九六一）年に四十一歳で天文得業生《てんもんとくごうしょう》、さらに天禄《てんろく》二（九七一）年に五十一歳でようやく天文博士となり、以後、おもに天皇や藤原摂関家の人びとのため、「官人陰陽師」として、暦法に基づく日時の吉凶判断や占い、天文にまつわる祭祀《さいし》、「反閇」など移動にまつわる呪術を行い、寛弘《かんこう》五（一〇〇八）年十二月十六日に八十一歳で亡くなった。幼少期、陰陽師の賀茂忠行《かものただゆき》・保憲《やすのり》父子に陰陽道を学び、天文道を伝授されたともいうが、史実として確証はない。「官人陰陽師」としても、式神を操ったなどという史実はなく、諏訪春雄氏は、晴明は当時、陰陽道の大家ではあったが、「のちに神格化された超人ではなく、呪術という特殊技能で朝廷につかえた」「平均的国家公務員」だったと結論する（諏訪春雄『安倍晴明伝説』ちくま新書）。上記の『御堂関白記』の記事は、史実上の晴明のもっとも輝かしい事績だったのである。

晴明が史実を超えたヒーローとして最初に伝承の世界に呼び出されたのは、死後約百年後の十二世紀末であった。時あたかも政争渦巻く院政期。天変地異も相次ぎ、人びとは社会不安に恐れおののいていた。この時代に編纂された『今昔物語集《こんじゃくものがたりしゅう》』巻二十四には、四話にわたって晴明が登場する。

第十六話には、幼少期に賀茂忠行から陰陽道を習った晴明の「やむごとなかりける」逸話が記されている。それによれば、廣沢の寛朝僧正《かんちょうそうじょう》のもとにいた「若き君達《きんだち》・僧」から、「識（式）神」を使って「蝦蟇《がま》を殺してみろ」と要求された晴明が、草の葉を使って蝦蟇を殺したことや、晴明が「識神」を使って蔀《しとみ》の上げ下げや門の開閉を行ったことなどが記されている。院政期は、社会不安を背景に過剰なまでに禁忌《きんき》が生み出され、一方で、人びとは禁忌を逃れるために陰陽師などにすがるようになった時代である。『今昔物語集』巻二十四には、陰陽師が主人公となる説話が八話もある。安倍晴明らの陰陽師たちは、こうした時代状況の中、史実を超えたヒーローとして、伝承の世界に呼び出されたのである。

ただし、この時代、晴明は数ある陰陽師の一人に過ぎず、後世に語られるほどの超人的な存在とまではいえず、『今昔物語集』に掲載された逸話も比較的地味である。この時代に陰陽道の超人として呼び出されたのは、『吉備大臣入唐絵巻《きびだいじんにっとうえまき》』や説話集『江談抄《こうだんしょう》』に陰陽道の術を操って唐の皇帝すらやりこめた逸話が掲載された吉備真備《きびのまきび》であった。

「超人安倍晴明」の誕生　安倍晴明が超人として伝承の世界に呼び出されたのは鎌倉時代以降である。鎌倉時代の説話集『古事談《こじだん》』『宇治拾遺物語《うじしゅういものがたり》』などには、その超人的な呪的能力を操って、藤原道長ら王権に連なる人びとの危難を救う、王権の守護者としての安倍晴明の逸話が豊富に掲載されている。以後、室町中期の禅僧である瑞渓周鳳《ずいけいしゅうほう》の日記『臥雲日件録《がうんにっけんろく》』では、「晴明は父母がなく、化生の者」だと記され、さらに江戸初期の『安倍晴明物語』では、晴明は神の落胤《らくいん》であり、母親は信田の森に鎮座する信田明神の化身である信田の森の狐だった、と神格化されていく。こうした晴明の超人化の背景には、陰陽師の二つの流派の一方で劣勢にあった晴明流安倍氏が、保憲流賀茂氏に対抗するため、晴明を、朝廷を守護する英雄であったとする歴史の捏造《ねつぞう》があったとする説もある（繁田信一『陰陽師』中公新書）。また、被賤視されることの多かった室町時代の民間陰陽師たちが、「みずからを権威づけるために晴明を始祖とあおぎ」、各地に晴明伝承を残していったとし、また、南北朝期から室町前期に成立した、民間陰陽師の秘伝書で晴明に仮託された暦注《れきちゅう》の書『簠簋内伝《ほきないでん》』によって、晴明の名が各地に広まったという説もある（山下克明『陰陽道の発見』ＮＨＫ出版）。

荒唐無稽《こうとうむけい》ともいえる伝承の世界に生きる安倍晴明だが、彼は、時代時代において、生きることの苦しさを抱えた人びとの希望として、平安中期の闇の社会から呼び出され続けたのである。

第21話　源頼光《よりみつ》の虚像と実像――危機に瀕する王権の守護者

伝説の英雄的武人源頼光

伝説上の源頼光の事績としてもっとも著名なのは、酒呑童子《しゅてんどうじ》の討伐である。酒呑童子は、平安京の西北、丹波《たんば》国の大江山（山城《やましろ》国と丹波国の国境の大枝など諸説ある）に住む鬼の頭領であり、京を荒らし、貴族の女性をさらっていた荒くれ者である。伝説上の頼光は、一条天皇からの勅命をうけ、渡辺綱《わたなべのつな》・坂田金時《さかたのきんとき》・卜部季武《うらべのすえたけ》・碓井貞光《うすいのさだみつ》の頼光四天王らとともに酒呑童子を討伐し、都に平安をもたらした英雄的武人である。室町時代に成立した『御伽草子《おとぎぞうし》』「酒呑童子」では、頼光や頼光四天王らは、「鬼神もおぢをののきて恐れをなす」者どもであり、酒呑童子をして、次のように言わしめた存在であった。

> 心にかかりしは、都の中に隠れなき、頼光と申して大悪人のつはものなり。力は日本に並びなし。又頼光が郎等に、定光、末武、公時、綱、保昌、いづれも文武二道のつはものなり。これらの六人の者どもこそ心にかかり候。

見事に酒呑童子を討伐した頼光に対し、『御伽草子』は次のような賛辞を贈って、この話を結んでいる。

> それよりも、国土安全長久に治まる御代とぞなりにける。かの頼光の御手柄、ためし少なき弓取とて、上一人より下万民に至るまで、感ぜぬ者はなかりける。

頼光の実像

伝説上の頼光は、鬼神さえも恐れおののく、「日本にならびなきつわもの」として描かれているが、彼が生きていた平安時代中期の貴族の日記を読むと、その実像とのギャップはきわめて大きい。藤原実資《さねすけ》の日記『小右記《しょうゆうき》』寛仁《かんにん》二（一〇一八）年六月二十日条に、伊予《いよ》国の受領《ずりょう》であった頼光が、成功《じょうごう》をめあてに、時の権力者であった藤原道長《みちなが》が再建した邸宅土御門《つちみかど》邸の一切の調度品を献上したことが、次のように記されている。

（道長が）土御門殿の寝殿一間を受領たちに配当して造営させたという。前代未聞の事である。……伊予の守である源頼光が調度品の一切を献上した。厨子《ずし》・屏風《びょうぶ》・唐櫛笥具《からくしげ》……銀器……管絃具……、そのほかの物を記し尽くすことはできない。……前代未聞のことである（希有《けう》の希有の事也）。……現在は、太閤《たいこう》（道長）の徳は帝王のようで、世の興亡をただ自分の心のままにし、呉王《ごおう》（越《えつ》に勝利しておごり高ぶり滅亡した呉王夫差《ふさ》）と志は同じである。頼光が献上した調度品の品目を、人びとは競って書写したが、そのありさまは除書《じょしょ》（公表された除目《じもく》の結果）を写すようであった。

また『栄華物語《えいがものがたり》』にも、この時の様子が、「伊予守頼光ぞ、すべて殿の内の事さながら仕《つか》う奉りたる。……すべて残る物なう仕う奉れり」と記されている。

この年の十月十六日、道長は三女威子《いし》を立后させ、ついに前代未聞の三人の娘による立后を実現する。『小右記』には、この日、権力の絶頂をきわめた道長がつい詠じてしまった「望月《もちづき》の歌」が記されている。

史実上の頼光は、権力の絶頂に上り詰めていく道長に成功《じょうごう》を繰り返して取り入り、大国の受領に任命してもらうことを願う、当時の典型的な中級貴族の一人にすぎなかった。信頼できる史料に記された武人としての事績は、長徳《ちょうとく》の変のものくらいしかない。この日、花山《かざん》法皇を襲撃した藤原伊周《これちか》・隆家《たかいえ》兄弟の配流が天皇から命じられ、不測の事態を想定して、天皇の命で「武芸に堪ふる五位以下」の者が召集された（『小右記』長徳二〈九九六〉年四月二十四日条）。『栄華物語《えいがものがたり》』には、この時、「陸奥《むつ》の国の前守（平）維叙《これのぶ》、左衛門尉《えもんのじょう》（平）維時《これとき》、備前《びぜん》前司（源）頼光、周防《すおう》前司（源）頼親《よりちか》」など、すべて源満仲《みつなか》と平貞盛《さだもり》の子孫が動員されたと記されている。

また、頼光没後、ほぼ一世紀を経た院政期に成立した『今昔物語集《こんじゃくものがたりしゅう》』巻二十五第三に、頼光の唯一の武人としての逸話が掲載されている。概要は次のようである。

> 三条天皇が春宮《とうぐう》だった時代、頼光は、春宮から東三条殿の軒に眠る狐《きつね》を射よと命ぜられた。しかし、狩猟の機会などなくなった現在、頼光は射当てる自信はなく辞退するが許されなかった。しかたなく頼光が矢を放つと、矢は狐の胸を射当ててしまった。春宮は感じ入り、「これは頼光が射たのではない。先祖に恥をかかせないように、守護神が助けて射させたのだ」とおっしゃって退出された。

頼光は、この逸話にあるように、受領や春宮坊《とうぐうぼう》の職員などとして京で繁忙した生活を送っていたため狩猟の機会などほとんどなく、実際にその技量も低下していたのではないかという推測もなされている。さらに頼光は、「おおむね権力者に諂《へつら》い、地位の昇進を図った小心、典型的な受領」であり、そしてそれは、当時の軍事貴族の当然の姿だったとも考えられている（元木泰雄『源満仲・頼光』ミネルヴァ書房）。

頼光伝説誕生の背景　鎌倉時代以降、頼光は、次第に英雄的武人として伝説化されてゆく。『保元物語《ほうげんものがたり》』には、頼光が四天王とともに朝廷を守ったとする記述があり、彼は王権の守護者としての性格を与えられるようになっていった。また、鎌倉時代の説話集『古今著聞集《ここんちょもんじゅう》』には、頼光が凶悪な鬼同丸を征伐した逸話が掲載され、前出の元木泰雄氏は、これが酒呑童子伝説の原型となり、さらに屋代本《やしろぼん》『平家物語』や『源平盛衰記《げんぺいせいすいき》』、南北朝期に成立した『太平記《たいへいき》』を経て、その発展形態として酒呑童子伝説が誕生したという。また、酒呑童子伝説の主題を、「王権の危機と鬼王征伐による、その劇的回復の物語」だとする（高橋昌明『酒呑童子の誕生』中公文庫）説もある。頼光は、その実像を超えて、危機に瀕した王権を守護する英雄的武人として伝説化されたのである。

戦国時代になり、室町幕府の権威が失墜し、王権の拠点たる京都が戦乱の舞台となり荒廃すると、王権の守護者としての頼光への尊崇は、足利将軍家や貴族層の間でさらに高まっていく。武人としての事績さへ不明確な頼光だったからこそ、逆に彼は英雄的武人として偶像化され、理想的な王権の守護者として賛美されるようになっていったのである。

第22話　藤原道長《みちなが》と三条《さんじょう》天皇

心にもあらで　心にもあらで　うき世にながらへば　こひしかるべき夜半《よわ》の月かな

（心にもあらず生き長らえたなら、いつか恋しく思うに違いない月夜かな）

小倉百人一首に収められているのでご存知の方も多いだろう。摂関政治全盛期、藤原道長と同時代を生きた三条天皇の歌である。『後拾遺和歌集《ごしゅういわかしゅう》』雑一の詞《ことば》書きには「病気になって退位しようと思ったころ、月が明るいのをご覧になって」とあり、体調不良で退位を決意した頃、月明かりを見て詠んだ歌となっている。

三条退位の理由　三条天皇退位の直接的原因は体調不良であろうが、背景には藤原道長との対立があった。三条天皇は冷泉《れいぜい》天皇と藤原兼家《かねいえ》の女《むすめ》超子《ちょうし》の子であった。円融《えんゆう》天皇と兼家の女詮子《せんし》の子一条《いちじょう》天皇が即位した際、摂政となった兼家の意向で皇太子となった。兼家にすれば一条も三条もともに自分の娘の生んだ外孫。自身の地位を固めていく上で二人とも重要な存在であった。

ところが兼家が没し、藤原道長の政権となると状況が変わる。一条天皇の没後、予定通り三条天皇は即位するが、道長にとってはさして望ましい天皇ではなかった。一条天皇の母詮子は道長を政権の座に上らせてくれた信頼する姉であり、道長と

【天皇家系図】　※数字は『皇統譜』による即位順

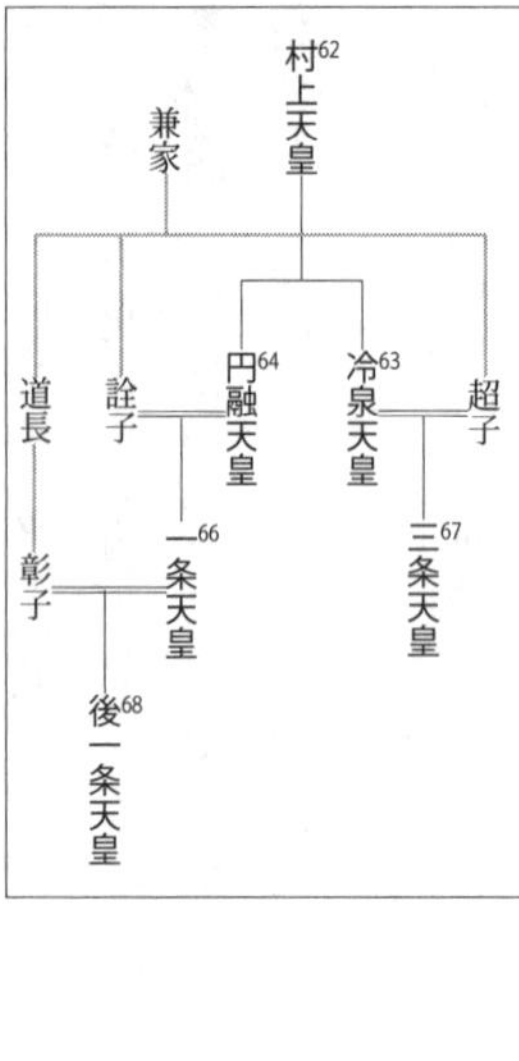

一条天皇の関係は良好であった。しかし三条の母超子はすでに亡く、三条とは叔父・甥の外戚関係にあるとはいえ、さほど緊密な関係ではなかった。三条の即位に際しては、一条天皇と道長の女彰子の子の敦成《あつひら》親王（のちの後一条《ごいちじょう》天皇）が皇太子とされたのである。道長にすれば三条天皇よりも自身の外孫で、権力強化にもつながる後一条天皇の早期即位を望むのも当たり前であろう。そのため道長は三条天皇に圧力をかけて早期の退位を迫ったという。

道長との対立　三条天皇と道長の対立を示す史料は、道長にしばしば批判的な記事を記す藤原実資《さねすけ》の日記『小右記《しょうゆうき》』長和《ちょうわ》四（一〇一五）年四月十三日条などに見られる。

> 今日は目を除けば心神の具合がよい。左大臣道長が内裏に参ったが機嫌がよくなかった。これは私（三条天皇）の心地がよいのを見て不機嫌になったのだ。

三条天皇の体調がいいと道長の機嫌が悪いという、悲しいくらいの対立関係が読みとれよう。それだけ道長は三条の退位を望んでいたのである。このような対立の中、三条退位の決め手となったのは官奏《かんそう》が行えなくなったことであった。官奏とは、地方からの申請を大臣が天皇に奏上し、決裁を受ける儀式であった。三条の眼病のため数か月も官奏が行われず、「国司らの愁い極まりなし」という状態であった。三条天皇は道長に、代わりに官奏を見るよう要請したが、道長は承服せず、結局これが決め手となって三条は退位する。これにより道長の外孫後一条天皇が即位、道長は外祖父として初めて摂政に就任する。

冒頭の歌が、このような軋轢《あつれき》のなか、退位を決断した際の歌として読むと、ひときわ感慨深いものがあるのではなかろうか。

第23話　備後《びんご》国大田荘《おおたのしょう》の成立

寄進地系荘園《きしんちけいしょうえん》　備後《びんご》国に大田荘《おおたのしょう》という寄進地系荘園《きしんちけいしょうえん》があった。寄進地系荘園とは、私有地を開発した開発領主が国司の収奪から逃れるため、より上級の領主にその私有地を寄進し荘園としたものである。ところが最近、その成立についてもう少し違ったイメージでとらえられるようになってきている。そこで、大田荘の成立事情を見るなかでその問題を考えてみよう。

大田荘の成立　大田荘成立の様子は、永万《えいまん》二（一一六六）年正月十日後白河院庁下文《ごしらかわいんのちょうくだしぶみ》（『平安遺文《へいあんいぶん》』三三七五号）からうかがうことができる。この下文には、平重衡《しげひら》の寄進状が引用されているが、同寄進状によると、大田荘は平重衡が「荒野《こうや》山川等常常荒野《さんせんとうじょうじょうのこうや》」を後白河院に寄進することにより成立する。従来の通説的な理解を大田荘に当てはめていえば、私領を開発した在地領主橘《たちばな》氏がまず重衡に最初の寄進を行い、さらに重衡から後白河院へ再寄進が行われ、大田荘が成立する。重衡の寄進状はその際のもの、となる。しかし、現実には橘氏が寄進に関わったと明示する史料はない。橘氏が関与したというのは、後の史料に橘氏が下司として見えることからの類推である。立荘直前の寄進状からは橘氏の関与はうかがえないのである。

それよりも注目されるのはこの寄進当時、重衡は十歳にすぎないという事実である。しかも重衡寄進状は「今月（正月）日」付け、その寄進状を受けて出された後白河院庁下文は「正月十日」付けである。院の指示のもと国使・院使ともに現地に臨み立券文が作られ荘園が成立するのが「二月　日」。正月数日間で事が進み、短期間のうちに荘園が作られているのである。明らかに政治的に立荘が進められている。そしてこのような政治工作が十歳の重衡にできるはずはない。したがって、この寄進は父親である平清盛により進められたものと考えざるをえないだろう。そして清盛を中心に後白河院、国司（当時の備後国司は藤原雅隆《まさたか》だが、その父藤原光隆《みつたか》は有名な院の近臣であった）などが協力して荘園を成立させた（このことを立荘という）のである。だからこそこのような短期間の立荘が可能だったのである。

変わる荘園像　近年の荘園史研究で有力になりつつある見解に、立荘論という考え方がある。従来の寄進地系荘園は土地を開発した在地領主が貴族に寄進して荘園ができるという、在地領主の力を重視する「下からの」寄進論が中心であった。しかし、近年ではむしろ「上からの」立荘を重視する。たとえば御願《ごがん》寺《じ》造営のために経済基盤が必要となると、院側が国司・院近臣などを介在させつつ荘園の手掛かりとなる私領を探し、私領が見つかると、その私領を手掛かりに周辺も囲い込んだ形で大規模な荘園を作り上げていく。

大田荘の場合、立荘時の見作田《げんさくでん》（工作している田）は二十三町であったが、十二世紀末には六百町以上になっている。これも権力的に広大な荒野が囲い込まれ、大規模な開発が展開された結果であろう。このように、荘園像も変わりつつあるのである。

第24話　鳥羽院《とばいん》・崇徳院《すとくいん》の父子相剋《そうこく》——保元《ほうげん》の乱前夜に囁《ささや》かれた話

保元の乱勃発《ぼっぱつ》　天皇が位《くらい》を退いて上皇となり、その御所《ごしょ》において政治を行うことを院政という（院とは上皇の居所、また上皇自身の呼称）。保元元（一一五六）年七月二日、この院政を始めた祖父白河院のあとをうけ、二十七年間も上皇として権勢の座にあった鳥羽院が死去した。

かねてから対立状態にあった鳥羽院の子崇徳院とその弟後白河《ごしらかわ》天皇との間で、京都を舞台とする武力衝突＝保元の乱が勃発したのは、それから九日後、十一日未明のことであった。当時、摂関家でも藤原頼長《よりなが》とその兄忠通《ただみち》の兄弟が争っていたが、頼長は崇徳院、忠通は後白河天皇と結び、院方・天皇方ともそれぞれ大勢の武士を招集しての戦いとなったのである。結果は後白河天皇方が勝利を得たが、皇室・貴族内部の争いが武力によって解決されたことの歴史的意義は大きい。摂関家出身の天台僧慈円《じえん》は、有名な歴史書『愚管抄《ぐかんしょう》』のなかで、この保元の乱から「ムサ（武者）ノ世」になったと記している。

「叔父子《おじご》」　ところで崇徳院・後白河天皇の兄弟対立は、もともと鳥羽院・崇徳院父子の不和から始まっている。院政の創始者白河院が孫の鳥羽天皇を退位させ、自身の養女として育て、鳥羽天皇の中宮《ちゅうぐう》とした待賢門院璋子《たいけんもんいんしょうし》を母とする崇徳天皇を位につけたのは、二人がそれぞれ二十一歳、五歳の時のことであった。まだ若い鳥羽院がこれを不満としたのは当然のことであろう。しかし崇徳天皇の後ろ盾であった白河院が死去すると立場は逆転した。今度は、鳥羽院が崇徳天皇を退位させ、寵愛する美福門院得子《びふくもんいんとくし》との間に生まれた近衛《このえ》天皇を三歳で即位させたのである。鳥羽院のきびしい措置はそればかりではなかった。さらに近衛天皇が十七歳で早世すると、崇徳院の同母弟後白河《ごしらかわ》天皇を即位させ、その皇子を皇太子（のちの二条《にじょう》天皇）としたのである。崇徳院の望み、すなわち自身の皇子の即位および崇徳院政の実現は、これによって完全に打ちくだかれることになったのである――院政を行うことができるのは、天皇の直系尊属（父権）に限られていた――。

なぜ鳥羽院は、これほどまでに崇徳院に対して厳しい姿勢をとったのであろうか。そこでクローズアップされてくるのが、鎌倉前期に成立した説話集『古事談《こじだん》』に見える次の話である。

> 待賢門院は白河院の御猶子《ゆうし》（養女）として入内《じゅだい》されたが、その間に白河院と密通された。これは誰もが知っていることだ。だから崇徳院は白河院の御子だといわれている。その旨、鳥羽院も御存じで、崇徳院のことを「叔父子（名目上は子、実際は叔父）」と呼ばれていた。これによって鳥羽院と崇徳院の仲は良くなく、鳥羽院が臨終の折も、崇徳院に自分の死顔を見せるなと遺言された。このため崇徳院は、父のもとにかけつけながらも、寝所に入れてもらえなかった。

はたして、この崇徳院は白河院と鳥羽天皇中宮の密通によって生まれた皇子だとする話はどこまで事実を伝えているものであろうか。これに関しては、白河院・鳥羽天皇・中宮璋子の動静を当時の公家の日記（『中右記《ちゅうゆうき》』『殿暦《でんりゃく》』など）によって追い、中宮の受胎日（女性の生理と排卵に関する医学的見解を応用）、中宮と白河院・鳥羽天皇との同居日を確定し、これらから崇徳院実父＝白河院説を唱えた有名な学説もある（角田文衛『待賢門院璋子の生涯―椒庭秘抄』朝日選書）。しかし近年、受胎日を限定することは不可能であるとの立場から、この通説的な見方を批判し、白河院を崇徳院の実父とする話は、崇徳院の皇子に皇位を継承させず、後白河天皇とその皇子を天皇・皇太子につけることを目指した反対勢力の美福門院得子・藤原忠通によって広められた噂話だとする説も提起されており、いまだ結論を見るに至っていない。ただ、いずれにしても保元の乱当時、このような噂が流布していたことは疑いないようである。

「御目ヲキラリト」　鳥羽院臨終の折、かけつけた崇徳院が遺言によって寝所に入ることを拒絶されたという、先の『古事談』後半部の話に関連して興味深いのは、次に紹介する『愚管抄』の記事である。

鳥羽院の臨終に際しては、崇徳院もかけつけられた。しかし案内をする者もいなかったので、立腹された崇徳院は車をとめて待たれていた。そこへ平親範《ちかのり》という十七、八歳の若い公家が通りかかったため、崇徳院の従者が打ちかかって騒ぎとなり、親範の目がつぶされたとの大声も響いた。そこで臨終がせまっていた鳥羽院の側近くにいた女房が「崇徳院が親範の目を打ってつぶしてしまわれたとのことです」と申しあげると、鳥羽院は「御目ヲキラリトミアゲテ」、そのまま息を引きとられた。

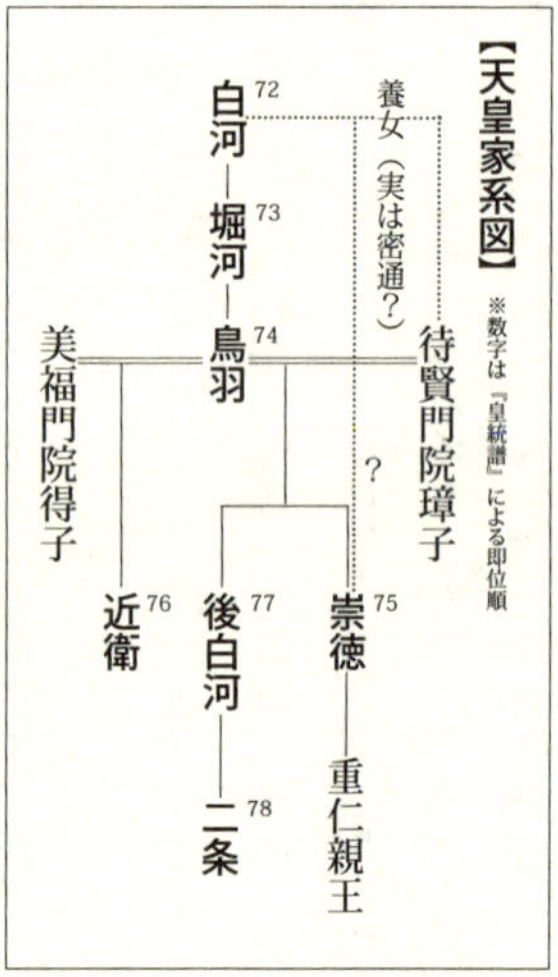

父が最後を迎えようとしている時に、乱暴な振舞いをする子。それを聞いて目をきらりと見上げてこの世を去った父。『古事談』が伝える二人の不仲をしっかりと裏付けるような話である。しかし、さすがに歴

史家慈円である。彼は後年、八十歳を越えた当の本人（親範）に対し、直接、事の実否を尋ねている。
それによると、崇徳院の従者が親範の牛車《ぎっしゃ》につぶてを投げ、「無礼である。崇徳院の御幸《ごこう》だ」ととがめたので、車から下りようとしたところ、すだれの竹で自らを傷つけてしまったというものであった。それが鳥羽院の耳に届く時は、とんでもない崇徳院の振舞いになっていたのである。父子の相剋の話は、このようにして強められ、そして広められていったのである。

崇徳院の怨霊《おんりょう》　その出生からして伝説的なベールに包まれていた崇徳院は、死後、怨霊となり、人々を恐怖に陥《おとしい》れたという。安元《あんげん》三年（一一七七）といえば、保元の乱から二十一年後、戦いに敗れた崇徳院が配流先の讃岐《さぬき》国で生涯を閉じてから十三年後のことである。それまで「讃岐院」と呼ばれていた故上皇に「崇徳院」の院号が贈られた。この追号は、八世紀後半、暗殺事件関与の容疑により東宮《とうぐう》の地位を廃されて憤死し、やがてその怨霊が人々を恐怖させたため、「崇道《すどう》天皇」の号を追号されたことで有名な、桓武《かんむ》天皇の同母弟早良《さわら》親王の先例にならったものであった（『玉葉《ぎょくよう》』『愚昧記《ぐまいき》』）。すなわち、この年、京都では大火が発生したり、平家打倒の密謀が発覚した鹿ケ谷《ししがたに》事件などが起こっており、これらの天下の騒動や世情不安が、故上皇らの怨霊のせいだと信じられていたのである。
しかし、この追号＝鎮魂行事によっても崇徳院の怨霊は鎮まらなかった。治承《じしょう》四年（一一八〇）には源頼朝らが兵を挙げ、源平の争乱（治承・寿永《じゅえい》の内乱）が始まり、人々はこれもまた崇徳院怨霊のなせるわざだとみなしたのである。なお『保元物語』には、生きながら天狗の姿になった崇徳院も登場させられている。

第25話　藤原頼長《よりなが》と信西《しんぜい》

学者二人　藤原頼長と信西。この二人をご存知だろうか。頼長は悪左府《あくさふ》の異名をもつ摂関家の御曹司《おんぞうし》。父忠実《ただざね》の寵愛《ちょうあい》を受け、左大臣・内覧《ないらん》となり兄の関白忠通《ただみち》と対立した。この対立が保元《ほうげん》の乱の一因ともなり、結局この乱で命を落とすことになる人物である。

一方の信西は俗名藤原通憲《みちのり》。家格も低く、官職は少納言《しょうなごん》どまりであったが、後白河《ごしらかわ》天皇を擁立し、保元の乱の勝者となった人物である。敗者と勝者。相反する二人であるが、実は学問を通じて結ばれていた一面もある。頼長は御曹司ながら大変学問熱心で、朝廷に出仕する牛車《ぎっしゃ》の中でも読書に勤《いそ》しみ、毎年年末には、その年に読了した書物を日記にリストアップするような人物であった。信西は代々大学頭を勤めた学者の家に生まれ、法令と判例を集めた『法曹類林《ほっそうるいりん》』や歴史書『本朝世紀《ほんちょうせいき》』などの著作をなしている。

通憲の出家　こうした二人だからこそ通じる思いもあったのだろう。その決意を聞いた頼長は信西に手紙を書いた。頼長の日記『台記《たいき》』康治《こうじ》二（一一四三）年八月条を見てみよう。この年信西は出家を決意した。その決意を聞いた頼長は信西に手紙を書いた。

あなたが出家すると聞きました。出家して後世に菩提《ぼだい》を得ることは益のあることでしょうが、朝廷にとっては恥とするところです。なぜならばその才能があるのに顕官《けんかん》につかせず、出家させてしまう。その才が大きすぎて世に収まらないため世の中は尊ばないのだ。これは天が我が国を滅ぼそう

としているのだ。(『台記』康治二年八月五日条)

さらにその六日後、二人は会い、ともに泣いたという。

入夜、通憲に逢いともに哭《な》いた。通憲に笙《しょう》を吹かせた。通憲は「私は運拙《つたな》く、官職に恵まれないため出家します。世の人は才がありすぎるため天が亡ぼすのだといっている。これによっていよいよ学は廃《すた》れてしまうでしょう。願わくは殿下は学を捨てないでください」と言った。私(頼長)は「その言葉忘れない」と答え落涙した。(『台記』同年八月十一日条)

当代随一の学者同士である二人には通いあうものがあったのだろう。しかし、後にこの二人は厳しく対立することになる。保元の乱である。保元元年(一一五六年)七月に起こった保元の乱は、天皇家と摂関家それぞれの争いが結び付いたもので、崇徳上皇・頼長と後白河天皇・忠通の争いである。信西は後白河天皇の擁立に動いたと言われ、当然後白河側に属した。こうして涙の別れから十三年後、二人は敵味方に分かれることとなる。この乱の結果、頼長は敗死し、勝利した信西は後白河近臣として政権中枢に座る。十三年前と全く立場が逆になるのであった。しかし信西の権力も長くは続かず、平治《へいじ》元年(一一六〇)年、平治の乱で信西は命を落とすことになる。

第26話　アナタコナタする清盛

平清盛の評価　一昔前であれば、平清盛や平家の評価というものは散々なものであった。武士でありながら貴族化してしまい、太政大臣《だいじょうだいじん》まで上り詰めたものの、頼朝のように新しい時代の担い手にはなれなかった人物。平家は貴族化し堕落したため、壇ノ浦で滅びるのが当然だ、といったところだった。しかし近年では、平氏政権を鎌倉幕府に先行する幕府であると積極的に位置付ける見解も現れ、その評価は様変わりした。平氏政権を幕府と位置付けるかどうかはまだ議論の余地がありそうだが、平氏が武士として武力を基礎に院政期の政権の一翼を担っていたことは間違いあるまい。しかし、それと同時に見落としてならないのが政治家としての清盛の力量である。

平治の乱　高校日本史のレベルだと鳥羽《とば》院政の後、後白河《ごしらかわ》天皇が即位し、保元《ほうげん》の乱を乗り越えて院政を展開したと習うだろう。その後起こった平治《へいじ》の乱は、信西《しんぜい》と藤原信頼《のぶより》という院の近臣同士の対立に、平清盛と源義朝《よしとも》という武士同士の対立が結びついて起こるものと説明されるだろう。ところが事実はもう少し複雑である。

後白河が退位して院政を始めると、後白河に代わって天皇となった二条《にじょう》天皇やその周辺貴族らは、二条天皇自身による親政実現を目指すようになる。一方、後白河も院政展開のため、信西以外の院近臣《いんのきんしん》も取り立て、勢力基盤の強化を図る。ところが、そのために院近臣間で信西と藤原信頼の対立が生まれる。二条天皇側近グループも、親政実現のためこの対立を利用しようとする。このような思惑《おもわく》が絡《から》んで平治の乱となっていくのである。

藤原信頼は源義朝と組み、信西の排除には成功するものの、平清盛に敗れて死亡する。こうして後白河は二人の近臣を失うことになる。また二条天皇側近も乱後に処分されてしまう。この乱の結果、後白河院政も二条親政も痛手を被《こうむ》るが、対立構造は依然残ったままとなった。

アナタコナタする清盛　平治の乱は、いうまでもなく平清盛の武力で解決した事件であった。この乱後、清盛は正三位《しょうさんみ》となり公卿《くぎょう》となったが、これ以後、後白河院政と二条親政の間で抜群の政治センスを見せていく。慈円《じえん》の書いた歴史書『愚管抄《ぐかんしょう》』巻五には、この頃の清盛について次のように書かれている。

二条天皇が新造里内裏《さとだいり》に移ると清盛も近辺に宿直所を作り、朝夕奉公した。清盛も誰も心の中で後白河院政のもとで二条天皇が政治を行うことはどうだろうかと思っていたが、清盛は用心深く慎重に考え、アナタコナタシケル（後白河院と二条天皇の双方に心を配った）。

清盛は後白河院と二条天皇の双方によく気を使ったとある。その後もこのバランス感覚を生かし、清盛は平氏政権を作り上げていくのである。平氏政権樹立の背景には、その武力とともに清盛の絶妙の政治センスがあったのである。

第3章　鎌倉期——どんな時代だったのか

歴史の一大転換期　平安時代末期から鎌倉時代にかけては、歴史の大きな転換期であった。そして鎌倉時代を通じて、武家政権が成立し、成長した時代であった。全国的には公武二元支配が続き、次第に武家政権の優位が現れてきた。

頼朝挙兵に始まるこの時代は、御家人《ごけにん》制度を支柱とした初期封建制の体制が現出した時代であるが、未だ人々の意識のなかにも、社会経済的な基盤においても、古代的な要素が残存していた。とくに土地支配機構において、前代の荘園公領体制が鎌倉時代を通じて温存されていた。鎌倉の武家政権である幕府は、源氏将軍が三代実朝《さねとも》で絶えたのち、北条義時《よしとき》・泰時《やすとき》が中心となった。後鳥羽《ごとば》上皇によって起こされた承久《じょうきゅう》の乱の結果、鎌倉幕府の政治的権力の優位が確立され、幕府は武家の成文法である御成敗式目《ごせいばいしきもく》を制定し、また有力御家人《ごけにん》による合議制政治を行った。

一方、京都の公家政権は、承久の乱後、四条《しじょう》天皇の夭逝《ようせい》とその皇統の断絶により、後嵯峨《ごさが》が幕府により天皇に指名された。後嵯峨天皇は在位四年に過ぎないが、その後二十六年間にわたり院政を主導した。後嵯峨の皇子宗尊《むねたか》親王が鎌倉将軍に就任し、さらに後嵯峨の死後持明院統《じみょういんとう》と大覚寺統《だいかくじとう》とに皇統が分裂し、やがて南北朝の対立を生じさせた。

蒙古《もうこ》襲来の衝撃　鎌倉時代中期の大きな事件は、蒙古襲来である。幕府はこれを乗りこえる過程で、全国的統治の実権を強化した。しかし他方、蒙古襲来に起因する経済的破綻《はたん》のきざしがあらわれた。幕府は異国警固番役《けいごばんやく》を御家人に課し、九州に所領をもつ御家人の下向《げこう》を命じた。この機に九州に下向定住した東国御家人は多い。さらに幕府は、非御家人層をも動員した。

鎌倉幕府は武士を基盤とする権力であるが、すべての武士を組織していたのではなく、御家人とともに非御家人も多く存在した。御家人である武士は、多くは農村に住み、その所領の経営にあたるとともに、武士団を構成し、軍事力を保持していたが、それらの経営維持に一族全体がまとまっていた。幕府は惣領《そうりょう》を御家人制のもとに組織することによって、その統制下にある武士及び武士団を間接的に把握したし、惣領もそのことを梃子《てこ》に、配下の庶子《しょし》を統括しえたのである。

得宗《とくそう》専制体制から幕府滅亡へ　蒙古襲来後、幕府の基盤である御家人層による所領維持は不安定となり、さらには貨幣経済の進展にともなう経済の動揺がみられ、幕府の御家人体制の弱体化が進んだ。幕府内部でも、北条泰時《やすとき》・時頼《ときより》に代表される有力御家人による合議的な執権《しっけん》体制から、いわゆる北条氏嫡流《ちゃくりゅう》家の得宗が実権をもつ得宗専制体制への変化がみられた。その結果、御家人層と得宗被官《ひかん》との対立、得宗の内管領《うちかんれい》の独裁的政治支配と、御家人層の反発を経て、幕府の支配体制も大きく動揺してきた。

やがて、大覚寺統の後醍醐《ごだいご》のもとに、反北条氏勢力が結集し、北条氏の滅亡、鎌倉幕府の終焉を迎えることになる。

ここに掲げたエピソードは、近年注目を集める源頼朝像の真偽をめぐる研究と、二代源頼家《よりいえ》・三代源実朝《さねとも》の死に関するもの、さらには蒙古襲来前後の幕府内の政治的動揺、御内人《みうちびと》と御家人の対立、御内人安東蓮聖《あんどうれんしょう》の実像、永仁《えいにん》の徳政令《とくせいれい》が出された真相など、歴史の転換点にまつわるもののほか、都市鎌倉の寺院や、承久の乱に関わる順徳院《じゅんとくいん》、地頭の荘園《しょうえん》侵略、足利尊氏《たかうじ》の反北条氏挙兵にまつわる問題などを取り上げている。いずれも近年研究が進みつつある興味深いエピソードである。

第27話　鎌倉の廃寺——勝長寿院《しょうちょうじゅいん》の話

義朝の墓所　今日、かつての武士の都鎌倉の諸寺院は四季を問わず観光客でにぎわっている。しかし鎌倉には、一方で道のほとりにその跡を示す碑や案内板がひっそりと立つばかりの、すでに廃寺となってしまったものも少なくない。鎌倉市雪ノ下大御堂ケ谷《おおみどうがやつ》の地にあった、中世の紀行文『海道記《かいどうき》』『東関紀行《とうかんきこう》』などに「大御堂」の名で登場してくる勝長寿院もその一つである。創建者は源頼朝。頼朝は、栄華を誇った平氏一門を長門《ながと》国壇ノ浦《だんのうら》で滅ぼしてから七か月後、文治《ぶんじ》元（一一八五）年十月、盛大な同寺落慶供養《らっけいくよう》の式典を催している。建立の目的は、約二十五年前、平治《へいじ》の乱で平清盛に敗れて東国へ向かう途中、尾張地方の武士長田忠致《おさだただむね》によって謀殺された亡父義朝《よしとも》の菩提を弔《とむら》うためであった。

敗死後、長らく京都の獄中にあった義朝の首が、一緒に討たれた郎等《ろうとう》鎌田正清《かまたまさきよ》の首とともに鎌倉へ送り届けられたのは落慶供養の前々月のことで、この時、頼朝は高雄神護寺の文覚上人《もんがくしょうにん》の門弟が首に懸けていた義朝の遺骨を、みずから現在の藤沢市片瀬川付近まで迎えに出て受け取ったという。以上は鎌倉幕府の記録『吾妻鏡《あずまかがみ》』によっているが、平氏一門の興亡を描いた『平家物語』は、首を鎌倉へ運んだのは門弟ではなく文覚自身としており、また五年前の頼朝挙兵に先立ち、文覚が謀反《むほん》をうながすために頼朝に渡した義朝の首は、実は偽物《にせもの》であったなどという興味深いエピソードも伝えている。いずれにしても勝長寿院は、頼朝により、亡父義朝の墓所として建立され、その遺骨を埋葬した寺だったのである。

頼朝の胸に去来したもの　ところで頼朝が平氏滅亡の知らせを聞いたのも、この勝長寿院の立柱の儀式に臨席していた時のことであった。前記『吾妻鏡』によると、壇ノ浦の合戦から十数日後、西海からの飛脚が勝長寿院の頼朝のもとに到着し、平氏を滅亡させたことを告げ、また安徳《あんとく》天皇や二位尼《にいのあま》（清盛妻）をはじめとする入水した人々、建礼門院徳子《けんれいもんいんとくこ》や平宗盛《むねもり》ら救助されたり、生け捕りになった人々の名前などを書きあげた弟義経の報告書一巻を進上したという。

報告書はその場で読みあげられたが、この時、頼朝の胸に去来したものは何か。この点に関して記憶に新しいのは、平成二十四年度NHK大河ドラマ「平清盛」の第一回が、次のようにこの勝長寿院の立柱上棟の場面から始まっていたことである。

立柱の儀式のさなか、馬で駆けつける頼朝夫人の北条政子。政子が鎌倉にもたらされた平氏滅亡の知らせを頼朝に伝えるのを聞き、歓声をあげる人々。しかし頼朝は物思いに沈み、やがて「清盛なくして武士の世は来なかった」と厳しい口調で人々を制止する。

清盛が主人公のドラマである以上、これも一つの解釈であろうが、少々無理な印象をうける。まもなく亡父義朝の遺骨を迎えて、その墓所となる寺でのことである。とすれば、頼朝の胸に去来したのは、平治の乱のことであり、亡父の無念であり、彼自身のおかれた苦境だったのではなかろうか。『吾妻鏡』の続きを読むと、頼朝は読みあげられた報告書一巻をみずから巻き戻したのち、鶴岡八幡宮に向かって座り、言葉を発することもできず、儀式が終わって御所に戻ってから、あらためて使者を呼び、合戦のことを詳しく尋ねたとある。

第28話　頼朝の死と義経・平家の怨霊《おんりょう》

『吾妻鏡《あずまかがみ》』に見える頼朝の死

鎌倉幕府の創始者源頼朝が、建久《けんきゅう》十（一一九九）年正月十三日に五十三歳をもって死去したことは、当時の記録で明らかである。しかし不思議なことには、この著名人の死因や死の前後の様子についてはよくわかっていない。たしかに京都の公家の中には、その日記に「飲水《いんすい》重病（重い糖尿病）」と病名を記しているものもいるが、肝心の幕府側の記録『吾妻鏡』には、ちょうどこの時期の記事が欠けているのである。もっとも『吾妻鏡』が何も語っていないわけではない。十三年後の建暦《けんりゃく》二（一二一二）年二月二十八日条に、いきなり次のような記事が出てくる。

三代将軍源実朝《さねとも》の前で開かれた幕府重臣会議の席上、頼朝死去の前年に築造された相模《さがみ》川の橋の朽損がひどいので修理すべきとの提案がなされた。衆議の結果、この橋には十三年前の落成供養の帰途、頼朝が落馬してまもなく死去したことなど不吉な先例があるとして、修理案は斥《しりぞ》けられた。しかし実朝は、庶民の往来の便をはかることこそが大切だと述べ、修理を命じた。

すなわち、この『吾妻鏡』の記事こそ、頼朝の死因に触れた幕府側の唯一の史料なのである。しかし、この記事にしても落馬の原因は不明であるし、またこれだけでは落馬を直接の死因と断定することはできない。それゆえこの記事は、やがて頼朝の死にまつわるいくつもの伝承の源になっていくのである。

頼朝の死因は怨霊との出会い？

南北朝時代の歴史書『保暦間記《ほうりゃくかんき》』が伝える話もその一つである。

建久九（一一九八）年の冬のこと、頼朝は相模川の橋供養から鎌倉へ帰る途中、まず「八的《やまと》ガ原」というところで頼朝に滅ぼされた義経ら源氏の人々の怨霊と、ついで「稲村崎」では十歳ばかりの童子＝安徳《あんとく》天皇の怨霊と出会った。ようやくのことで鎌倉に帰ってきたが、そのまま病床につき、翌年正月十三日に死去した。これは老死ではない。ひとえに平家の怨霊のせいであり、戦いで多くの人々を死なせたためである。

この『保暦間記』の話は、その後の御伽草子《おとぎぞうし》もしくは幸若舞《こうわかまい》の一つとされる「さがみ川」では、「供養の半ば、にわかに怪しい風が吹きおこり」と、怨霊出現の舞台も帰り道から橋供養の最中へと移され、頼朝を襲う亡霊たちも平清盛夫妻以下多数が加えられており、より怪異さが強められているといえよう。

こうした頼朝の死にまつわる伝承は、人々が怨霊の存在を信じ恐怖していた、まさに怨霊の跋扈《ばっこ》する中世社会を背景に生み出されていったものと考えられるが、さらに次の二点を忘れてはなるまい。一つは頼朝自身、治承《じしょう》・寿永《じゅえい》の内乱における戦死者の怨霊慰撫《いぶ》の供養を意識的に行っていたことで、たとえば「平氏滅亡衆」らの冥福を祈るために鎌倉の勝長寿院《しょうちょうじゅいん》で万灯会《まんどうえ》を催したり、源義経や奥州合戦で滅んだ人々の怨霊鎮魂のために鎌倉に永福寺《ようふくじ》を建立したりしているのである。いま一つは、中世の人々の「橋」「橋供養」に対するイメージ・意識で、古くから橋はあの世とこの世といった二つの世界の境界にあたることから、妖怪変化《へんげ》が出没して奇怪な出来事を起こしたり、この世に恨みを残す亡霊の集まる場所としてイメージされていたことである。『吾妻鏡』が伝える頼朝の死は、こうして戦乱の中で滅んでいった人々の亡霊と結びつけられていったのである。

第29話　源頼家《よりいえ》の死をめぐる二つの記事

頼家死去の報せ《しら》　建仁《けんにん》三（一二〇三）年九月七日、京都の朝廷《ちょうてい》に、鎌倉幕府の将軍源頼家死去の報せ《しら》がもたらされた。貴族の近衛家実《このえいえざね》は、日記『猪隈関白記《いのくまかんぱくき》』に次のように記している。

関東の征夷大将軍《せいいたいしょうぐん》源頼家が、去る一日に死去したことが、今朝、後鳥羽院《ごとばいん》に報告されたということである。この頃病気であったという。二十二歳であった。故前右大将《うだいしょう》頼朝の子である。頼家の弟（年は十二歳という）が、今夜、征夷大将軍に任ぜられ、従五位下《じゅごいのげ》に叙せられた。名は実朝《さねとも》という、後鳥羽院《ごとば》が定められたという。頼家の子息（年は六歳という）、検非違使《けびいし》・比企能員《ひきよしかず》（能員は頼家子息の祖父である）は、今の大将軍実朝のために討たれたとのことである。

鎌倉幕府は、将軍頼家の死去と頼家の弟千幡《せんまん》が後継者となることを、朝廷に報告した。朝廷は、すぐに千幡に「実朝」という名を与えるとともに、征夷大将軍に任じた。また、朝廷には、頼家の子一幡《いちまん》と外祖父の比企能員が討たれたという情報も伝わっている。『猪隈関白記』九月三十日条では、頼家の死去は事実ではなく、出家したとする情報が記されている。つまり、幕府は、朝廷に頼家が死去したと偽って報告して、弟の実朝を将軍に任官させたことになる。この時、鎌倉では何が起こっていたのだろうか。

北条時政《ときまさ》のクーデター　同時代を生きていた慈円《じえん》が著した歴史書『愚管抄《ぐかんしょう》』には、次のようにある。

建仁三年九月頃に、頼家は重病となり、死にそうになった。頼家は、比企能員の娘との間に男子を儲けていて六歳になっており、一幡御前といったが、その子に家督を継承させて能員に後見させようとした。頼家の母方の祖父の北条時政《ときまさ》は、遠江守《とおとうみのかみ》になっていたが、頼家の弟で頼朝の愛子であった千幡御前を後継者にと思い、同年九月二十日に、能員を誘い出して、天野遠景《あまのとおかげ》に体を押さえさせて、新田忠常《にったただつね》に刺し殺させた。

重病となった頼家は、比企能員の娘が生んだ一幡を後継者にして、能員に一幡を後見させようとしたが、北条時政が千幡を後継者に擁立するために能員を謀殺したという。時政は、能員殺害と千幡擁立のクーデタを起こしたのである。時政は、千幡への将軍職継承が円滑に行われるように、朝廷に頼家の死去を偽って報告したものと考えられる。『猪隈関白記』の頼家死去の記事の背景には、鎌倉幕府内部でのクーデター事件があったのである。事件後に頼家は、北条氏によって伊豆《いず》の修禅寺《しゅぜんじ》に幽閉された。

頼家の最期　元久元《げんきゅう》（一二〇四）年七月、修禅寺に幽閉されていた源頼家が死去した。鎌倉幕府の歴史書である『吾妻鏡《あずまかがみ》』は、頼家の死因について言及していない。頼家の死因について記しているのが、『愚管抄』である。

　元久元年七月十八日に、修禅寺で、頼家入道は、刺殺された。首に紐をまきつけて、陰嚢《いんのう》を取って、殺害したとのことである。

修禅寺に幽閉されていた頼家は、刺客によって暗殺されたのである。頼家を暗殺したのは、実朝を擁立した北条氏であった。北条氏は、将軍実朝の体制を安定させるために、前将軍の頼家を暗殺したのである。

第30話　伝源頼朝像に描かれたのは誰か

頼朝のビジュアルイメージ　近年、肖像画をめぐって像主や制作時期の再検討が進められている。そのなかでも注目される作品の一つが、神護寺《じんごじ》所蔵の「伝源頼朝像」（以下伝頼朝像）であることは間違いなかろう。

教科書や図録などを通じておなじみのこの作品は、似絵《にせえ》の名手藤原隆信《たかのぶ》（康《こう》治《じ》元〈一一四二〉年〜元久《げんきゅう》二〈一二〇五〉年）の作で、像主は源頼朝であるといわれてきた。そもそも画賛《がさん》（絵の余白に書かれた文章や詩句）が付されていないこの肖像画が「伝頼朝像」といわれてきたのには、いくつかの理由があった。その一つが、鎌倉時代後期に編纂された『神護寺略記《じんごじりやっき》』の記事である。

このなかに、神護寺内の仙洞院《せんとういん》に後白河《ごしらかわ》法皇の肖像画とともに、平重盛《しげもり》・源頼朝・藤原光能《みつよし》・平業房《なりふさ》らの肖像画があり、藤原隆信によって描かれたとする記述がある。それに加えて通説の根拠となるのが、大英博物館に所蔵されている「源頼朝像」の存在である。この肖像画は神護寺所蔵の「伝頼朝像」と酷似しており、「征夷大将軍源頼朝」と画賛が付されている。こうした根拠により「伝頼朝像」は源頼朝であると信じられ、武家政治の創始者「頼朝」のビジュアルイメージとして広く定着してきたわけである。

足利直義《ただよし》説の登場　こうした通説に対して、まず作者についての異説が浮上し、次第に藤原隆信を作者とする説は消えていく。一方、像主については、描法の時代性や、足利直義が自身の肖像画を神護寺に納めたとする願文を根拠として、新たに直義説が唱えられるようになる（米倉迪夫『源頼朝像―沈黙の肖像画』平凡社）。さらにそれを補強するように、「伝頼朝像」の太刀の柄には描き直された痕跡があり、当初描かれていたのは足利氏の家紋である桐紋と思われる目貫《めぬき》・俵鋲《たわらびょう》であったとする仮説までもが示されるに至った。

しかし、「伝頼朝像」は江戸時代まで一貫して源頼朝と見なされてきたという主張もあり、像主をめぐる議論は現在も揺れ動いている。

記録に見えない直義像　仮に新説の直義説をとった場合、像主の直義がいずれかの時期に源頼朝に変更されていたということになるはずである。ちなみに直義が神護寺に肖像画を納めたとされる康永《こうえい》四（一三四五）年以降、神護寺の宝物を記録する史料には、応永《おうえい》九（一四〇二）年の『高雄山神護寺規模殊勝之条々』、寛永《かんえい》十五（一六三八）年の奥書《おくがき》をもつ『神護寺霊宝目録』、明暦二（一六五六）年の奥書をもつ『神護寺霊宝目録』が存在する。しかし、これらの記録には一貫して源頼朝像の存在が記され、足利直義像は記されていない。すなわち、直義像についての記録は康永四年以降、一切残されていないのである。一方で、画賛のない「伝頼朝像」がここに記された源頼朝像であるとする根拠も残されておらず、初めて「伝頼朝像」が源頼朝と確認できるのは、前福岡藩主の黒田光之《みつゆき》が元禄《げんろく》十一（一六九八）年に神護寺の「伝頼朝像」を狩野昌雲《かのうしょううん》に命じて模写させ、筑前《ちくぜん》国聖福寺《しょうふくじ》に「源頼朝像」として納めた記録となる（米倉氏）。

史料から消えた源頼朝像　ところで、前述の『高雄山神護寺規模殊勝之条々』が記されて以降、足利将軍の義満《よしみつ》・義持《よしもち》・義教《よしのり》・義政《よしまさ》・義材《よしき》（義稙《よしたね》）らが高雄を訪れている。しかし、いずれも先祖の足利尊氏《たかうじ》・直義、及び源頼朝像を目にしたとする記録は残されていない。なかでも足利義政は、四代義持像・六代義教像・七代義勝《よしかつ》像を各寺院から集めており（『陰涼軒日録《いんりょうけんにちろく》』文明十八年十一月五日条）、とくに先祖の肖像画に関心をもっていた様子が見られるが、複数回の高雄訪問にもかかわらずそれらを目にしたとする記録は残されていない。

また、寛永二（一六二五）年には醍醐《だいご》寺の義演《ぎえん》が神護寺に立ち寄り、源頼朝の文書を見て「頼朝卿判形、初めて一覧す」（『義演准后日記《ぎえんじゅごうにっき》』）と感想を記している。しかし、頼朝の花押《かおう》に関心を示したはずの義演も源頼朝像を目にした記録は残していないのである。つまり、応永九（一四〇二）年に『高雄山神護寺規模殊勝之条々』が記されて以降、寛永十五（一六三八）年に『神護寺霊宝目録』が記されるまで、源頼朝像の存在は記録から消えるわけである。

狩野探幽《かのうたんゆう》らの沈黙　寛永十四（一六三七）年六月一日、神護寺霊宝の虫払い規約が定められた（「神護寺文書」）。このなかで、毎年六月三日から九日までの期間に霊宝の虫払いをすること、神護寺の僧侶が霊宝を「雖為一物一字」見落とさないように確認することが定められた。この機会に霊宝目録と実際の肖像画や文書が照合されるわけである。翌年に『神護寺霊宝目録』が作成され、頼朝像が記載されていることから、この時期には源頼朝といわれる肖像画が神護寺に存在したということであろう。しかし、この『霊宝目録』では「伝藤原光能《みつよし》像」が藤原成範《しげのり》とされ、「足利義持像」が足利義満とされるなど、異同も見られることから、「伝頼朝像」の名付けも揺らぐ可能性もあったわけである。

寛永十八（一六四二）年六月六日、鹿苑寺《ろくおんじ》の住持である鳳林承章《ほうりんじょうしょう》は、内裏《だいり》の襖絵を描くために上洛した狩野探幽《かのうたんゆう》らとともに神護寺を訪れ、「霊宝を残らず見た」（『隔蓂記《かくめいき》』）という記録を残している。当代随一の画家であり、古画の鑑定にも精通した探幽が「伝頼朝像」を含む神護寺の宝物を残らず拝観したということである。しかし、『隔蓂記』の著者の鳳林承章は、等身大のスケールをもつ「伝頼朝像」の印象を一切記していないのである。この彼等の沈黙こそが、肖像画の像主を特定することの難しさを物語っているように思われてならない。すなわち「伝頼朝像」を源頼朝と記すことに一抹のためらいがあったとみるのは穿《うが》ち過ぎであろうか。探幽や承章は「伝頼朝像」を見て何を語り、何を思ったのか、興味は尽きない。

これ以後も神護寺では霊宝の虫払いが行われ、その繰り返しの中で「伝頼朝像」は源頼朝として知られるようになり、元禄十一（一六九八）年の狩野昌雲《しょううん》の模写、十八世紀末から十九世紀にかけて『集古十種《しゅうこじっしゅ》』の模写、冷泉為恭《れいぜいためちか》らの模写などを通じて、はっきりと像主源頼朝として認識されて定着していった可能性が指摘できるのである。

第31話　将軍実朝《さねとも》暗殺の背後関係

「かくれイチョウ」　二〇一〇年三月、「かくれイチョウ」の名で人々に親しまれてきた、鎌倉鶴岡八幡《つるがおかはちまん》宮《ぐう》石段わきの大イチョウが強風で倒れ、話題になった。「かくれイチョウ」の名は、建保《けんぽ》七年（承久《じょうきゅう》元、一二一九）正月二十七日、鎌倉幕府三代将軍源実朝《さねとも》を襲った甥の公暁《くぎょう》が、この大木のかげに隠れていたという話に由来する（イチョウとの関わりは近世から）。公暁は伊豆の修禅寺で暗殺された前将軍源頼家《よりいえ》（実朝の兄）の遺児で、公暁にとって実朝は父にかわって将軍となった親の敵《かたき》だったのである。

『吾妻鏡《あずまかがみ》』が語るもの　さて実朝暗殺については、右のように実行犯、直接の動機ともに判明しているが、にもかかわらず今日に至っても人々の関心を呼んでいる理由は、ことの重大性はもとより、その背後関係のあいまいさにある（黒幕といったものはいないとする公暁単独犯説もある）。そこでまず、当事者幕府側の記録である『吾妻鏡《あずまかがみ》』から見てみよう。

二十七日夜、六十センチ以上もの雪の中、実朝の右大臣就任拝賀の式典が鶴岡八幡宮で催された時のことである。神拝を終えた実朝が退去しようとしたところ、鶴岡八幡宮別当の公暁が「石階（石段）の際《きわ》」に近寄り、剣をとって実朝を殺害した。ある人によると、公暁は「父の敵を討ったぞ」と叫んだという。変事を知り、八幡宮の外に待機していた随兵千騎の中から駆けつけるものもいたが、すでに公暁は逃亡したあとであった。

その後、公暁は有力御家人で乳母《めのと》の夫の三浦義村《よしむら》のもとに使者を遣わし、「将軍はいなくなった。われこそが関東の長だ。しかるべく取り計らえ」と申し送った。これを聞いた義村は、「迎えの兵を出すので、取りあえず義村の屋敷までおこし下さい」と返事をする一方、執権《しっけん》北条義時《よしとき》に事態を知らせたところ、義時からすぐに公暁を誅殺《ちゅうさつ》せよとの命令が届いた。そこで義村は討手《うって》をさしむけ、義村の屋敷に向かう途中の公暁を殺害させた。

なお北条義時は、この夜、八幡宮の門を入ったところで急に心神に乱れを生じ、実朝の側で剣をささげ持つ役を実朝の近臣（後鳥羽《ごとば》院の近臣でもあった）源仲章《なかあきら》に譲り、帰宅していたという。

事件の背後関係を探ろうとする時、右の記事中もっとも注目される一つは、本来御剣役を務めることになっていた執権義時が、心神の乱れを理由に式典に参加せず帰ったという点である。それは、これによっていわゆる義時黒幕説、すなわち突然の義時の帰宅はまさに公暁の暗殺計画を事前にキャッチしていたからにほかならず、だとすれば実行犯が公暁であることは間違いないとしても、彼をそそのかしたのは、次第に実朝との関係が悪くなっていた義時であったという説が成り立つからである。

しかし、さすがに『吾妻鏡』の編纂者《へんさんしゃ》も、この突然の心神の乱れは気になったようで、後日、義時が大倉薬師堂――前年七月、夢に現れた十二神将のなかの戌神《いぬ》から、「明年の八幡宮神拝にはお供をするな」というお告げを受けたことを契機に義時が創建――に参拝したことに触れて興味深い補足を行っている。それは、「義時の側に、まるで霊夢のなかのような白い犬が見えたため、心神が乱れて退出した。そのあと将軍が殺害され、義時にかわった源仲章も首を斬られた。しかもちょうどその頃、薬師堂の戌神も堂内から姿を消していた」というものである。すなわち義時の薬師堂参拝は、戌神のおかげであやうく難をのがれることができたことに対する、いわゆるお礼参りとして説明されているのである。

『愚管抄《ぐかんしょう》』が語るもの

結局、『吾妻鏡』は義時の現場不在を彼の戌神信仰をもち出すことによってつじつまをあわせたわけであるが、さらに同書には、この戌神出現の記事中、いま一つ見逃せない記述がある。それは公暁が義時と交代した源仲章の首も斬ったという箇所において、先には省略したが、あらかじめ公暁は義時が御剣役を務めることを知っていたと述べていることである。果たして公暁は御剣役が義時だと思ったまま、入れかわっていることを知らずに仲章を襲ったのであろうか。とすれば、もし義時が黒幕であるなら、公暁はその黒幕まで斬ろうとしたことになり、矛盾が生じてくるのではなかろうか。

これらの疑問点を考えようとする時、重要な手がかりを与えてくれるのが、摂関家出身の天台僧慈円《じえん》が著した歴史書『愚管抄』である。講談社学術文庫『愚管抄・全現代語訳』によって暗殺の場面を見てみよう。

実朝は神前の石段を下って、つき従う公卿が整列して立っている前を会釈しながら……通り過ぎていきかけた。その時実朝に、修行のいでたちで兜巾《ときん》（山伏がかぶっている頭巾）というものをつけた法師が走りかかり、下襲《したがさね》の裾《すそ》の上にのって、一の刀で首を斬り、倒れた実朝の首を打ち落としてしまったのである。追うようにして三、四人同じような者があらわれて、……あの仲章が先導役で松《たい》明《まつ》を振っていたのを義時だと思って、同じように切り伏せ、殺してから消えていった。

実に詳細で具体的な記述である。慈円は式典に京都から参列し、現場での数少ない目撃者となった公家たちの証言によってこの場面を叙述したとみられており、その信憑性はきわめて高いものがある。そしてそこには、はっきりと公暁たち（一人でなく複数）が仲章を義時と思って襲ったことが記されているのである。公暁が実朝ばかりでなく義時も殺害しようとしていたことは間違いではなかったのである。

こうして義時の黒幕説についてはやはり再検討が必要となってくるが、そこで有力視されているのが、公暁の乳母の夫三浦義村＝黒幕説である。すなわち義村は公暁をそそのかして将軍実朝、執権義時を殺害させ、将軍公暁のもとで幕政を掌握しようとしたが、事前に情報をキャッチした義時に巧みに身をかわされたため、すぐに公暁を殺してわが身を守ろうとしたというものである。公暁が義村のもとへ向かう途中で義村派遣の討手に襲われながらも、ようやく逃げのび、ついに義村の屋敷の板塀をのり越えようとしたところで討たれたという『愚管抄』の記事も、そのことを裏付けているかのようである。

源仲章もねらわれていた　それにしても不運なのは、義時と入れかわり、そのため義時と間違えられて殺害された源仲章である。しかし、これに対して当初から仲章その人が殺害されるようにしむけられていたとする見方もある。この説を紹介すると、「当時、実朝は将軍としてその権力の拡大を目指しており、それを支えていた近臣こそ、実朝の学問の師で京の後鳥羽院の近臣でもあった源仲章であった。二人は北条氏の勢力削減をはかりながら、微妙な関係にあった北条氏と三浦氏の対立を煽《あお》ろうとしたが、案に相違して両氏は共同歩調をとり、逆に将軍とその権力の演出者を葬った」ということになろう（五味文彦『増補吾妻鏡の方法―事実と神話にみる中世』吉川弘文館）。とすれば、実朝暗殺の黒幕は北条氏か三浦氏かではなく、両氏による、さらにいえば、東国御家人にとって織り込み済みの「王殺し」であったことになる。それまでの説の盲点をついた注目すべき見方ではあるまいか。

第32話　御成敗式目《ごせいばいしきもく》と大飢饉《ききん》

訴訟の停止　貞永《じょうえい》元（一二三二）年、鎌倉幕府は、武家最初の法典である御成敗式目を制定した。執権《しっけん》の北条泰時《やすとき》は弟の重時《しげとき》に、式目制定の目的を、幕府が公平な裁判を行うためである、と述べている。御成敗式目の第七条は、次のようなものである。

一右大将家《うだいしょうけ》以後、代々の将軍《しょうぐん》ならびに二位殿《にいどの》の時代に、与えられた所領について、本主《ほんしゅ》の訴訟によって、改められるかどうかの事

右のように、勲功賞《くんこうしょう》や幕府への奉公《ほうこう》によって、所領を拝領したことは、由緒《ゆいしょ》がないわけではない。したがって、本主が先祖の旧領であると称して裁許を得ることは、当人は喜ぶといっても、御家人たちは、安堵の思いでいることは難しいであろう。みだりに訴訟を起こす者は、禁止すべきである。

「右大将家」（＝初代将軍源頼朝）以後の代々の将軍と「二位殿」（頼朝の妻で実質的な四代将軍であった北条政子《まさこ》）の時代に、御家人が幕府から恩賞として与えられた所領について、本主（かつて所領を支配していた者）がみだりに訴訟を起すことが禁止されている。第七条は、不易法《ふえき》と呼ばれている。

また、御成敗式目の第八条では、幕府が所領支配の権利を保障した文書を所持しながらも、実際には何年間も支配が行われなかった所領について規定している。他の人物の「当知行《とうちぎょう》（実際に支配を行うこと）」が、二十年間行われた場合には、源頼朝の時代の先例にしたがって、理由を問わずに当知行している人物

の所領支配を認めるとしており、年紀法《ねんき》と呼ばれている。

式目制定の背景　不易法と年紀法は、現実に所領を支配している人物の権利を保障したものであり、現実主義的な規定である（上横手雅敬『北条泰時』吉川弘文館）。こうした規定はどのような現実に対応したものであったのだろうか。

鎌倉幕府の歴史書『吾妻鏡《あずまかがみ》』には、「御成敗式目」制定の前年である寛喜《かんぎ》三（一二三一）年三月に、次のような記事がある。

今年は、世上が飢饉である。百姓たちの多くが餓死しようとしている。そのため、北条泰時は、伊《い》豆《ず》・駿河《するが》の両国に、出挙米《すいこまい》を施した。百姓たちの餓えを救うべきであると、米倉をもつ富裕な者たちに伝えた。

泰時は、飢饉のために餓死者が多く出ていたことに対応するために、自身が守護《しゅご》を務める伊豆《いず》国・駿河《するが》国（ともに静岡県）で、富裕な者たちに、百姓たちに出挙米（米を利子付きで貸与すること）を提供することを命じている。この飢饉は、前年の異常気象による大凶作が原因であり、寛喜の大飢饉と呼ばれている。

大飢饉による社会の動揺は、所領に関する訴訟を増加させていった。「御成敗式目」は寛喜の大飢饉のなかで制定されており、大飢饉による訴訟の増加という現実に対応しようとしたものでもあったのである。

第33話 「顕徳院《けんとくいん》」の怨霊《おんりょう》

「顕徳院」とは　鎌倉時代中期の延応《えんのう》二（七月改元して仁治《にんじ》元、一二四〇）年正月、鎌倉から京都の六《ろく》波羅探題《はらたんだい》へ故二代執権《しっけん》北条義時《よしとき》の弟時房《ときふさ》急死の知らせがもたらされた時のことである。民部卿《みんぶきょう》平経高《つねたか》は、その日記『平戸記《へいこき》』に、この時房の死と前年暮れの有力御家人三浦義村《よしむら》急死のいずれもが「顕徳院」の怨霊の祟《たた》りによるものだと記した。

「顕徳院」とは誰か。それは約二十年前の承久《じょうきゅう》の乱に際し、時房が甥の北条泰時《やすとき》とともに大軍を率いて京都へ攻めのぼり、乱後も六波羅探題として京都に留まっていること、また義村が京都方についた弟胤義《たねよし》からの誘いを拒絶し、京都側の動きを幕府に知らせていることなど、二人が承久の乱における鎌倉側の功労者であった経歴から判明する。すなわち「顕徳院」とは、義時追討の命令を発して承久の乱を起こしたものの、幕府軍に大敗して隠岐《おき》へ流され、前年二月、六十歳をもって死去した後鳥羽《ごとば》上皇のことである。

「顕徳院」の由来　後鳥羽上皇の怨念による祟りは、承久の乱後、上皇の皇統にかわって即位した後堀《ごほり》河《かわ》院の中宮藻壁《そうへき》門院、続いての後堀河院自身の死去の際など、すでにその生前からささやかれており、朝廷でも上皇の怨念を慰撫《いぶ》するために、還京運動が進められたほどであった――還京運動は幕府側の拒否によって失敗――。それゆえ延応元年二月の死去から三か月後、それまで配所先の名をとって隠岐院と呼ばれていた故院に対し、早くも「顕徳院」の名が贈られたというわけである。これは、かつてその怨霊を慰撫するため、保元《ほうげん》の乱で配流された讃岐《さぬき》院に崇徳《すとく》院の名を贈った先例にならったものだといわれているが、この点からも後鳥羽院の怨霊がいかに恐れられていたかが想像できよう。なお崇徳院の怨霊といえば、生きながら天狗の姿になり、「日本国の大魔縁となり、皇を取って民となし、民を皇となさん」と述べたという『保元物語』の話などが有名である。また崇徳院のほかに、源平の争乱の末期、平氏が長門壇ノ浦《ながとだんのうら》の合戦で滅びたさい、平清盛の妻時子《ときこ》に抱かれて入水した安徳《あんとく》天皇の贈り名にも「徳」が見えるように、「徳」は異郷の地で無念の死を遂げた天皇を鎮魂するために用いられたものであったと言われている。

顕徳院から後鳥羽院へ　さて、先の『平戸記』が伝える北条時房や三浦義村ら幕府要人の死＝祟り説は、顕徳院の贈り名によっても故院の怨念が鎮《しず》まらなかったことを意味する。というより、その後、顕徳院怨霊の活動ぶりは次第に激しさを増していくことになった。それから数か月後の『平戸記』には、伊勢大神に対して顕徳院が、「承久の乱で隠岐に流されたのは、前世の宿報《しゅくほう》によるものでいたしかたないとしても、ついに故郷（京都）に還ることなく、配所先で没したのは深い恨みである。そこで炎旱《えんかん》・疫病・飢饉《ききん》から始めて、天下を滅ぼそうと思っている」と述べたという記事も登場してくるのである。すなわち『平戸記』は、この時期の「炎暑」による深刻な旱魃《かんばつ》状況も記しているが、人々は、これも顕徳院の怨霊と結び付けて理解していたのである。

さらに二年後には、三代執権北条泰時死去の記事が載せられているが、そこにも「顕徳院御霊顕現《けんげん》」「顕徳院御怨念甚深《じんしん》」などといった文言が見えており、それらの風説の中、まもなく顕徳院の贈り名は、故院の「冥慮《めいりょ》に叶《かな》わず」として後鳥羽院と改められることになったのである。

第34話　下地中分《したじちゅうぶん》とは何か

荘園公領制《しょうえんこうりょうせい》と荘郷地頭制《しょうごうじとうせい》　中世の土地所有の大枠《おおわく》は、荘園公領制と称されている。この複合的な土地所有の秩序が体制的に形成されたのは、後三条《ごさんじょう》天皇の延久《えんきゅう》の荘園整理令を契機にしていたが、荘園は院政期を通じて増加していった。治承《じしょう》・寿永《じゅえい》の内乱のなかで、鎌倉幕府が成立し、元暦《げんりゃく》二（一一八五）年六月以降、天皇や朝廷に対する反逆者を意味する「謀反《むほん》人」の所領を鎌倉幕府が没官《もっかん》（刑罰として没収すること）し、その没官領を御家人に地頭職補任《じとうしきぶにん》という形式で給与する鎌倉幕府荘郷地頭制が成立した。その後、承久《じょうきゅう》三（一二二一）年の承久《じょうきゅう》合戦の後、幕府は後鳥羽《ごとば》上皇以下三上皇を配流《はいる》し、京方《きょうがた》貴族・武士の所領を没収し、その跡に地頭として多くの東国御家人《ごけにん》を任命したことで、荘園領主（本所《ほんじょ》・領家《りょうけ》）との間で紛争が多発した。紛争の要因の多くは、地頭の得分《とくぶん》の問題であった。そして貞応《じょうおう》二（一二二三）年六月の宣旨《せんじ》で、「新補率法《しんぽりつぽう》」が定められ、幕府はこれに基づいて得分が少ない土地ではこの率法を適用した。

下地中分とは何か　中世は、荘園などの領有をめぐって争われることが多く、地頭と荘園領主との争いは幕府の法廷で裁かれるようになった。裁判になっても両者の主張が平行線をたどりがちで、結局、相互に譲り合って和解する「和与《わよ》」による解決が多かった。その際、両者合意の上で作成した和与状を幕府に提出させて、これに確認のため裁許《さいきょ》状を交付したが、同時に下地中分の場合には、紛争が再発しないように、しばしば「下地中分絵図」が作製された。そして作成した絵図に朱線をもって中分の区画を記入して幕府に提出した。幕府はこれに対して裁許状に署判した執権《しっけん》・連署《れんしょ》が朱線部分に花押《かおう》を据えて返付する場合があった。その代表的なものに、「伯耆《ほうき》国東郷《とうごうの》荘《しょう》下地中分絵図」がある。

伯耆国東郷荘下地中分絵図　東郷荘は現在の鳥取県湯梨浜《ゆりはま》町にあたり、荘園領主（領家）は、京都の松《まつの》尾《お》社である。絵図の裏に、「正嘉《しょうか》二（一二五八）年十一月　日」の裏書きがある。それによれば、中分作業に立ち会ったところの領家松尾社の使い散位《さんい》政久《まさひさ》と地頭（原田氏）沙弥《しゃみ》寂《じゃく》が連署して以下の内容を述べているのである。

下地中分は原則として東西に二分され、東方を地頭領、西方を領家領とした。等分の原則が適用されない場合は、次の方法で境界を定めた。①道路をもって堺とし、無いところは絵図に朱線を引き、現地に両方が寄り合って朱線箇所に堀を通した。②田畠を等分にするため、伯井田《ははいだ》は西方だけれども東方の分を割き分けた。馬野《まの》・橋津《はしづ》・伯井田などは、東西が相交わる所である。小垣は北条川の東西ともに東方分となった。③南方の堺については、置福寺《ちふくじ》・木谷《きたに》寺の中間に朱線を引いて、堀を掘り通した。その奥は深山《みやま》で掘り割りなどの溝を通すことはできない。そこでまっすぐに見通した線で東方と西方を分けることにした。

③のような見通しによる境界設定の方法は、絵図西側の北条《ほうじょう》郷との境界でも見ることができる。また、田数・津・牧にとどまらず、馬の頭数、神社・寺院さらには領主層の家や一般在家の数、東郷池の漁業権、馬野の原野の入会《いりあい》権をも等分の原則に貫かれているとする。

なお、絵図には四本の朱線が引かれ、その両端に二種類の花押が八個づつ計十六個捺印《なついん》されている。執権北条長時《ながとき》と連署政村《まさむら》のものである。

第35話　蒙古《もうこ》襲来前夜の政変——二月騒動《にがつそうどう》と北条時宗《ときむね》

二月騒動　文永《ぶんえい》五（一二六八）年三月、鎌倉幕府では、連署《れんしょ》の北条時宗が執権《しっけん》に就任し、執権の北条政《まさ》村《むら》が連署となった。同年正月に、モンゴルのフビライの国書が日本にもたらされたことを受けて、対モンゴルの防御体制を築くために、得宗《とくそう》（北条氏の嫡流《ちゃくりゅう》）の時宗が執権についたのである。文永八（一二七一）年、幕府は、九州に所領をもつ御家人《ごけにん》に対して、対モンゴルの警備のために九州に下向することを命じた。このように、対外的な緊張が高まるなかで、幕府内部で政変が起こった。歴史書の『保暦間記《ほうりゃくかんき》』には、次のようにある。

関東では、二月十一日に、尾張入道見西《おわりにゅうどうけんさい》（時章《ときあき》）と遠江守教時《とおとうみのかみのりとき》が誅殺《ちゅうさつ》された。時章は無罪だったので、時章の討手《うって》の大倉次郎左衛門尉《おおくらじろうさえもんのじょう》……らは、首をはねられた。教時の討手には賞罰がなかった。……その他に、多くの人が落命した。同十五日に、式部丞時輔《しきぶのじょうときすけ》も、六波羅《ろくはら》で誅殺された。時輔は、吉野《よしの》の奥へ逃亡して、行方知らずともいう。これを二月騒動と呼ぶ。

文永九（一二七二）年二月十一日に、鎌倉で、北条氏一族の名越時章《なごえときあき》・教時《のりとき》兄弟が殺害された。名越兄弟は謀反《むほん》の嫌疑をかけられて殺害されたが、事件直後に、時章は無実であったとして時章の討手となった武士たちが斬首され、教時の討手には賞罰がなかったという。また、十五日には、京都の六波羅で時宗の兄の北条時輔《ときすけ》が殺害された。歴史書の『五代帝王物語《ごだいていおうものがたり》』によれば、鎌倉からの早馬を受けて、六波羅探題《ろくはらたんだい》の北方の北条義宗《よしむね》が南方の時輔を攻めて合戦が行われ、多くの討死者を出した末に、時輔は滅ぼされたという。なお、六波羅探題は鎌倉幕府が京都に設置した機関で、北方と南方の二名の長官が置かれていた。二つの軍事行動は、執権時宗の命令を受けたものであった。この事件の背景には何があったのだろうか。

事件の背景　二月騒動で殺害された人々について見てみよう。名越時章・教時兄弟は、北条義時《よしとき》の子である朝時《ともとき》の子である。時章は当時五十八歳で、評定衆《ひょうじょうしゅう》の最高位にあり、筑後《ちくご》国（福岡県）・大隅《おおすみ》国（鹿児島県）・肥後《ひご》国（熊本県）の守護《しゅご》を務めていた。教時は当時三十八歳で、評定衆を務めていた。教時は、将軍宗尊《むねたか》親王の側近であり、文永三（一二六六）年に宗尊が将軍を廃されて鎌倉から京都に送還された際に武装して駆けつけたために、時宗によって制止されている。教時は反得宗の動きをとっていたのである。名越氏は幕府内で高い政治的地位にあり、得宗の時宗に対抗する勢力となる可能性をもっていたのである。

　北条時輔は時宗の異母兄であり、当時二十五歳だった。父の時頼は、正室（北条重時《しげとき》の娘）が生んだ時宗を嫡子《ちゃくし》と定め、側室（将軍《しょうぐん》家《け》讃岐《さぬき》）が生んだ時輔を庶子《しょし》として処遇した。時輔は、時頼の正室が生んだ時宗の下位に位置付けられたのである。文永元（一二六四）年に、時輔は六波羅探題となって上洛した。時輔は、得宗である時宗の兄として六波羅探題の体制強化を担ったのである（細川重男『北条氏と鎌倉幕府』講談社）。『五代帝王物語』は、

【北条氏系図】
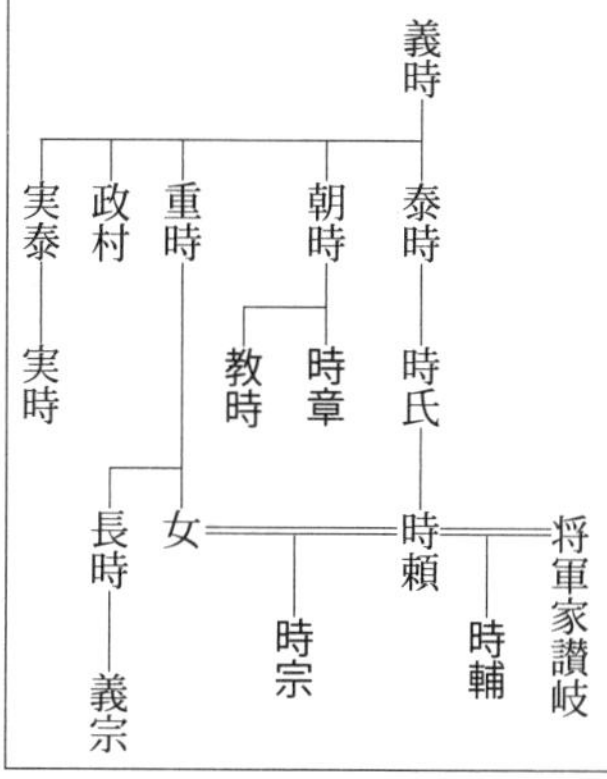

京都の人々が時輔を恐れていたとしており、時輔の武威を伝えている。六波羅探題を七年務めた異母兄の時輔は、得宗の時宗にとっては、対抗勢力となりうる存在だったのである。

このように、二月騒動で時宗によって殺害されたのは、時宗の対抗勢力となる可能性をもっていた幕府内の有力者であった。時宗は、名越氏の時章・教時兄弟と異母兄時輔を殺害することによって、自身に権力を集中させようとしたのであろう。二月騒動は、モンゴル問題に対応するために、得宗である時宗の権力強化をはかって引き起こされた政変だったのである（川添昭二『北条時宗』吉川弘文館）。

事件の数か月後に安達泰盛《あだちやすもり》が建立した高野山《こうやさん》参道の町石《ちょういし》には、次のように刻まれている。

今年の二月に、関東（鎌倉）といい、洛陽《らくよう》（京都）といい、あるいは十一日、あるいは十五日、合戦が行われて、死去した人々は、この善根に答えて、仏道の悟りをえてください。

時宗の義兄であり、時宗政権を支えていた泰盛によって、二月騒動の死者の鎮魂が行われているのである。死者の鎮魂を願う文面からは、名越兄弟や時輔が時宗の権力強化の犠牲となって殺害されたことを読み取ることができよう。

時輔のうわさ　二月騒動で殺害された北条時輔には、生存の噂がささやかれた。前述した『保暦間記』でも、時輔が吉野に逃亡したとする情報が記されている。文永十一（一二七四）年、元《げん》のフビライは日本征討軍を派遣した。同年十月、元と高麗《こうらい》の軍隊からなる征討軍は、対馬《つしま》・壱岐《いき》に上陸して戦闘したのちに、博多《はかた》湾に侵攻した。文永《ぶんえい》の役《えき》と呼ばれる一度目の蒙古襲来である。勘解由小路兼仲《かげゆこうじかねなか》は、日記『勘仲記《かんちゅうき》』に、次のように記している。

北条六郎時定《ろくろうときさだ》と式部大夫時輔《しきぶだいぶときすけ》らが、打ち上ってくるということである。是非はいまだはっきりしないが、畏怖は極まりないことである。

文永の役の際に、京都では、北条時定と時輔の軍勢が侵攻してくるといううわさが流れたという。時定は時宗の叔父で、のちに肥前国《ひぜん》（佐賀県・長崎県）の守護を務めた人物である。元軍侵攻の情報がもたらされて混乱した京都で、二月騒動で殺害された時輔が侵攻してくるといううわさがささやかれたのである。うわさは事実ではなかったが、兼仲は畏怖極まりないと記しており、当時の京都の人々に恐怖心を与えた様子がうかがわれる。六波羅探題を務めて武威を示しながら、二月騒動で殺害された時輔の記憶が、当時の京都の人々に刻まれていたことを物語っていよう。

二月騒動は、モンゴルの脅威という対外危機に直面した北条時宗が政権の強化をはかって起した事件であった。対外問題が、幕府内部の政変を引き起こしたのである。モンゴルの侵攻が現実のものとなった文永の役の際に、二月騒動で殺害された時輔のうわさが流れたことは、二月騒動という鎌倉幕府内部の政変とモンゴルの脅威という対外問題の関係を示すものといえよう。

第36話　阿弓河荘《あでがわのしょう》の「片仮名百姓申状《もうしじょう》」から何がわかるか

「片仮名百姓申状」の舞台　阿弓河荘は、現在の和歌山県有田《ありた》郡清水《しみず》町にあった山間の荘園《しょうえん》である。

阿弓河荘関係文書は、高野山《こうやさん》文書中に多く伝来する。それは高野山が阿弓河荘の支配者、領主であり、荘園支配の証拠文書として保存されてきたからである。しかし、この「片仮名百姓申状」が書かれた鎌倉時代中期の建治《けんじ》元（一二七五）年頃、激しい相論《そうろん》が起こっていた。その一方の当事者が地頭湯浅《ゆあさ》氏で、紀《き》伊《い》国でトップクラスの武士団だった。また領家寂楽寺《じゃくらくじ》は、平安末期、平惟仲《これなか》という貴族が建立した寺で、惟仲から寂楽寺に阿弓河荘が寄進され、さらに園城寺《おんじょうじ》の有力な門跡《もんぜき》の一つ円満院《えんまんいん》を本家（本所《ほんじょ》）とした。

「片仮名百姓申状」の内容　この時期、地頭と荘園領主との間で激しい相論が展開されていた。申状は荘園領主に訴え出たもので、十三箇条からなっている。その内容を大別すると、①地頭の違法所務《しょむ》（年貢・公事《くじ》などの徴収）の告発（第二・三・四・六・九・十一条）、②地頭の新儀《しんぎ》の賦課《ふか》（第一・四・八・十・十一・十二条）、③地頭の不当な検断《けんだん》（警察）権行使（第五・七条）である。

①について、「申状」が書かれた当時、地頭湯浅宗親《むねちか》は荘官の職を解かれており、年貢《ねんぐ》徴収《ちょうしゅう》行為ができないにもかかわらず年貢の絹を荒使《あらつかい》に徴収させた（二条）り、年貢の綿を地頭代官ら二十人が徴収した（三条）。また、年貢の一つ材木の山出しを妨害し、逃亡跡の麦蒔きを百姓に強要したり、逃亡跡在家《ざいけ》を壊し取ったりした（四条）。さらに二十余人が武装して、百姓の家に押し寄せ、計五日間滞在し、二百膳分

の食事の用意をさせられ（六条）、また別の日、日に三度、総勢三十五人分の食事を要求された（十一条）ことが記載されている。

②については、先例のない不当な賦課として、臥田《ふせだ》（臥料《ふせりょう》弁済《べんさい》で次の大検注《だいけんちゅう》まで年貢免除となった田地）の臥料を地頭が四百文賦課し、さらに毎年反別二百文を追徴すること（一条）。また、蹲田《うずくまりた》（検注漏《も》れの田）と称して、反別三百文の銭を賦課されたこと（十三条）。さらに先例のない地頭方馬飼料《うまかいりょう》（八条）や、左女牛《さめうし》若宮用途三貫文（十条）の賦課などがある。

③については、年貢の絹の違法な徴収に対し、百姓が集まり相談して泊まった百姓宅への夜討《ようち》である。「申状」には、同輩の家に泊まったが、そこへ武装した地頭勢が、松明《たいまつ》をかかげて、十月二十一日の夜中頃に、百姓の首を切ろうと襲撃してきた、と記載されている（五条）。また、地頭非法を提訴した四人の百姓らが、地頭の暴力で彼等が荘内に安堵《あんど》できない（七条）と訴えている。

第一条に臥田のことをもってきたのは、これが大検注《だいけんちゅう》（本所円満院の代替わり検注）に関わることであり、本所《ほんじょ》権に属する問題だからである。次に第二・三・四条と年貢収納問題で、領家の所務権に関わる問題である。そして最後の第十三条も、本所権侵害に関わる問題であり、十分に計算された条文の配列である。

誰が片仮名で書いたのか　当荘では、地頭湯浅氏に対抗する荘民が杣《そま》業を展開していたが、有力百姓である番頭《ばんとう》によって、「申状」が書かれた。片仮名であるのは、番頭身分の識字力に由来する。彼らは、一部の漢字と片仮名しか書けなかったからである。

第37話　霜月騒動《しもつき》と安達泰盛《あだちやすもり》

霜月騒動　蒙古《もうこ》襲来に対応した鎌倉幕府の執権《しっけん》北条時宗《ときむね》は、弘安《こうあん》七（一二八四）年四月に病死した。後継者である子の貞時《さだとき》は、十四歳の若年であったため、貞時の母堀内殿《ほりうちどの》（時宗の妻）の兄である安達泰盛が幕府政治を主導した。安達氏は、頼朝の側近として活動した藤九郎盛長《とうくろうもりなが》に始まる有力御家人である。盛長の子景盛《かげもり》は、北条氏との結びつきを強め、景盛の娘松下禅尼《ぜんに》は、北条時氏《ときうじ》の妻となって時頼《ときより》を生んだ。泰盛は景盛の子義景《よしかげ》を父にもち、時頼とは従兄弟《いとこ》の関係にあった。また、泰盛の妻（北条重時《しげとき》の娘）は、時頼の妻とは姉妹であり、安達氏は北条得宗《とくそう》家と密接な婚姻関係を結んでいた。

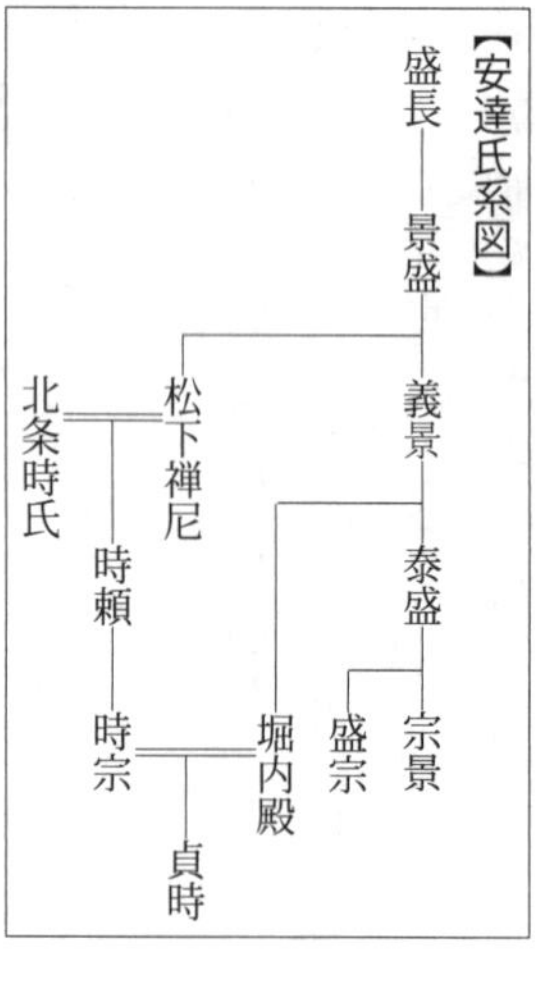

文永《ぶんえい》三（一二六六）年六月に時宗の邸宅で行われた「深秘《しんぴ》の沙汰《さた》」（＝得宗の邸宅で行われる寄合《よりあい》）では、将軍宗尊《むねたか》親王の京都送還が決められたが、連署《れんしょ》の北条時宗、執権の北条政村《まさむら》、北条氏一族の金沢実時《かねさわさねとき》とともに泰盛もこれに参加している。泰盛は、幕府首脳部の一員として時宗政権を支えていたのである。

また、泰盛は評定衆《ひょうじょうしゅう》や越訴奉行《おっそぶぎょう》などの幕府の要職を歴任して、文永《ぶんえい》の役《えき》後には、武士への恩賞を担当する御恩奉行《ごおんぶぎょう》を務めた。『蒙古襲来絵詞《もうこしゅうらいえことば》』には、肥後《ひご》国（熊本県）の御家人である竹崎季長《たけざきすえなが》に恩賞を手配する泰盛の姿が描かれている。
時宗死後に幕府政治を主導した泰盛は、「弘安徳政《こうあんとくせい》」と呼ばれる幕府改革を行った。「弘安徳政」では、非御家人との主従関係の確立、流通経済の掌握、訴訟の興行などが目指された（村井章介『北条時宗と蒙古襲来』ＮＨＫ出版）。しかし、幕府改革を推進していた泰盛は、弘安八（一二八五）十一月には滅亡してしまう。「安達泰盛乱自害者注文」は、同年十一月に鎌倉で合戦がおこり、「前陸奥入道」（＝安達泰盛）をはじめとして、宗景《むねかげ》（泰盛の子）、長景《ながかげ》（泰盛の弟）、時景《ときかげ》（泰盛の弟）ら安達一族が自害したことを伝えている。また、有力御家人が、泰盛一族とともに自害したとしており、鎌倉で大規模な戦闘が行われたのである。泰盛の滅亡について、歴史書の『保暦間記《ほうりやくかんき》』には、次のようにある。

安達泰盛と平頼綱《よりつな》は、険悪な関係となり、互いに相手を滅ぼそうとした。ともにさまざまな讒言《ざんげん》をしたが、泰盛の嫡男《ちゃくなん》の秋田城介宗景が、驕《おご》りのきわみではあるが、曽祖父の景盛は、右大将頼朝《うだいしょうよりとも》の子であると言って、にわかに源氏を称するようになった。頼綱は、宗景が謀叛《むほん》をおこして将軍になろうとたくらんで源氏を称したとして、訴えた。たしかに、そのようなこともあるかもしれない。ついに、泰盛法師と子の宗景は、弘安八年十一月十七日に誅殺《ちゅうさつ》された。兄弟一族のほかに、刑部卿《ぎょうぶ》相範《すけのり》・三浦対馬守《みうらつしまのかみ》・隠岐入道《おきにゅうどう》・伴野出羽守《とものでわのかみ》らの有力な武士たちが、泰盛方として滅ぼされた。これを霜月騒動と呼ぶ。

この泰盛が滅亡した事件は、霜月騒動と呼ばれている。泰盛は平頼綱と対立したために滅ぼされたという。頼綱は、北条得宗家に仕える御内人《みうちびと》であり、得宗家の家政を統括する内管領《うちのかんれい》を務めるとともに、得宗の貞時の乳母夫《めのと》（養育役）として、大きな政治力をもった人物である。時宗死去後の幕府政治をめぐって、貞時の外戚である泰盛と内管領で乳母夫の頼綱が、対立を深めていったのである。泰盛の子宗景が、頼朝の子孫であると主張して将軍になろうとしたことが事実であるかはわからないが、事件が頼綱によって主導されたものであることは確かである。

事件は、列島各地に波及して、泰盛派の武士たちが討たれた。九州では、安達盛宗《もりむね》（泰盛の子）が博多で討たれ、筑前国《ちくぜんのくに》（福岡県）守護《しゅご》の少弐経資《しょうにつねすけ》が弟の景資《かげすけ》を滅ぼしている（岩門合戦《いわとかっせん》）。霜月騒動は、鎌倉幕府を二分した大事件だったのである。

霜月騒動は、御家人を代表する安達泰盛と、御内人を代表する平頼綱の対立であるととらえられることもある。しかし、泰盛が有力御家人であるとともに、得宗の貞時の外戚の地位にあったことや、御家人の勢力が泰盛方と頼綱方に二分されていたことなどから、泰盛と頼綱は、得宗を中心とする政治体制のなかで対立を深めたと考えられるようになっている。

安達泰盛の人物像　安達泰盛は、兼好《けんこう》の著した『徒然草《つれづれぐさ》』では、「並ぶもののない馬乗り」であったとされており、武勇に優れた武士であったことがうかがわれる。また、前述したように、『蒙古襲来絵詞』には、御恩奉行である泰盛が、竹崎季長の戦功を認定して恩賞の将軍家下文《くだしぶみ》を直接手渡したことや、季長に馬を贈ったことなどが描かれている。『蒙古襲来絵詞』の詞書《ことばがき》には、蒙古襲来で戦功を挙げた御家人のなかで、泰盛から直接下文や馬を賜ったのは季長のみであり、「弓箭《きゅうせん》の面目」を施したと記されている。詞書の日付は、「永仁《えいにん》元年二月九日」となっている。永仁元（一二九三）年は、泰盛を滅ぼした平頼綱が、得宗の北条貞時と対立して滅ぼされた年であった。頼綱の滅亡によって、幕府では、霜月騒動で失脚した旧泰盛派の人々の復権が進められた。

石井進氏は、詞書の「永仁元年」に注目し、『蒙古襲来絵詞』は、竹崎季長によって、霜月騒動で滅んだ泰盛への報謝と鎮魂のために制作されたものであると指摘している（石井進『鎌倉びとの声を聞く』NHK出版）。季長は、自身の戦功を認定した上に、自分に馬を贈ってくれた泰盛に対して、敬慕の念を抱いていたと考えられているのである。

時宗の開祖である一遍《いっぺん》の生涯を描いた『一遍聖絵《いっぺんひじりえ》』には、次のようにある。

城《じょう》の禅門《ぜんもん》（安達泰盛）が滅んでしまった日は、聖（一遍）は、因幡《いなば》国にいらっしゃったが、空を御覧になって、「鎌倉でおおきなる人が亡くなったと思われるぞ」とおっしゃられた。

泰盛は、同時代を生きた人々に、「おおきなる人」と認識されていたのである。モンゴル襲来への対応や弘安徳政といった幕府政治の課題に取り組んだ安達泰盛は、同時代を生きた人々にとって大きな存在感をもった人物だったといえよう。

第38話　徳政令《とくせいれい》はなぜ出されたのか

彗星の出現　武家伝奏《ぶけてんそう》（武家の奏請《そうせい》を朝廷に取り次ぐ役）を勤めた万里小路時房《までのこうじときふさ》の日記『建内記《けんないき》』嘉吉《かきつ》元（一四四一）年閏九月三日条に、「永仁《えいにん》五（一二九七）年関東申し行う徳政の事、彗星《すいせい》出現に依《よ》るなり」とある。確かにモンゴル襲来の後、鎌倉幕府は御家人《ごけにん》救済の処置をとらなければならない状況に置かれていたが、大彗星の脅威が永仁の徳政令発令の直接の契機になったというのである。この『建内記』の記事は、嘉吉元年年六月に起きた将軍足利義教《よしのり》謀殺事件である嘉吉の乱の一連の記事のなかで出されたものである。乱の首謀者赤松満祐《あかまつみつすけ》が自殺し、その首が九月、京都に到着する。翌閏《うるう》九月には土一揆《つちいっき》が起こり、室町幕府は「一国平均徳政」の制札《せいさつ》を京都七口《ななくち》に立てた、その頃の記事である。室町幕府管領《かんれい》は、幕府奉行人飯尾為種《いのおためたね》らに、永代沽却《えいだいこきゃく》地等を本主《ほんしゅ》に還付する例を尋ね、永仁五年の徳政令をあげている。

ところで彗星の出現は、安定した星座の秩序を乱し、飢饉《ききん》・疫病・戦乱などの凶兆《きょうちょう》と恐れられた。まさに招かれざる客である。それは王の不徳を意味し、時に王朝瓦解の前兆と解釈された。承元《しょうげん》四（一二一〇）年、政治の実権を握っていた治天《ちてん》の君の後鳥羽《ごとば》上皇は、あわただしく土御門《つちみかど》天皇に代えて順徳《じゅんとく》天皇を立てたが、この皇位継承は彗星出現が原因と、慈円《じえん》は『愚管抄《ぐかんしょう》』のなかで記している。

永仁五年の徳政令　彗星→災厄《さいやく》→徳政、この連想は中世の人たちにとってごく自然なものだった。永仁五（一二九七）年二月十九日、見た目には百八十センチメートルもあろうかと思われる長い尾を引いた彗星が、春のおぼろ月夜に現れた。翌三月の六日に「関東御徳政」が出され、御家人売却地の取り戻しを認める法令が出された。この永仁五年の徳政令は、三条から成り立っていた。第一条は、訴訟の頻発に悩んだ幕府が越訴《おっそ》を禁じたものであり、第三条は、利銭出挙《りせんすいこ》に関する訴訟は今後一切受理しない、ただし、質物が動産で土倉《どそう》に入れた時は、この限りではないとしている。そして第二条は、御家人が買った所領は、二十年以上経過すれば、旧領主（本主《ほんしゅ》）は取り戻すことができない、しかし、御家人が非御家人・凡下《ぼんげ》の輩（一般庶民）に売却した所領は、二十年を経過していようがいまいが、とにかく本主が取り戻す事ができる、としている。売った側は常に御家人であることが想定されており、御家人救済という目的をもった法であることははっきりしている。

徳政とはなにか　徳政とは、字義通り、徳のある政治、仁政・善政を意味する。厳密には、永仁の徳政令の対象は御家人に限られているが、実際には一般の人々もこれに基づいて旧領を回復した。これは、永仁五年の徳政令がある種の社会的正義、善政であると、同時代の人々が感じたからである。

では、永仁の徳政令に基づく道理とは、いったい何なのか。それは、「本来あるべきところへ戻す」という復古の政治で、それこそが徳政の本質であり、永仁五年の法は本来の所有者（本主）の手を離れた御家人所領を、正しい持ち主である本主に立ち戻らせる再生の法である。

売却地回復の徳政は、永仁の徳政令だけでなく、神社の失った旧領の回復法である神領興行法もあり、これもやはり「徳政」と呼ばれた。神領興行法に際して鎌倉幕府は、その基盤である御家人の不利益をも顧みず、御家人が買い取った神社旧領の返還を命じている。

第39話　御内人《みうちびと》安東蓮聖《あんどうれんしょう》の実像

『峰相記《みねあいき》』の記事　御内人とは、北条氏嫡流《ちゃくりゅう》の当主である得宗《とくそう》の家来・被官《ひかん》のことである。御内人の代表として教科書に登場するのは、有力御家人安達泰盛《あだちやすもり》を滅ぼした平頼綱《よりつな》である。頼綱は北条貞時《さだとき》に滅ぼされたが、鎌倉時代末期、得宗の絶対的な勢威のもとで、代表である内管領《うちのかんれい》をはじめとする御内人が幕府政治を主導した。

御内人の活動を語る代表的な存在に安東蓮聖がいる。得宗被官安東氏の本貫地《ほんかんち》を駿河《するが》国の安東荘という。鎌倉末期の乾元《けんげん》元（一三〇二）年、北条氏得宗被官であった安東平右衛門入道蓮聖が、「数百貫ノ銭財」を投じて播州福泊《ばんしゅうふくどまり》の築港の工事を行ったと、『峰相記』に記載されている。

この安東蓮聖は、文永《ぶんえい》八（一二七一）年頃、比叡山の悪僧と結託して借上《かしあげ》（高利貸）を営み、近江《おうみ》国堅《かた》田浦《だうら》で債務者仁和寺《にんなじ》の越中《えっちゅう》国石黒荘《いしぐろのしょう》の年貢運上船《うんじょうせん》を差し押さえるという事件を起こしている。このように得宗被官であって借上を兼業していた事実は、『峰相記』に記載される安東蓮聖の財力の基盤を物語るものといえる。

さらに、蓮聖は摂津《せっつ》国守護代で、多田院《ただいん》・生魂《いくたま》新荘・福嶋《ふくしま》荘・美作《みまさか》荘など国内で四か所の得宗領の支配にあたり、和泉《いずみ》国山直《やまだい》郷内の中村新荘・上下包近名《かねちかみょう》や但馬二方《たじまふたかた》庄などの所領をもっていた。また、瀬戸内の西の要衝《ようしょう》の一つである豊後《ぶんご》国佐賀《さが》郷の給主《きゅうしゅ》としてあらわれることを考え合わせると、摂津国福嶋荘・生魂新荘など海岸線に近い地域を支配下におさめていたことも、瀬戸内海交通の要点把握の意味をもっていたと考えられる。

和泉《いずみ》国久米多寺《くめだじ》別当職《べっとうしき》　安東蓮聖は、最初の蒙古襲来である文永《ぶんきゅう》の役の三年後にあたる健治《けんじ》三（一二七七）年、旧主北条時頼《ときより》及び父祖の菩提を弔《とむら》う目的で、自身の所領に隣接する和泉国久米多寺別当職を買収した。さらに安東家蓮聖・助泰《すけやす》（円恵）・高泰《たかやす》の三代にわたり、同家の所領が久米多寺に寄進されている。

一方、久米多寺教学の確立の上で重要な役割を果たすのが、西大寺《さいだいじ》中興の僧叡尊《えいそん》である。叡尊は、弘長《こうちょう》二（一二六二）年、北条実時《さねとき》の招きに応じて鎌倉に下り、元執権《しっけん》北条時頼・執権北条長時《ながとき》ら北条氏一門に戒《かい》を授けて律宗《りっしゅう》を布教した。同年時頼は、礼物《れいもつ》を叡尊のもとに届けた。その使者を勤めたのが、蓮聖であった。これが蓮聖の史料上の初見であり、二人のこの巡り合わせが、蓮聖をして叡尊に強く引かれる機縁であったと推察される。

安東氏は、有力御家人の家柄であったと推察され、蓮聖の時代は得宗家北条時頼の被官であったと思われる。叡尊との面識から十五年後に、久米多寺別当職を買得し、叡尊の高弟行円房顕尊《ぎょうえんぼうけんそん》と組んで久米多寺再興に乗り出すのである。その時期は、蓮聖が摂津守護代在任の時期である弘安《こうあん》年間（一二七八～八八）であった。

蓮聖は西日本一帯で勢力を振るった経済通の武人官僚であり、政治的解決能力にも優れ、信仰心の厚い当時の有徳人《うとくにん》といえるであろう。また当代一流の教養人でもあった。

第40話　足利家時《いえとき》の置文《おきぶみ》

『難太平記《なんたいへいき》』のエピソード　応永《おうえい》九（一四〇二）年に今川了俊《りょうしゅん》が記した『難太平記《なんたいへいき》』に、「源義家《よしいえ》の置文」についての話がある。義家が七代の孫に生まれ変わり、天下を取るとの予言である。義家の七代目にあたりながら天下を取れなかった足利家時《いえとき》は、さらに三代の子孫に宿願を託し、置文を残して自殺したというのである。父今川範国《のりくに》とともに、足利尊氏《たかうじ》・直義《ただよし》兄弟の御前でこの家時の置文を拝見した了俊は、建武《けんむ》二（一三三五）年の尊氏・直義による反後醍醐《ごだいご》天皇の挙兵の背景にこの置文があったというのである。

　ここで問題点は二つある。一つは、「家時置文」が本当に実在したかどうかであり、もう一つは、「家時置文」が実在するとして、尊氏・直義兄弟の反後醍醐挙兵の原因であったかどうかである。この疑問を解く糸口になる史料が「足利直義書状」である。

「足利直義書状」の内容　家時置文に関わる年欠四月五日付足利直義の直筆書状が、『醍醐寺文書《だいごじもんじょ》』にある。直義から高師秋《こうのもろあき》に送られた書状であり、「死に臨んだ家時が、執事高師氏《もろうじ》に充てて一通の御書《おんしょ》を残した。御書は師氏の孫師秋が持っており、その内容に、直義は『感激肝に銘《めい》じた』」とある。「直義は御書を手元に置き、写しを師秋に与えた」というのが直義書状の内容である。

　直義書状によって、「家時置文」の存在の信憑《しんぴょう》性が増したが、直義書状の年代については、貞和《じょうわ》五～観《かん》応《のう》二（一三四九～五一）年頃と推定されている。直義がこの時初めて御書（家時置文）に接したとすれば、挙兵からおよそ十五年以上の後のことであり、置文と尊氏挙兵との関係は了俊の創作の可能性が高くなる。ただし、直義書状にみる御書が、『難太平記』の「家時置文」であったかどうかは、もちろん不明である。

なぜこの貞和年間に、師秋は直義に御書を見せたのだろうか。いわゆる観応の擾乱《じょうらん》のなかで、この時期、尊氏・高師直《もろなお》と直義・高師秋とは対立しており、師秋は直義に御書を献上することによって、師秋こそ高一族の惣領であり執事に就《つ》くに相応《ふさわ》しい人物であることを訴えたのである。

醍醐寺《だいごじ》座主《ざす》満済《まんさい》の文書　直義は観応三（一三五二）年、鎌倉にて死ぬが、師秋の末路は不明である。直義のもとにあった御書（「家時置文」）と「直義直筆書状」は、どうなったのか。それに関する文書が同じ『醍醐寺文書』のなかから発見された。「満済文書《まんさいもんじょ》」というべき文書には、「報国寺《ほうこくじ》殿（家時）自筆御書一通」「錦小路《にしきこうじ》殿御書（直義書状）一通」「同記録一通」の三通が、応永二十八（一四二一）年九月四日、使者林阿弥《りんあみ》の手によって将軍義持《よしもち》から満済の許に渡ったことがわかる。

ところで、なぜ応永二十八年に、何の必要があって、これらの文書が義持から満済に預けられたのだろうか。貞成《さだふさ》親王の日記『看聞日記《かんもんにっき》』によれば、この年京の都において疫病が流行した。疫病《えきびょう》の原因は怨霊《おんりょう》というのが、中世人の考え方である。将軍義持は、無念の中で死んでいった家時と直義の怨霊鎮魂《ちんこん》を命じる目的で文書を満済に預けたのである。室町幕府には、直義の怨霊が祟《たた》りをなすという認識があったのである。

第4章　室町期――どんな時代だったのか

内乱と初期室町幕府　室町時代は内乱の時代ともいえる。鎌倉幕府の滅亡後、延喜《えんぎ》・天暦《てんりゃく》の治を理想とした後醍醐《ごだいご》天皇は、公武《こうぶ》勢力を包括した建武《けんむ》の新政《しんせい》を進めようとするが、その現実とかけ離れた政策により反発を招き、二年余りで崩壊する。幕府再興を目指す足利尊氏《たかうじ》は、自らの正当性を主張するために持明院統《じみょういんとう》の光明《こうみょう》天皇をたて、皇統は京の北朝と吉野の南朝に分裂。その後、六十年におよび南北朝は対立した。

　また、足利尊氏と弟の直義《ただよし》による二頭政治は、室町幕府内のひずみを生み、観応《かんのう》の擾乱《じょうらん》へと展開する。戦争の中で誕生した室町幕府は、将軍の権力基盤がもろく、有力守護大名に支えられる政体であった。

　そうした状況を打開しようとしたのが、三代義満《よしみつ》である。義満は家督争いなどに乗じて、次々と守護大名を討ち、また南北朝の統一を実現して、将軍権力の強化に努めた。さらに、准三后《じゅさんごう》の地位を得て朝廷へ介入し、公武を超越した権力を手にし、幕府政治を安定期へと導いた。

義満死後　公武を超越した権力は義満個人のカリスマ性や政治手腕によったものであり、その後の将軍たちはそれを継承することはできなかった。

　四代義持《よしもち》以降、幕府政治は重臣とも宿老とも呼ばれる在京の有力守護らの合意形成によって主導されることとなる。義持がその死に際して、後継を指名しなかったことからは、将軍就任に重臣の支持が必要であったことがうかがえる。

　また、室町幕府は鎌倉府《かまくらふ》や九州探題《きゅうしゅうたんだい》という幕府の出先機関をおいて地方支配を行ったが、東国の動静は幕政に大きな影響を与えることとなる。

義満死後の上杉禅秀《ぜんしゅう》の乱は、義持の弟義嗣《よしつぐ》をはじめ重臣の多くに謀反《むほん》の嫌疑がかけられるという事態に発展した。六代義教《よしのり》の時には鎌倉公方持氏《くぼうもちうじ》を幕府軍が討つという永享《えいきょう》の乱がおこり、一時鎌倉府が断絶した。

しかし、その義教も専制政治を指向した結果、播磨《はりま》守護赤松《あかまつ》氏によって殺害されてしまい、室町殿《むろまちどの》の指導力はさらに低下していく。そして、八代義政《よしまさ》の時に応《おう》仁《にん》の乱が起こり、十一年におよぶ戦乱は、次の戦国時代の幕開けとなった。

東アジアとのつながり　室町時代を見るには海外への視点を忘れてはならない。明《みん》・高麗《こうらい》という東アジアの隣国は、つねに倭寇《わこう》の脅威に悩まされた。明の洪武《こうぶ》帝《てい》は、日本に倭寇の禁止を求めたが、その使者を迎えたのは当時北九州を支配していた南朝方征西府《せいせいふ》の懐良《かねよし》親王だった。その後、征西府の瓦解とともに交渉の相手は室町幕府へと移り、勘合《かんごう》貿易が開始される。また、倭寇討伐で名をなした李成桂《りせいけい》が高麗を滅ぼしてうちたてた朝鮮王朝は、義教期に倭寇の根拠地とみなして対馬《つしま》を攻撃する応永《おうえい》の外寇《がいこう》をひきおこした。倭寇は、東アジアの境界に生きる人々の国境をこえた活動であった。

ここで取り上げたのは、南北朝内乱に翻弄された光《こう》厳院《ごんいん》や、義持期や義教期の室町殿と守護大名との関係にみる幕府体制、血書願文にみる鎌倉殿のあくなき室町殿への対抗意識、『応仁記《おうにんき》』の再検討と応仁の乱などの政治史に関わるもの、九州を舞台とした南北朝内乱期の日明関係、現在の倭寇研究の位置づけなど東アジアの外交史に関わるもののほか、石清水八幡宮《いわしみずはちまんぐう》の神人《じにん》に対する対応からみる室町殿の敬神、大飢饉《ききん》に奔走する荘園《しょうえん》領主、生き残りをかけた湖北の村々の戦争や、「一向一揆」にみる共同体の役割と意識、夢を語り夢を頼む貴族たちの姿、地域社会の軸として機能した有徳《うとく》人《にん》の活動など、室町時代の様々な階層の人々の息遣いが感じられるエピソードである。

第41話　光厳《こうごん》天皇——朝廷の「滅亡」に二度も遭遇した天皇

鎌倉時代最後の天皇　元弘《げんこう》元（一三三一）年八月、後醍醐《ごだいご》天皇は二度目の倒幕を企て（元弘の変）、笠置《かさぎ》山に立て籠もった。鎌倉幕府は大覚寺《だいかくじ》統（後嵯峨《ごさが》の子亀山《かめやま》天皇の一統）の後醍醐に代わり、持明院《じみょういん》統（同じく後嵯峨の子で亀山の兄後深草《ごふかくさ》天皇の一統）であった皇太子量仁《かずひと》親王を践祚《せんそ》させた。光厳《こうごん》天皇である。光厳は持明院統にとって久々の天皇であり、父後伏見《ごふしみ》上皇や叔父花園《はなぞの》上皇、量仁に仕えていた公卿、そしてなにより光厳自身にとって、もっとも晴れがましいひとときであったに違いない。しかし花園は、皇太子時代の量仁に与えた『誡太子書《かいたいしのしょ》』のなかで、国家の大いなる乱れを予言していた。その予言は、おそらく花園自身の予想をはるかに超えた形で現実となるのであった。

後醍醐の隠岐《おき》島流罪後も、政情は不穏なままであった。河内《かわち》の楠木正成《くすのきまさしげ》は挙兵して千早《ちはや》城に立て籠もり、後醍醐の皇子護良《もりよし》親王は諸国に倒幕を呼びかける令旨《りょうじ》を発給していた。正慶《しょうきょう》二〈元弘三〉（一三三三）年閏《うるう》二月には後醍醐が隠岐を脱出し、名和《なわ》長年《ながとし》らに擁されて伯耆《ほうき》の船上《せんじょう》山に拠った。播磨《はりま》の赤松《あかまつ》円心《えんしん》も三月以降京都攻撃を開始したため、光厳は、後伏見・花園の両上皇や皇族・廷臣らとともに六波羅に避難し、六波羅《ろくはら》探題《たんだい》北方の邸宅を仮の御所とした。

六波羅陥落・関東御下向　光厳の運命を大きく変えたのは、源氏の有力御家人足利高氏《たかうじ》であった。高氏は、畿内での反乱を鎮圧すべく幕府の命を受け、北条一族中の名門名越《なごえ》流の北条高家《たかいえ》とともに大軍を率いて京都に進撃した。しかし四月二十七日、高家は京都南郊の久我畷《こがなわて》で後醍醐方の軍勢と戦い、あっけなく討死する。実は高氏はこの時すでに、後醍醐方への寝返りを決意していたのである。高氏に裏切られた六波羅探題は一気に劣勢となった。五月七日には後醍醐方の高氏や赤松円心、結城親光《ゆうきちかみつ》らの軍勢による京都の総攻撃が開始された。敵襲に備えて防備を固めた六波羅には、探題北方の北条仲時《なかとき》、南方の時益《ときます》以下の六波羅勢が光厳らを擁して立て籠もっていたが、激戦の末ついにその一角が破られた。仲時は関東への光厳らの「御下向」を決意、六波羅を放棄し天皇・上皇や公卿らを引き連れ東へ落ち延び始めた。

六波羅勢の最期　光厳にとってこの逃避行は、在位中の天皇とは思えない過酷な経験となった。京都脱出のさなか、探題の一人北条時益は首に矢を射られて即死した。光厳の左肱《ひじ》にも流れ矢が刺さって血がしたたり落ちた。供奉《ぐぶ》の廷臣も攻撃にさらされて多くは一行から離れてしまった。光厳は、後伏見・花園の両上皇と数人の廷臣、そして敗北した仲時以下の六波羅勢に守られ、なんとか京都を脱出し近江に入った。

だが一行は、しばしば落武者狩りの野伏《のぶし》の襲撃を受けた。光厳を護衛する武士が「一天の君が関東へ御幸あらせられるのに狼藉《ろうぜき》とは何事だ」と野伏を威嚇したところ、野伏らは笑いながら「どんな一天の君であっても、命運すでに尽きて落ち延びるのを止めはしない。お供の武士の馬や武具を置いて、安心して落ち延びられよ」と言い放ったという（『太平記《たいへいき》』）。一行は近江北部の番場《ばんば》宿まで落ち延びたが、敵に包囲され援軍も来ないことを悟った仲時は、もはやこれまでと切腹、一族、所従ら四百三十人余りの武士たちも次々と切腹して果てた。光厳らは、まるで河のように流れていく彼らの血と累々たる骸《むくろ》を前に、ただ呆然とするほかなかった。その後、光厳は両上皇らとともに事実上の囚人として京都に護送され、神器は後醍醐側に引き渡された。京都では、後醍醐と足利高氏を中心とした新たな政権、建武政権が動き出していた。

持明院統の再建　後醍醐は帰京を「還幸」と称して自らの退位や光厳の即位を否定し、皇位を含めた人事のすべてを譲位以前の元弘元年九月に戻すこととした。だがそうすると光厳は「皇太子」になってしまう。後醍醐は光厳に「特別な計らい」として、普通は前天皇に対し贈られる「太上天皇《だじょうてんのう》」の称号を贈った。また持明院統が保有していた所領群も安堵された。しかし、急進的な後醍醐の新政はわずか二年足らずで事実上瓦解した。建武《けんむ》三（一三三六）年正月には、後醍醐方と足利方との間で京都をめぐる攻防戦が展開され、この戦いで敗北した尊氏（高氏を改名）は九州へと落ち延びていった。ところが尊氏は、下向中の備後《びんご》国鞆《とも》の浦で、醍醐寺三宝院《だいごじさんぽういん》の僧賢俊《けんしゅん》から光厳上皇の院宣を拝受したとされる。後醍醐に敵対、敗北し「朝敵」となった尊氏にとって、この院宣は自らの行動の正統性を保証する重要な文書となったのである。

尊氏は九州で勢力を立て直して山陽道を北上、同年五月には湊川《みなとがわ》の合戦で新田義貞《にったよしさだ》、楠木正成・正行《まさつら》父子らを打ち破って京都に入り、後醍醐は比叡山に逃れた。比叡山への同行要請をかわして京に残り、尊氏と合流した光厳は、八月十五日、自らの院宣をもって弟の豊仁《とよひと》親王を践祚させた（光明《こうみょう》天皇）。光厳が治天の君として、再び政治の表舞台に復活したのである。敗れた後醍醐は神器を引き渡していったんは降伏するも、その直後に出奔《しゅっぽん》して吉野《よしの》に逃れ、自らの在位とその正統性を唱えた。ここに南朝が成立、世は南北朝時代へと突入するのである。

再びの朝廷瓦解　光厳の北朝と幕府はその後も京都において政権を維持し続けてきた。そんな光厳に再び過酷な運命が待ち受けていた。それが観応《かんのう》元（一三五〇）年に端を発する観応の擾乱《じょうらん》である。この時光厳の運命を大きく翻弄するきっかけを作ったのは、またしても尊氏であった。弟直義《ただよし》との争いのなかで尊氏が南朝後村上《ごむらかみ》天皇に降伏したため、南朝は北朝の崇光《すこう》天皇を廃位して光厳院政を停止し、北朝年号の観応二（一三五一）年を南朝の正平《しょうへい》六年に改めた。北朝はここにいったん消滅した。治天の君であった光厳は再びみずからの朝廷の瓦解に直面した。しかし光厳の災難はこれにとどまらなかった。年が明けると京都情勢は次第に緊迫の度を増し、京都南郊の八幡《やわた》に布陣していた南朝方は、京都を守る尊氏の子義詮《よしあきら》の攻撃により、次第に劣勢になってきた。正平七年閏二月、南朝方は、北朝の治天の君たる光厳をはじめ、当今の崇光、皇太子の直仁《なおひと》親王を八幡に呼び寄せるとそのまま拉致、神器とともに河内《かわち》、さらに大和山間部の賀名生《あのう》に撤収した。京都には、天皇も治天の君も皇太子もいなくなってしまったのである。とくに、皇位決定権を有する治天の君光厳が不在となってしまったことは、決定的な非常事態であった。足利氏権力の正統性を揺るがすこの事態に直面した尊氏は、光厳の母広義門院《こうぎもんいん》（西園寺寧子《さいおんじねいし》）を説き伏せ、彼女の仰せを奉ずる形で光厳の三宮である弥仁《いやひと》が践祚した（後光厳天皇《ごこうごん》）。神器は、南朝方が八幡に残していった、神器の神鏡を収める小唐櫃《からびつ》を神器に見立てることとした。それと前後して、光厳は賀名生《あのう》で出家した。

みずからの権限を無視し、武家主導で傍系の皇子が践祚するのを、光厳は遠く賀名生の地でどのように見ていたのであろうか。五年後、光厳は崇光、直仁とともに帰京するが、その後は禅僧として静かな余生を送った。『太平記』には、晩年の光厳が行脚《あんぎゃ》の途上吉野に立ち寄り、後村上《ごむらかみ》とつらい思い出を語り合ったとする逸話が記される。二度もみずからの朝廷の崩壊に直面した、激動の時代を象徴する数奇な天皇の生涯は、貞治《じょうじ》三年（一三六四）、丹波常照寺《たんばじょうしょうじ》で静かにその幕を閉じた。

第42話　「神人《じにん》責め殺すべし」——室町殿と石清水《いわしみず》神人

石清水八幡宮と神人　京都南西の男山《おとこやま》丘陵上に鎮座する石清水八幡宮の祭礼である放生会《ほうじょうえ》は、平安中期以降朝廷から重要視され、公卿が派遣される国家的な祭礼として位置づけられた。放生会に奉仕する神人《じにん》にはさまざまな特権が付与され、活発な商業活動を展開した。一方で神人たちは、嗷訴《ごうそ》や他寺社の衆徒・神人らとの闘乱など神威を背景に暴力を行使したため、治安維持の武士と対峙することも少なくなかった。

神人を宥《なだ》めると死す　鎌倉時代の嘉禎《かてい》元（一二三五）年に起きた、山城《やましろ》国の興福寺領大住荘《おおすみのしょう》と石清水領薪荘《たきぎのしょう》をめぐる興福寺衆徒《しゅと》と石清水神人との相論事件は、朝廷をも巻き込んだ激しい対立を展開したことで知られているが、最終的には鎌倉幕府が武力で鎮圧しようとする強硬姿勢に興福寺衆徒側が屈する形で幕を閉じる。

ところで、この時石清水祠官《しかん》の宗清《そうせい》は、「神人の訴えを宥《なだ》めた祠官は神の御罰を蒙《こうむ》る」として祠官がその後急死した事例を列挙する（「八幡宮寺告文部類　付薪薗之間事」）。神人の要求や行動は、当時の朝廷や幕府、寺社上層部の人間にとっても少なからず理不尽なものではあったが、一方でそれは神の意向を反映しており、「神慮は測りがたい」として、むげに神人を弾圧するわけにもいかなかったのである。

足利氏と八幡宮　京都に幕府を開いた足利氏は、石清水八幡宮との結び付きを強めた。とくに石清水祠官善法寺《ぜんぽうじ》家庶流の昇清《しょうせい》は足利尊氏《たかうじ》の祈禱《きとう》を専らにし、足利氏の危機の際にも祈禱の忠節を尽くしたため、御師職《おしき》として足利氏との特別な関係を認められ、その功績で善法寺家嫡流《ちゃくりゅう》の家督を継いだ。足利氏は御師職を通じて石清水祠官を管制下に置いたのである。また、昇清の妹良子《よしこ》は、足利義詮《よしあきら》室として三代将軍義《よし》満《みつ》を産んだ。義満は、石清水放生会においてみずから祭礼の公卿側担当者である上卿《しょうけい》を務めるなど、石清水と放生会を重視した。そのため神人らは、放生会の執行を質に嗷訴を繰り返すようになった。神人らは石清水祠官の家人でもあったため、幕府は祠官を通じて神人らの動きを押さえようとしていた。

義持の敬神　熱心な寺社崇敬で知られる四代将軍義持《よしもち》は、晩年には石清水を厚く崇敬したため、神人らの嗷訴はますます多発した。応永《おうえい》三十一（一四二四）年六月、神人らが石清水の薬師堂に立て籠《こ》もり、検《けん》校《ぎょう》田中融清《ゆうせい》の解任を求めた。幕府は諸大名の軍勢を派遣して石清水を包囲したが、神人側は立て籠もる薬師堂を放火するぞと抵抗したため、諸大名らは義持の命でいったん京に引き揚げた。ところが義持は御前評定の場で「薬師堂が焼失しても問題はない、ただ神人を責め殺すように」と言い放ち、男山山麓の神人の家々もことごとく焼き払えと命じた（『看聞日記《かんもんにっき》』）。普段の厚い信仰とは対照的に、義持は神人に対して武力による厳しい弾圧を命じたのである。この事件自体は神人側の要求が通る形で終息したが、そのわずか数か月後、京都で闘乱に及んだ石清水神人が幕府によって多数捕縛され殺害されるという事件が起こった。幕府の重要人物である三宝院満済《さんぽういんまんさい》は「神人は自滅したようなものであり、神罰が下ったのだ」と感想を書き記している（『満済准后日記《まんさいじゅごうにっき》』）。義持には、神人の意向を神慮とみなす鎌倉期のような敬神の態度はもはやまったくみられず、政権内部にも神人の弾圧を問題視する空気は皆無であった。神慮を反映し神罰を下す側の存在であった神人は、室町期には神罰が下される側の存在へと大きく転落したのであった。

第43話　九州の「日本国王」――博多をめぐる動乱と国際関係

明使《みんし》の到着と緊迫する北九州情勢

応安《おうあん》五〈文中《ぶんちゅう》元〉（一三七二）年五月、明洪武帝《こうぶてい》の詔書を携えた使者、仲猷祖闡《ちゅうゆうそせん》・無逸克勤《むいつこくごん》は明州を出発、五島列島を経て博多に到着した。明使の目的は、「日本国王」に対面し冊封《さくほう》儀式を執《と》り行うことにあった。ところが、明使は事情もわからぬまま博多聖福寺《しょうふくじ》に拘留《こうりゅう》され、のちに「日本国王」が「出奔」したことを知る（『明太祖実録《みんたいそじつろく》』）。明使はなぜ「日本国王」への詔書を持参していて、なぜ拘留されたのか。明使翻弄《ほんろう》の背景には激動する東アジア情勢が深く関係していた。

九州の南北朝と征西府の覇権

少弐氏《しょうにし》は、鎌倉初期以来博多を擁する筑前《ちくぜん》の守護であったが、蒙古《もうこ》襲来以降は鎮西探題《ちんぜいたんだい》の北条氏の下で、鎌倉幕府滅亡まで雌伏《しふく》の時を余儀なくされた。室町幕府成立後、足利尊氏《たかうじ》は九州探題として一色氏《いっしき》を派遣したが、少弐氏にとって九州探題は勢力拡大の障害でしかなく、一色氏に非協力的であったため、九州探題一色氏は弱小勢力にとどまった。ところが、観応《かんのう》の擾乱《じょうらん》に際し足利直義《ただよし》の子直冬《ただふゆ》の勢力が九州を席巻、少弐氏も直冬方として活動したため、直義の失脚、直冬の九州離脱によって、少弐氏・一色氏ともに勢力を弱体化させた。その間隙を縫って台頭したのが、後醍醐《ごだいご》の皇子である征西将《せいせいしょう》軍宮懐良《ぐんのみやかねよし》親王である。興国《こうこく》三〈康永《こうえい》元〉（一三四二）年に薩摩に入った懐良は、肥後《ひご》菊池武光《たけみつ》の軍勢を主力として勢力を拡大、正平《しょうへい》八〈文和《ぶんな》二〉（一三五三）年には筑前針摺原《はりすりばる》の戦いで少弐氏を支援して一色氏を撃破、筑後高良山《ちくごこうらさん》に拠点を移し、さらに正平十四〈延文《えんぶん》四〉（一三五九）年には少弐氏との筑後川の戦いに勝利して大宰府《だざいふ》に入った。懐良の征西府は南朝方勢力として約十年間、九州の大半を支配したのである。

変動する東アジア　征西府全盛期の一三六八年、朱元璋《しゅげんしょう》が明を建国し、洪武帝として即位、弱体化した元は北方に追いやられた。朝鮮半島でも元の弱体化により高麗《こうらい》王朝の体制は揺らいでいた。しかし、高麗の弱体化にもっとも影響を与えたのは倭寇《わこう》であった。倭寇の活動は朝鮮半島沿岸から中国大陸沿岸にまで及び、農作物などを掠奪《りゃくだつ》し多くの人々を生け捕るなど、被害は深刻であった。建国当初の明も倭寇対策に乗り出し、「日本国王」に倭寇取り締まりと朝貢を求める使者を派遣した。実はその派遣先が、懐良の征西府であった。明にとっては、倭寇を制圧しうる実力を有し、古代以来の外交窓口たる博多・大宰府を実効支配する懐良こそが、「日本国王」たるにふさわしいと認識したのである。懐良は当初明使を疑っていたが、二度目の使者の説得に応じ、建徳《けんとく》二〈応安《おうあん》四〉（一三七一）年十月に使者を明に送った。明は「良懐」、すなわち懐良を日本国王に封じることとし、大統暦と詔書を帯した使者が、翌年に日本に派遣された。

今川了俊《いまがわりょうしゅん》の博多侵攻　ところが征西府にはすでに危機が迫っていた。幕府から九州探題として派遣された今川了俊が九州進攻を本格化させ、応安五年正月には関門海峡を渡り九州上陸、四月には大宰府北方に陣を構えた。八月には大宰府が陥落、懐良は筑後高良山に退却した。五月末に明使が来日した時、博多はすでに幕府方の了俊の制圧下にあった。つまり明使は、大宰府攻防戦のまっただ中に来日したのである。了俊が明使に疑惑を抱き抑留したのも当然であり、明使も抑留中に日本の情勢を把握したため、懐良冊封《さくほう》という当初の目的を変更して交渉相手を京都の幕府・北朝に切り替えた。しかし一度成立した懐良の「日本国王」号を変更し、義満が「日本国王」に冊封されるのには、それから三十年の時間が必要であった。

第44話　応永《おうえい》の大飢饉《ききん》と荘園《しょうえん》領主

応永の大飢饉　応永二十七（一四二〇）年から翌年にかけて、室町時代最大規模の飢饉が日本を襲う。この時の飢饉は、旱魃《かんばつ》を主たる原因としている。つまり、春から夏にかけて降雨が少なかったために作物の成長に大きな影響がでた。京都に住む貴族の日記から気候情報を抜き出して降雨日数が計算されているが（清水克行『大飢饉、室町社会を襲う！』吉川弘文館）、それによると、応永二十七年の降雨日は、四月が五日、五月が三日、八月が四日（いずれも新暦）と、非常に少ない。前後の年と比較しても、現代の京都の降水量（一九七〇～二〇〇〇年の平均）と比較しても、半分以下である。ただ、応永の大飢饉は、春夏の旱魃だけでなく、秋の長雨《ながあめ》、それまでに数年続いた天候不順の蓄積が影響しているとしている。

飢饉の状況は、外国人の記録にも残っている。前年の応永の外寇《がいこう》で悪化した日朝関係の修復のために来日した朝鮮王朝の外交官である宋希璟《そうきけい》は、まさに応永の大飢饉の最中に来日した。彼の日記を兼ねた詩文集には「日本は飢人が多い、そこここの路上に座り、行きかう人々に銭を乞《こ》う」と記されている。

伏見宮貞成《ふしみのみやさだふさ》と飢饉　室町期の政治史や社会の様子を知るための基本史料に『看聞日記《かんもんにっき》』がある。記主の伏見宮貞成も、応永の大飢饉を体験しており、その様子を『看聞日記』に記している。

新暦六月、その頃京都南郊の伏見荘に暮らしていた貞成のもとに、伏見荘の荘民たちが農業用水の不足を訴えてきた。先に記したように、四月、五月は例年に比べ著しく降雨日数が少なく、加えて降雨量も少なかったことは想像に難くない。貞成は、伏見荘近郊の地域が利用していた鴨川《かもがわ》沿いに東九条荘《ひがしくじょうのしょう》をもつ関白九条満教《みつのり》に依頼して、農業用水の分水《ぶんすい》を願った。満教は、「そのような依頼が方々から来ているが」と断りをいれつつ、「特別に伏見宮様からの依頼なので」と承諾した。荘民の訴えを聞き、その実現に自己のもつ伝手《つて》やネットワークを駆使する貞成の姿が見える。皇族であり荘園領主といえども、屋敷であぐらをかいていただけでは、年貢も入らなければ、荘民からの支持を得ることはできないのである。とくに貞成は在荘《ざいしょう》していたので、なおさらであった。

しかし、数日後、伏見荘の荘民たちが分水を行おうと東九条荘へと向かうと、隣村の深草郷《ふかくさごう》の者たちが近隣の郷村《ごうそん》の応援とともに、立ちふさがった。分水は許さない、という姿勢を見せたのである。深草郷をはじめとした近隣の郷村や荘園でももちろん農業用水の不足に悩まされていた。実は、九条家は用水分水の依頼に対して「製法《せいほう》」というルールを決めて対応していたのである。しかし、今回は貞成がその政治的立場や実力を発揮してルールを飛び越えて領主間で話し合いをまとめてしまった。そのことを漏れ聞いたこの地域の人々は、ルール違反だと実力での阻止にまわったのである。

結局、九条満教が間に立ち、深草郷の領主三宝院満済《さんぽういんまんさい》が領民たちに勝手な行動は慎めと命じることでこの騒動は落着を見る。無事に分水を終えた伏見荘の荘民たちは、貞成のもとに酒を持参してその骨折りに感謝した。しかし、貞成にとっては地域のルールを無視した自身の行動が、一歩間違えれば大きな紛争になっていたかもしれず、その荘園領主たる立場の微妙さを確認する出来事になったのである。

第45話　なぜ足利義持《よしもち》は後継を指名しなかったのか

「室町殿《むろまちどの》」義持の死　応永《おうえい》三十五（一四二八）年正月、室町幕府四代将軍足利義持が死去する。実はこの時、義持は将軍職についていたわけではなかった。応永三十年、十七歳の息子義量《よしかず》に将軍職を譲り、自身は「室町殿」として実権を握っていたのである。しかし、義量は体が弱かったらしく、応永三十二年に死去する。その後、幕府には将軍がいない、という状態が続いていた。

義持発病の様子を、御持僧《ごじそう》である三宝院満済《さんぽういんまんさい》の日記『満済准后日記《まんさいじゅごうにっき》』では、正月七日の条に「室町殿が少々熱を出したようだ。今日、風呂において（尻にできた出来物を）かきやぶって傷ができたとのことだが、大事には至っていないようだ」と記している。十三日に満済は義持と対面するが、傷がますます腫れあがり座ることもできず、寝たままでの対面だった。万里小路時房《までのこうじときふさ》の『建内記《けんないき》』によると、傷は十日の時点で馬蹄形《ばていけい》にもりあがっており、十五日には腐りはじめたことが記されている。十六日、数度の使者の呼び出しで満済が義持のもとに急いで参上《さんじょう》すると、「四十三歳で死ぬことに思い残すことはない」と述べた。十七日、幕府重臣たちは足利氏の家督《かとく》を誰が継承するかについて義持の意向を聞こうと決する。彼らへの義持の答えは、「将軍後継を決定せず」だった。その意図するところは何だったのであろうか。

鬮《くじ》による次期将軍の選出　重臣たちは満済をして再度義持の意向を確認させた。しかし、義持の意思は「たとえ実子がおられようとも、後継者を定めない御心中である。いわんや実子がいらっしゃらない。ともかく、重臣たちで話し合いしかるべく決定せよ」ということだった。義持が後継を定めないひとつの理由としては、最後の最後まで実子誕生を期待していたことがあげられる。そのことは『満済准后日記』に、「先年、故御方御所《こおんかたごしょ》（義量）が亡くなった後、家宝である鬼神大夫作の剣を、もし男子が誕生しなければ石清水八幡宮《いわしみずはちまんぐう》へ奉納《ほうのう》する、誕生するのなら奉納しない、という籤引きを行った。その日の夜の夢に男子が誕生する夢をご覧になったので、今にいたって深くこの夢をたのみ、後継者のことも定められない」と記されている。まさに義持末期《まつご》の言葉といえる。ここで満済は、義持の兄弟の中から石清水八幡宮の神前で籤を引き次期将軍を決めることを提案をし、義持も了承する（こうして選ばれたのが六代将軍義教《よしのり》である）。

別の事情　またもう一つの理由としては、『建内記』には、数名いる弟たちが将軍の器でないこと、そして義持が指名しても重臣たちの支持がなければ幕府政治が進まないこと、が後継者を指名しなかった理由であると書かれている。このまま読むと、将軍権力の低下を示しているようにみえる。この点について、義持が政権を引き継いだときの最大の課題は、父義満がつくりあげた公武《こうぶ》（朝廷と幕府）を超越した強大な権力の継承にあった、という見方もある。この権力は義満という「個」に依存しており、義持に受け継ぐだけの器はなかった。義持期の幕府政治は、在京の有力守護ら（宿老《しゅくろう》）との合意を形成して連携するもので、満済は義持と宿老とを結ぶメッセンジャーでもあった。義持は、どちらかと言えば調整型の為政者《いせいしゃ》であり、それゆえ宿老らの意見を聞き幕府運営を行った。『建内記』の記述から読み取れることは、将軍権力の低下というよりも、この時期の幕府政治の在り方を示しているのではないだろうか。義持期には、東国で上杉禅秀《ぜんしゅう》の乱とそれに伴う弟足利義嗣《よしつぐ》の謀反《むほん》などを除けば、比較的安定した治世であったといえる。

第46話　鎌倉公方《かまくらくぼう》足利持氏《もちうじ》の血書願文

鎌倉公方の野心　室町幕府の地方機関の一つとして、鎌倉を拠点に関東十か国（のちに陸奥《むつ》・出羽《でわ》二国を加える）を管轄していたのが鎌倉府であり、そのトップを鎌倉公方と呼ぶ。京都の将軍「室町殿《むろまちどの》」に対応し、当時は「鎌倉殿《かまくらどの》」と呼ばれた。その原型は足利尊氏《たかうじ》の嫡子《ちゃくし》であり、後に室町幕府二代将軍となった足利義詮《よしあきら》による鎌倉支配に始まる。義詮に代わって鎌倉に下向したのが、その弟基氏《もとうじ》であった。その後、鎌倉公方は基氏の子孫が、氏満《うじみつ》・満兼《みつかね》・持氏《もちうじ》と世襲することとなる。そして、この子孫たちはそれぞれに「室町殿」の地位継承をめぐる野心を露《あら》わにしていく。康暦《こうりゃく》元（一三七九）年には、氏満が管領《かんれい》細川頼之《よりゆき》と前管領斯波義将《しばよしまさ》の対立によっておきた康暦の政変に際して、幕府への反意をみせた。次代の満兼は、応《おう》永《えい》六（一三九九）年の応永の乱に関与していたとされる。『喜連川判鑑《きつれがわはんがん》』では、「京都への加勢のため、満兼が武蔵府中まで出陣。実は大内義弘《よしひろ》らと内通していて京都を攻めようとしている」と書かれている。この時は、堺に立て籠《こ》もった義弘が二十日ほどで幕府軍に敗北、討死したため、鎌倉公方の野心はまたも未遂に終わった。

足利持氏の血書願文　鎌倉公方の野心は、満兼の子持氏の代になりその執念を凝縮した形で表現される。永享《えいきょう》六（一四三四）年、持氏は鎌倉の鶴岡八幡宮《つるがおかはちまんぐう》に願文を奉納《ほうのう》するが、願文は朱墨《しゅぼく》に血を混ぜて書かれたものであった。その内容は「大勝金剛尊《だいしょうこんごうそん》を造立《ぞうりゅう》した趣旨は、武運長久《ぶうんちょうきゅう》・子孫繁栄・現当二世安楽を願うからである。とくに、呪詛《じゅそ》すべき怨敵《おんてき》を未然に払い、関東の支配をいつまでもまっとうしたい」というものであった。ここで、怨敵とされているのは時の将軍である義教《よしのり》と考えられ、血書にこめられたその執念は、「義教打倒、将軍就任」であった。

実は、持氏も祖父、父と同様に「室町殿」の地位を狙い、幕府と対立していた。そして、「室町殿」の地位をあからさまに要求したのである。『看聞日記《かんもんにっき》』によれば、応永三十二（一四二五）年、持氏は建長寺《けんちょうじ》の長老を上洛させ、次のことを幕府に申し入れた。「室町殿には子息がいないので、（私が）猶子《ゆうし》として上洛し、義持に奉公したい」、つまりこの年、五代将軍義量《よしかず》が死去したことをうけ、自分が養子となり将軍職を継ぎたい、というのである。幕府は黙殺したが、このことは持氏の幕府打倒の大きな引き金となった。

野心の結末　血書願文奉納の四年後の永享十（一四三八）年、ついに「室町殿」と「鎌倉殿」の全面対決が起きた。持氏は、この年行われた嫡子義久《よしひさ》の元服《げんぷく》に際して、将軍の偏諱《へんき》を賜う（将軍が自分の名の一字を家臣に与える）慣例を無視した。そのことに意見した関東管領《かんれい》上杉憲実《のりざね》は上野《こうずけ》に退去、それを討とうとして持氏が挙兵したのである。憲実は、即座に幕府に持氏挙兵を報じ、幕府は後花園《ごはなぞの》天皇の綸旨《りんじ》をもって持氏追討の動員令を発した。戦闘はおよそ六か月をもって持氏の自害という結果で終わった。

鎌倉公方の歴年の野心は鎌倉府の滅亡とともに途絶えた。この後、持氏の遺児を奉じた結城《ゆうき》合戦がおこるが大勢には影響がなかった。しかし、義教暗殺事件（嘉吉《かきつ》の乱）の後、鎌倉府再興が計画され、持氏の遺児の一人が成氏《しげうじ》として鎌倉公方に就任する。成氏もやはり幕府と対立し、関東は享徳《きょうとく》の乱という戦国の幕開けとなる混乱期にはいる。成氏にも、やはり鎌倉公方の野心が受け継がれていたということであろう。

第47話　六代将軍足利義教《よしのり》暗殺事件の真相

嘉吉《かきつ》の乱　嘉吉元（一四四一）年六月二十四日、播磨《はりま》守護赤松満祐《あかまつみつすけ》により六代将軍足利義教が弑逆《しいぎゃく》された。その日、満祐の息子教康《のりやす》の屋敷で、義教をはじめ管領《かんれい》細川持之《もちゆき》らの大名が招かれて宴が開かれていた。宴たけなわになった頃、突如雷鳴のような音が聞こえ、義教が「何事」とつぶやいた時、背後の障子が開き数十名の武者が乱入、瞬く間に義教を殺害してしまった。持之をはじめとした諸大名は義教の仇をうつでもなく、即退出した。教康は屋敷を自焼《じしょう》し、義教の頸《くび》を剣にさして播磨《はりま》へ下国《げこく》、父の満祐もこれに合流した。以上は、万里小路時房《までのこうじときふさ》の日記『建内記《けんないき》』による、嘉吉の乱と呼ばれる事件の現場の様子である。時房は、下国する赤松勢を追撃しようとする者がいなかったことを「言語道断」と断じている。

『看聞日記《かんもんにっき》』の伏見宮貞成《ふしみのみやさだふさ》も二十四日の夜、事件の第一報を聞いた。やはり赤松勢を追い討ちする者がなかったことを嘆いているのだが、その後に義教弑逆事件に諸大名が「同心《どうしん》」していたのではないかと記している。実は義教は赤松氏を討伐《とうばつ》しようとしていて、逆に討たれてしまったという自業自得の結果であり、「犬死」である、と。実際に、幕府軍による赤松氏討伐は遅々として進まなかった。幕府軍の京都出立は事件の半月後にずれ込んだ。満祐が討ち取られたのが九月十日、事件の終息まで二か月半もかかってしまった。将軍殺害という幕府にとっての重大事にこの動きの遅さはいささかいぶかしい。貞成ならずとも、何か裏があるのでは、と思ってしまう。しかし、なぜ義教は殺害されねばならなかったのだろうか。

「万人《ばんにん》恐怖の世」　義教の治世を称して「恐怖の世」ということがある。大規模な処罰や処分、守護の家《か》督《とく》相続への介入と惣領家《そうりょうけ》の弱体化政策など、強権的な政治を行った。貞成の『看聞日記』には、「万人恐怖」「恐怖千万」と記されている。また義教個人の性格の問題も指摘される。永享《えいきょう》六（一四三四）年、義教の妻日野重子《ひのしげこ》が義勝《よしかつ》を生む。重子の兄義資《よしすけ》は当時義教から勘気《かんき》をこうむっていたのだが、義資の屋敷には祝賀の客がつめかけた。この時、義教は義資の屋敷に見張りをつけ、誰が訪れたのかを調べていたのである。皇族や摂関家を含み処罰された者が多数出た。しかも、義資はその四か月後に屋敷に侵入した盗賊により殺害される。義資の死は、義教の指示であったとする噂もあったらしい。

こうした義教の政治姿勢はどのようにして形成されたのか。その点で注目されるのが、永享三（一四三一）年と永享六（一四三四）年前後の二つの画期である（森茂暁『室町幕府崩壊　将軍義教の野望と挫折』角川書店）。まず永享三年には、義教が信頼する大内盛見《おおうちもりはる》が九州で敗死した時、守護らが九州攻めの命令に従わなかったこと、また鎌倉公方《かまくらくぼう》足利持氏《もちうじ》との対立が深刻化した時、義教の意向と重臣らの判断が対立したことなど、義教が室町殿《むろまちどの》としての発言権を強化しようと考えたであろう事件が起きている。また永享六年前後には、前々管領《かんれい》畠山満家《はたけやまみついえ》と前管領斯波義淳《しばよしあつ》、三宝院満済《さんぼういんまんさい》と山名常熙《やまなつねひろ》らの幕府の重臣たちが相次いで死去する。たしかに義教に意見する重臣たちはままならぬ存在であったかもしれないが、義教を支え幕政を進めてきた人物たちが次々と去ったとき、意見を言えるだけの見識をもった重臣がいたか、という問題である。義教の強権指向を止めうる存在がいなくなり、守護らとの間に齟齬《そご》が生じてその溝が広がり起きたのが、赤松満祐による将軍弑逆事件だったといえるのかもしれない。

第48話　湖北の村々の戦争――菅浦惣荘置書《すがのうらそうしょうおきがき》を読む

武装する村々　中世、隣接する村と村の間で、境目の耕地や山野河海の用益をめぐる紛争がたびたび発生した。飢饉《ききん》と戦争が続いた厳しい時代、限られた土地や資源を奪い合う争いは、生き残りをかけた熾烈《しれつ》なものになり、しばしば大規模な戦闘をともない、戦争と呼べる規模に発展することもあった。中世社会は、個人間でも村どうしでも、紛争は自らの実力で解決するのが原則とされた自力救済《じりききゅうさい》社会だった。その前提となるのは武力であり、百姓も商人も僧侶も日常的に帯刀していたし、百姓たちの共同体である村々は、若衆《わかしゅう》とよばれる村の若者たちの集団を中心として戦闘力の高い武力組織を抱えていたのである。

近江《おうみ》国菅浦について　菅浦（滋賀県長浜市）は琵琶湖の北岸、葛籠尾崎《つづらおざき》西側の小湾に位置する。ここは朝廷の内蔵寮《くらりょう》と関わりをもつ漁村であり、また日吉《ひよし》神社の神人《じにん》として、琵琶湖水運を用いた商工業に従事する村でもあった。菅浦には、千二百余点もの貴重な中世文書が区有文書として大切に伝えられてきた。とくに、長期にわたり繰り返された、隣接する大浦荘《おおうらのしょう》（長浜市）との境目争いに関連する文書が多量に残る。それらの史料を読むことによって、村落の住民が、京都の領主との関係や近隣村落との紛争という対外的な必要から政治集団化し、村落結合を果たすという、中世の惣村のあり方を知ることができる。

文安《ぶんあん》六（一四四九）年二月に書かれた「菅浦惣荘置書」は、同二～三年の大浦との紛争について記した長文の記録で、「ひさし・もろかわのをきかきなり」との端裏書《はしうらがき》がある。「日差・諸川」は、菅浦と大浦の境目にあたる琵琶湖沿岸の緩斜面の地名で、小規模な棚田が営まれていた。琵琶湖の北岸地域一帯は、山がちで平地が少なく可耕地は貴重であったため、この地は長いあいだ紛争の種となっていたのである。置書は前半で紛争の経過を記し、後半で紛争から得た教訓を述べている。この置書を詳細に分析した結果、菅浦の要請に応じた第三者が取材によってこの記録をまとめ、村はこれを教訓書として村人に読み聞かせていたのではないかと推測している研究者もいる（蔵持重裕『中世 村の歴史語り―湖国「共和国」の形成史』吉川弘文館）。以下、この蔵持氏の研究によって明らかになったことを紹介したい。

「質取《しちと》り」の応酬と「農耕合戦」　紛争の始まりを記す部分でまず注目されるのは、相手の所持物を「質《しち》」として取り合うという行為である。文安二（一四四五）年夏、菅浦が日差・諸川で大浦の村人の所持していた鎌を奪い取り、その用益権を否定した。するとすぐさま大浦は対抗措置として、別の場所で菅浦の村人の船を抑留して報復する。それらは中人《ちゅうにん》（仲人）とよばれる仲介者を通じて交換されることによってそれぞれの村人のもとへ戻る、といった具合である。第三者が紛争当事者間の和解を仲介する一定の作法の存在は、戦いの惨禍による村への負の影響を最小限に食い止める効果をもった。

また、紛争がその途中で「農耕合戦」ともいうべき経過をたどることも、中世の土地と人との習俗的関係を示していて興味深い。中世社会では土地を耕した人にこそ、所有権が帰すると考えられた。つまり、田植えをし、稲刈りをするという既成事実を積み重ねることによって、土地所有の正当性が主張できるのである。境目争いにもこの論理は応用され、文安三年四月、菅浦・大浦の双方が日差・諸川の土起こしを争って行う「田打ち合戦」がおこった。また五月には菅浦が日差で田植えを行った直後、大浦勢がそれを踏み返すなど、ぎりぎりのせめぎ合いが続いたが、結局この年は耕作ができなかった、とある。

戦闘の実態　さて、いよいよ村々の戦闘の実態を記す部分について、置書を読み進めてみよう。

大浦は菅浦が攻め寄せてこないはずはないと考え、海津《かいづ》東浜・今津《いまづ》・堅田《かたた》・八木浜《やぎはま》の軍勢を味方に引き入れて待ったが、攻撃が無いので待ちくたびれて、七月四日昼菅浦へ攻め込んできた。……八木浜・堅田勢が船数十艘《そう》で琵琶湖上を封鎖し、大浦方の他の軍勢は菅浦の背後の山から大軍で押し寄せてきた。菅浦方の軍勢は少なかったが善戦した。……やがて敵方が退却したので追撃して、大明神の前で合戦があり、敵方を多く討ち取り、また負傷させた。菅浦方には討ち取られた者はおらず、この合戦で菅浦は多いに名を高めた。事ここにいたっては、当然報復すべきということになり、七月十日、大浦へ攻め込んだ。菅浦方として八木公文殿・安養寺殿・河道北南・西野・柳野・塩津勢・はるの浦・海津西浜勢が援軍として攻撃に加わった。（『菅浦文書《すがのうらもんじょ》』）

あたかも戦国大名どうしの合戦の記述のようで、その激しさと規模の大きさに驚かされる。対立する菅浦と大浦のみが戦うのではなく、近隣の村々がそれぞれに援軍を送って戦闘に加わることにより、大規模な戦争に発展した。中世の村は、近隣のいくつかの村と「組郷《くみのごう》」とよばれる恒常的な相互協力関係を結んでいた。「組郷」は日常的にもつきあいが深く、情報交換から軍事的な援助まで行う、いわば地域防衛のための共同安全保障体制であった。それ以外にも、合戦前に支援を申し出、援兵を約束してくれる村もあり、網の目のように張りめぐらされた合力体制のなかで村々の戦争は行われたのである。

年末詳だが、海津西浜惣中から菅浦惣中に宛てた手紙には、次のような一節がある。

そちらで境界をめぐる紛争が発生したとのこと、とても気がかりです。もし軍勢など必要であれば、ご指示通りに若衆を派遣しますので、紛争の現況を詳細にうかがいたく思います。（『菅浦文書』）

先に見たように、実は、海津西浜に隣接して対立する海津東浜は、大浦の組郷として行動している。同地域・隣接地間で何らかの対立の火種があると、別の対立する村にそれぞれ呼応し、敵味方に分かれて助けあうという構造が読み取れる。

もちろん、際限ない実力行使の応酬は回避すべきものとされた。そのため、村同士の戦争は京都の領主や幕府への訴訟とも連動していた。訴訟による解決を模索している間にも関わらず、敵方が過度の実力行使を行った場合、被害を受けた村は、その行為を「中間狼藉《ちゅうかんろうぜき》」として非難することも忘れなかった。

中世の人々にとって惣村とは　置書はその末尾部分で、京都への訴訟手続きの方法や、村の乙名清九郎《おとなせいくろう》の粉骨砕身への敬意、また合戦を行う際の注意事項まで、将来にわたる教訓を記す。たとえば、合戦で挟み撃ちを行うと味方にも大きな損害が出る危険性があり、「敵方を一方へ追い出すようにするのがよい」などと具体的に戦術指南をしている。これ以後、寛正《かんしょう》の大飢饉のさなか、寛正二（一四六一）年にも、菅浦と大浦は大規模な戦闘をともなう紛争を起こしている。村に拠って生きる人々が、まさに武力組織＝「戦う村」に必須の知識として、合戦技術を意識的に蓄積しようとしている様子がわかる。

中世の村は隣村との大規模な戦争をも辞さない覚悟で紛争を戦い抜いた。中世の人々は、そのような村に属することによって自らの家を存続させることができた。その意味で、中世の村は、人々にとって単なる生活・生産の場ではなく、文字通り生きのびるために欠かせない共同体であったといえる。

第49話　一向一揆《いっこういっき》が求めたもの

一向一揆のイメージ　一向一揆と言えば、浄土真宗《じょうどしんしゅう》本願寺派（一向宗《いっこうしゅう》）の門徒《もんと》たちが僧侶や門徒の国人《こくじん》や地侍《じざむらい》に率いられ、守護大名や戦国大名に抵抗・反乱を起こした、というようなイメージが根強いのではないだろうか。しかし、「一向一揆」という語は江戸時代になって創られたものであり、同時代史料にはたんに「一揆」「土一揆《つちいっき》」とあるに過ぎない、と指摘されている（神田千里『宗教で読む戦国時代』講談社）。加賀の守護大名富樫《とがし》氏を倒して「百姓の持ちたる国」を実現し、石山《いしやま》合戦で本願寺顕如《けんにょ》のもと、実に十年にもわたり織田信長との長期戦を戦った宗教戦争というイメージは、後に創られたイメージであるという。

二つの加賀一向一揆　文明《ぶんめい》六（一四七四）年、加賀の本願寺門徒と結んだ富樫政親《まさちか》が、対立する弟の幸《こう》千代《ちよ》を破り追放するが、この時政親に同調した本願寺門徒の動きを文明の加賀一向一揆と呼ぶ。両富樫氏の対立は、山城の国一揆《くにいっき》の際の両畠山《はたけやま》氏の対立と変わらず、応仁《おうにん》の乱において守護大名が分裂・抗争したものであった。次いで守護となった政親が、応仁の乱の終息後も将軍足利義尚《よしひさ》の近江《おうみ》六角《ろっかく》氏討伐に参陣するにあたって、加賀の国人や百姓に従軍あるいは兵糧米《ひょうろうまい》・陣夫役《じんぷやく》の負担などを課したことで、本願寺門徒との間に亀裂が生じる。その結果、長享《ちょうきょう》二（一四八八）年に本願寺門徒が挙兵し、「一揆衆二十万人、富樫城を取り回く。……みな生害《しょうがい》す」（『蔭涼軒日録《いんりょうけんにちろく》』長享二年六二五日条）という、政親以下富樫一族が滅ぼされるという事態がおこる。これを、長享の加賀一向一揆と呼ぶ。しかしこの後、一揆勢は、富樫一族の泰高《やすたか》を名目上ではあるにせよ新守護に擁立している。

一向一揆の実像　「百姓の持ちたる国」という表現には、百姓たちが武士の支配を打ち倒し、一国規模で自治を実現した下剋上《げこくじょう》の典型としてのイメージがあるが、決して武家の支配を否定するものではなかったのである。彼らは、政治の不安定や紛争の長期化などで自分たちの生存が危ぶまれる時に、一揆を結び立ち上がった。文明期の政親の支配、長享期以降の加賀の支配を支えたのは、郡中《ぐんちゅう》であった。郡中は地域社会に成立した一揆であり、一国・半国規模の惣国《そうこく》に対して、一郡・数郡規模のものをいう。加賀の郡中は、本願寺門徒の地域コミュニティーとして形成していく。その後、加賀の守護職《しゅごしき》は本願寺本山《ほんざん》がその役割を担い、幕府よりの諸役《しょやく》なども負担していくのである。

民衆にとって地域社会が安定し、自らの生存が維持できる状態が、何よりも求められた。武家がその力を失ったときに、本願寺門徒を中心として国人や百姓らが階層を越え連携した状態が、惣国であり郡中であった。そうした点では、加賀の一向一揆も山城の国一揆と変わらない。

京都天竜寺末《てんりゅうじまつ》の臨川寺《りんせんじ》が所有した大野荘（石川県金沢市大野町）の、年貢算用状《さんようじょう》が残っている。文明と長享の一揆後、それぞれ数年を経た、文明十四（一四八二）年の算用状と明応《めいおう》九（一五〇〇）年の算用状を比較すると、年貢の滞納額が、米では四十一・二パーセントから七十二・四パーセントに、銭では四十六・三パーセントから八十六・六パーセントと大幅に増加している。武家に代わり一揆勢が加賀の支配を担っていく過程で滞納額は増え、その分は百姓のもとに留められた。加賀の民衆にとって、自分たちの生活の保証を担保してくれるのが「一向一揆」だったのである。

第50話　中世人と夢

夢がもたらすもの　中世の人々にとって、夢を見て、夢を語り、夢を解し、夢を共有し、夢を違《たが》えることは日常生活の一環であった。公家や僧の日記には、夢が記録され、一喜一憂する様が描かれている。夢は、夢を見た人とその周りの人々に吉兆《きっちょう》をもたらすものでもあり、災厄《さいやく》をもたらすものでもあった。また、近い未来の危機などを報せるものでもあった。室町幕府四代将軍足利義持《よしもち》は、実子の誕生を籤《くじ》で占った夜、男児誕生の夢を見て、臨終の間際までその夢を文字通り捨てなかった。結局は、男子は誕生しなかったが、夢を神慮の一部ととらえていた。夢は実現しないこともあったのである。

我々、現代人が「見る」夢は、その時々のその人の精神状況などが反映されると考えられている。たとえば、試験などが迫っており緊張している時に、誰かに追いかけられたり、長い長いトンネルの中を歩いていたりする夢をみれば、それは自分が追いつめられている状況にあるからだ、と人は考えるだろう。中世の人々は、夢は神仏から届くメッセージであり、内からではなく外からもたらされるものと考えていた。また、中世の夢は寝ている時のものであり、現代のように希望の大学に入学したい、次の試合で優勝したい、などという願望を夢とは呼ばない。

「夢語《ゆめがた》り共同体」　九条兼実《くじょうかねざね》の日記『玉葉《ぎょくよう》』には夢の記事が多い。また、兼実の周囲に集《つど》い、夢の報告に来る人々の姿も記されている。兼実に吉夢や最吉夢を報告する人々は、兼実や兼実邸に集う人々と夢を共有するために話し、そして一喜一憂する。その夢が兼実を中心とするコミュニティの行く末を暗示する可能性がある、と考えているからだ。これを菅原昭英氏や酒井紀美氏は「夢語り共同体」と名付けている。

その九条兼実の子孫で奈良興福寺の大乗院門跡《だいじょういんもんぜき》を務めた経覚《きょうかく》という人物がいる。『経覚私要抄《きょうかくしようしょう》』という日記を残しているが、ここに経覚の周りに集う「夢語り共同体」の姿が描かれる。嘉吉《かきつ》四（一四四四）年二月五日、暁に経覚は霊夢をみる。春日大社の社頭で、神人《じにん》たちが自分のために宮参りする姿であり、神主の祐時が祈禱《きとう》の巻子《かんす》を授けてくれる夢であった。神の冥助《みょうじょ》が与えられるに違いないと喜んだ経覚は、すぐに春日大社に参詣《さんけい》する。そして、参詣の理由である夢語りを始めるのである。すると、側に仕える稚児《ちご》の慶寿丸が、私も同じ夢を見ましたと言い出す。夢語りが重層化する、二人が同じ夢を見たという事実は、経覚と周囲の人々をさらに喜ばせる。「夢語り共同体」＝「運命共同体」であるところの経覚の周囲に集う人々は、経覚に自分の今後を託しているのである。個の夢から、共同体の夢に昇華した瞬間だった。主の吉瑞《きちずい》を寿《ことほ》いだであろう人々は、そこに自身の輝かしい未来をみた。経覚周辺に形成された「夢語り共同体」の希望するところは、経覚と九条家の繁栄だったのである。

実はこの時、大乗院門跡の地位をめぐる争いが軍事衝突の様相をも帯び、激化し始めたところだった。経覚側はこの夢が、敵を打ち破り自らの地位が安定することを示すものだと感じただろう。しかし、現実は、経覚側が破れ門跡の地位を追われてしまうのだった。

第51話　有徳人《うとくにん》の社会的役割――人身売買の習俗

有徳人とは　中・近世を通じて、富裕な人のことを有徳人と呼んだ。借上《かしあげ》・土倉《どそう》・酒屋などの金融業者、問屋《といや》・商人宿などの流通業者といった、おもに市・町に居住する商人的存在を指す語である。有徳人の「徳」は「得」、つまり利益や利得といった経済的豊かさのことだが、いっぽうで「徳」はもちろん道徳的な美点のことを含意し、富裕な人はすなわち徳のある人物であるべきとして、社会的役割を担ったのである。ヨーロッパ社会におけるノーブレス・オブリージュ（高貴なる者の義務）と似た考え方といえる。

近年、日本中世史では、有徳人層を地域社会の軸として再評価する研究動向があり、また、商業的活動に限らず、百姓としての活動など、村内のあらゆる生業にかかわる村落内有力者（土豪）としての側面を重視する研究もあらわれている。たとえば、中世の惣村が、飢饉《ききん》や戦争のうち続くなかでも年貢を負担し、戦争や訴訟でたいへん金のかかる近隣村落との紛争に対応し得たのは、有徳人から借銭・借米などの「融通《ゆうずう》」を受けてのことであったという。村は債務を恒常的に抱えていたことが知られるが、有徳人は「借状」の代わりに「預り状」をとって、利息無しで村に銭・米を融通することもあった（『菅浦文書《すがのうらもんじょ》』）。

人身売買の習俗　また、中世においては、大飢饉《ききん》の時などに飢死を免れるため、みずからの身や妻子など家族を有徳人に売り払う、あるいは質に入れるという民間の習俗があった（藤木久志『飢餓と戦争の戦国を行く』朝日選書）。家族を売った銭でみずから食いつなぐとともに、売られて下人となった家族も有徳人のもとで労働力として生きるだけの食事が与えられるというわけで、たとえ一部が下人身分に落ちたとしても、家族全員が生き残るための手段として有効であった。

その一例として、建武《けんむ》五（一三三八）年四月八日付の「うはたらう母質券《しちけん》」を読んでみよう。

> 池端《いけのはた》殿の御家来として、子息うはたらう童《わらわ》、年齢九歳になる者を、銭二百文で質入れします。
>
> 今年は飢饉であり、このままでは私もこの子も飢え死にしそうなので、御家来として子息を進上し、預け置きます。ただし、現在の飢饉状況での二百文は、平常時の二貫文にも相当します。……今回の飢饉で蒙った御恩を忘れて、万一来る九月中に借銭を返さないなどの不法を働いたならば、この子を、期限を切らず永久に、譜代の家来として召し使っていただいて構いません。また、この借銭は来る九月中に二倍にして返済し申し上げます。（『池端文書《いけのはたもんじょ》』）

この史料は薩摩《さつま》国のある母子の事例だが、このような大飢饉の年には、同様のことは全国で起こっていた。当時の一文の価値は、現代の貨幣価値に換算すると一〇〇～一五〇円程度である。九歳のうはたらう童を質入れした代価は約二～三万円ということになり、かなり安い。これが真の意味での人身売買だったとすれば、安く買い叩かれたということになるが、おそらくそうではない。子どもを取り戻すために返済する額は、借銭の二倍の四百文とされた。平常の子どもの相場である二貫文ではなく、その五分の一程度で取り戻すことができるようになっている点が、この質券のポイントであろう。有徳人である池端殿の側には、子どもを買う積極的動機はなく、飢饉に直面した母子の切なる願いを容れて子を質に取り、銭を貸したものだろう。この点、まさに有徳人の社会的役割を示しているといえよう。

第52話　倭寇《わこう》の実態

応永《おうえい》の外寇《がいこう》　応永二十六（一四一九）年、突如朝鮮軍が対馬《つしま》を襲った。兵船二二七隻、一万七千人という大軍が対馬を襲い、民家や船舶を焼き払い、百名以上の島民を殺害した。戦いは十日以上にも及び、朝鮮軍も対馬側の反撃にあい、百数十名の犠牲を出すなどして引き上げていった。これが高校日本史教科書などにも記載される応永の外寇である。

この事件は朝鮮が対馬を倭寇の根拠地と見なし、倭寇根絶のために起こしたものである。当時、倭寇はそれほど朝鮮を苦しめるものだった。

倭寇の実像　倭寇とは字面を見れば「日本による侵略」という意味で日本の海賊ということになる。だが、その実態はどのようなものだったのだろうか。朝鮮の歴史書である『朝鮮成宗《ソンジョン》実録』に次のような記事がある（成宗十三〈一四八二〉年閏《うるう》八月戊寅《ぼいん》条）。

済州《チェジュ》島を離れて慶尚道《キョンサンド》南岸に住み着いている人々を調べたところ、戸籍には載らず、海中に出没し、倭人の言語を学び、倭人《の》の衣服で漁民に危害を加えている。

つまりここでは、朝鮮済州島の人々が日本人の言語・服装を着て倭寇となっている、と書かれているのである。

倭寇については、その活動のピークから、南北朝から室町初期を中心とする前期倭寇と、戦国時代を中心とする後期倭寇に分け、前期倭寇は日本人が中心、後期倭寇は中国人が中心であるとする学説などがあるが、その実態はあまりはっきりとしない。実際は、日本人も朝鮮人も中国人もあるいは混血の者もおり、様々な人々が倭寇となっていたようである。

インターネットも飛行機もない時代、北九州や対馬に住む人々にとって京都や鎌倉は身近であったろうか。むしろ海を渡ってすぐの朝鮮半島南部の方が身近であったのではないか。それは済州島や朝鮮半島南部、中国沿岸部に住む人々にとっても同様であったろう。北九州から朝鮮半島南部、中国沿岸部に住む人々は近代的な国境や国家といった概念に縛られることなく、海を通して互いにつながり、結び付き、ボーダレスに生きていたのではないか。

中世史家の村井章介氏はこのような境界性を帯びた人々をマージナル・マン（境界人）と呼んだが、倭寇とは、このような諸民族が入り交じり、近代の国家意識とは異なる独自の世界をもった境界的な存在だったのだろう。したがって倭寇は○○人が中心だった、などという議論自体、倭寇を理解するにはあまり意味がないのである。

倭寇の頭目　戦国時代、鉄砲伝来の際にポルトガル人を船に乗せていたのは王直《おうちょく》という人物である。王直は中国商人だったが、中国政府の海禁策がゆるんだすきに日本や東南アジアの国々と貿易を行い、財をなした。そして倭寇の頭目となり、日本の平戸に根拠を構えたのである。その配下には、日本人も中国人も入り交じっていたという。このようなマージナルなあり方が倭寇だったのである。

第53話　応仁《おうにん》の乱の本質

『応仁記《おうにんき》』と応仁の乱　応仁の乱というと一般的には足利義政《よしまさ》の継嗣《けいし》争いに室町幕府の有力者細川勝元《かつもと》と山名宗全《そうぜん》の勢力争いが結びついて起こった戦いとされている。すなわち実子に恵まれなかった将軍足利義政は弟義視《よしみ》を自身の後継将軍に指名した。ところがその後、正室日野富子《ひのとみこ》との間に実子義尚《よしひさ》が生まれた。すると稀代《きだい》の「悪女」日野富子が義尚を将軍にしようとして山名宗全を頼り、足利義視と義視を支持する細川勝元を攻撃させた。これが応仁の乱だとされる。

実は、この話は軍記物語『応仁記』に基づいた理解なのである。実際の将軍擁立《ようりつ》関係は応仁の乱が始まると全く逆になり、日野富子は夫義政、実子義尚とともに細川勝元と結び、義視は山名宗全のもとに擁立されている。もしも『応仁記』の伝える通りであれば義視が山名宗全に擁立されるなどありえないはずである。一体これはどうしたことであろうか。

『応仁記』の史料的性格　上記の謎について、近年の研究は『応仁記』の作為性を指摘する。つまり『応仁記』が成立したのは後年、細川高国《たかくに》が義視の子義材《よしき》を擁立していた頃であり、そのため義視と細川勝元が対立していたという事実は具合が悪い。『応仁記』はそれを隠そうとしたというのである。つまり実際には山名宗全と義視は親しく、応仁の乱の最中に義視と勝元は対立し、義視は山名宗全のもとに走っているのである。しかし『応仁記』はその事実を隠し、応仁の乱の原因をすべて日野富子になすりつけたというのである。
『応仁記』の史料性については説得力のある学説であるが、では、どうして擁立した将軍候補が入れ替わるようなことが起こるのであろうか。そもそも応仁の乱とはどのような事件だったのであろうか。

応仁の乱の謎　繰り返しになるが通説では応仁の乱は将軍の継嗣争いと細川・山名氏の幕府実権をめぐる対立が結び付いたものといわれている。しかし、細川勝元の正室は山名宗全の娘であり、当初二人の関係は決して悪いものではなかった。それが管領畠山氏の家督争いをめぐって細川・山名の提携が崩れていくのである。これを『応仁記』では日野富子の仕業《しわざ》と描くのであるが、細川・山名の提携が崩れるのは日野富子が義尚を出産するより以前のことであった。したがって応仁の乱の主な原因は日野富子でも将軍継嗣問題でもなかったのである。
畠山氏では、当主持国《もちくに》の弟持富《もちとみ》の子政長《まさなが》と持国の子義就《よしなり》が家督をめぐって争っていた。当初協調関係にあった細川勝元と山名宗全であったが、山名宗全が畠山義就と結ぶことによって両氏は対立するようになった。このような家督争いは斯波《しば》氏でも起こっていた。こうした畠山、斯波ら有力者の家督争いに細川、山名の対立及び将軍の継嗣争いが結びついたものが応仁の乱であった。したがって将軍の継嗣争いは本質ではなく、そのために擁立する将軍候補が入れ替わるようなことも起こりえたのである。

	＜東軍＞	＜西軍＞
将軍家	義政＝富子 義尚	義視
畠山氏	持富 政長	持国 義就
斯波氏	義敏	義廉
幕府有力者	細川勝元	山名宗全

【1468年頃の対立関係】

第5章　戦国・織豊期——どんな時代だったのか

中近世移行期　戦国時代から安土桃山時代は中世から近世への転換期である。かつてはいつから近世なのか、たとえば「織田政権は中世なのか近世なのか？」などという論争があったが、最近では戦国期から江戸初期を中近世移行期として、一つの時代としてとらえようという風潮がある。この章では、江戸初期を除いた中近世移行期を扱う。

中世も近世も、武士が権力を握った封建社会という点では似ている。しかし、中世は「自力救済」の世界である。自分のことは自分で守らなければいけない。武士だけでなく、農民も商工業者も武器を持っていた。したがって上の者がすきを見せれば「下剋上」が起こる。そのような実力がもっとももものをいったのが戦国時代である。

しかし、戦乱の時代が一世紀余り続くなかで、秀吉の「惣無事《そうぶじ》」に象徴されるような「平和」が求められていく。そして、中世より強い権力による平和な時代＝近世が到来する。この章では、その移行期を十四のエピソードで語っていく。

東国の戦国時代　応仁《おうにん》の乱によって室町幕府の権威は衰え戦乱が全国に広がる。東国ではそれ以前から戦乱が続いていた。永享《えいきょう》の乱で敗れ自害した足利持氏《もちうじ》の遺児成氏《しげうじ》が鎌倉公方となるが、享徳《きょうとく》三（一四五四）年に関東管領《かんれい》上杉憲忠《のりただ》を謀殺し古河《こが》に移ったので、古河公方と呼ばれるようになる。こうして古河公方成氏と関東管領上杉氏との対立、享徳の乱が始まる。将軍足利義政《よしまさ》は、成氏に代わって庶兄の政知《まさとも》を公方として関東へ送るが、政知は鎌倉まで行かず伊豆堀越《ほりごえ》にとどまり、堀越公方といわれる。こうした東国の混乱の中に登場したのが早雲《そううん》（54話）で、南関東に支配を広げた小田原北条氏の基礎を築いた。その早雲の甥、駿河《するが》の守護の今川氏親《うじちか》に嫁ぎ、義元《よしもと》を産んだのが寿桂尼《じゅけいに》である。彼女は夫亡き後、子や孫が成長するまで政治にかかわった（55話）。

大航海時代と日本　ちょうどそのころ、ヨーロッパではいわゆる大航海時代を迎えた。ポルトガルはアフリカ南端を廻ってアジアにやってくる。イスパニア（スペイン）は大西洋を西に向かいアメリカ大陸に到達し、さらに太平洋を渡ってマニラを根拠地とした。とくに、ポルトガル人は中国の文献に「仏郎機《フランキ》」と書かれ、中国沿岸部で密貿易を行う。

やがて彼らは日本に石見《いわみ》銀を求めてやってくるようになる（65話）。こうして地球を回ってきたヨーロッパの宣教師に、当時の日本はどう見えたのだろうか（58話）。また彼らにベニスのようだといわれた堺の町の実態はどうだったのだろうか（56話）。

信長・秀吉の統一　戦国期も、十六世紀後半には信長・秀吉によって最終段階を迎える。信長の登場ともいえる桶狭間《おけはざま》の戦いで敗れた今川義元はどんな人物だったのか（57話）。旧勢力との戦いともいうべき比叡山の焼き打ちの実態（59話）、信長の楽市楽座とはどのようなものだったのかをさぐる（60話）。さらに秀吉が行った太閤検地（63話）や、朝鮮出兵についても取り上げた（64話）。また、独立していた大名が豊臣政権に取り込まれる過程での家臣と大名の微妙な関係を、家康の家臣の日記からみる（61話）。

戦乱の時代に武士以外の人々が身を守るために手に入れた制札《せいさつ》について（62話）や、その戦乱のなかをどのように旅をしたか（66話）など、幅広いエピソードを取り上げ、時代に迫る。最後に、一つの時代の終わりともいうべき室町幕府の滅亡の時期についても考えてみたい（67話）。

第54話　北条早雲《そううん》の出自と伊豆進攻

従来の北条早雲像　関東での享徳《きょうとく》の乱、京都での応仁の乱の勃発以降、室町幕府の権威が衰え、日本列島は各地に実力によって領国を支配する戦国大名が登場するようになる。そのなかで、関東の大半を支配するようになる小田原北条氏の祖「北条早雲」というと、一介の素浪人が今川義忠《よしただ》に嫁いでいた妹（姉という説もある）北川殿のつてを頼って今川家に仕え、義忠の死後の相続争いで妹の生んだ竜王丸（後の今川氏親《うじちか》）を後継ぎにする活躍をし、さらに伊豆の堀越公方《ほりごえくぼう》を滅ぼして伊豆を領有し独立、六十歳を過ぎてから小田原城を奪い、相模《さがみ》にも領土を広げた下剋上の典型的な人物と思っている人が多いのではないだろうか。江戸中期以降の系図類などに、永正《えいしょう》十六（一五一九）年、早雲が八十八歳で没したとあるため、早雲の生年は永享《えいきょう》四（一四三二）年となり、文明《ぶんめい》三（一四七一）年に氏親が生まれたときに早雲は四十歳、北川殿が早雲の姉だとするとそれ以上で子供を産んだことになり不自然なので、早雲の妹としたようだ。

実際の早雲　実は「北条」と名乗るのは子の氏綱《うじつな》からで、本人が「北条早雲」と名乗ったことはない。後年出家して早雲庵宗瑞《そうずい》と名乗り、文書には「宗瑞」と署名している。江戸前期の系図・軍記類には早雲の享年は書かれていない。江戸初期に書かれた軍記物『今川記《いまがわき》』によると、

文明八（一四七六）年に今川義忠《よしただ》が死去し、今川家が相続争いで混乱し、堀越公方や扇谷《おうぎがやつ》上杉から太田道灌《どうかん》が義忠の従兄弟《いとこ》の小鹿範満《おがのりみつ》を家督にするべく派遣された。このとき竜王丸《りゅうおうまる》（後の今川氏

親）の母北川殿の弟の伊勢新九郎が奔走し、竜王丸が成人するまで小鹿範満が家督を代行することで決着した。

とある。北川殿と早雲は兄妹ではなく姉弟としている。また『今川記』では「北川殿は政所執事の伊勢貞《さだ》親《ちか》の姪」としている。早雲姉弟の父は、室町幕府政所《まんどころ》執事の伊勢氏の分家で備中《びっちゅう》に領地を持つ伊勢盛定《もりさだ》である。盛定は京に出て足利義政《よしまさ》の申次《もうしつぎ》となり、政所執事の伊勢貞親《さだちか》の姉妹と結婚している。京の伊勢氏家臣の日記『蜷川親元日記《にながわちかもとにっき》』によると、盛定は寛正《かんしょう》六（一四六五）年頃に今川義忠と幕府の仲介をし、その後娘を義忠に嫁がせた。この女性が後の北川殿である。盛定は伊勢貞親が備中《びっちゅう》守から伊勢守に名乗りを変えた時、備中守を譲られた。この備中守の名乗りと貞親の姉妹と結婚したことなどから、盛定が伊勢氏のなかでかなり重く扱われていたことがうかがえる。

岡山県井原市にある曹洞宗の長谷山法泉寺《ほうせんじ》は、寺の文書によると、宝泉寺という禅庵を高越山《たかこしやま》城主伊勢盛定が法泉寺として創建したという。享徳《きょうとく》元（一四五二）年に盛定が法泉寺に出した土地の寄進状も残っている。さらに文明三（一四七一）年に平盛時《もりとき》が出した禁制もある。この盛時が盛定の子で、後の早雲である。『慈照院殿年中行事《じしょういんどのねんちゅうぎょうじ》』によると、「盛定の子の伊勢新九郎盛時が文明十五（一四八三）年十月十一日に将軍足利義尚《よしひさ》の申次となった」とある。『今川記』の今川義忠死後の新九郎の活躍が正しければ、新九郎はこの頃、一時京都へ戻ったようだ。この後、文明十九（長享《ちょうきょう》元、一四八七）年四月十四日まで、伊勢新九郎が申次として活動していたことが、貴族の日記などから確認できる。ところがその直後、新九郎は甥の竜王丸を今川家の家督にするため駿河《するが》に向かったようだ。これより以前の文明十一（一四七九）年十二月二十一日に足利義政が竜王丸の家督継承を認めているので、この行動は幕府の意にそったものと思われる。長享元（一四八七）年十一月、小鹿範満を討ち、竜王丸は家督を継いで氏親と名乗った。新九郎はそのまま駿河に残り、幕府と連絡を取りながら氏親を支えた。熊野大社に駿河の土地を寄進する文書には盛時という署名が見られる。また、駿河の北野天神領の回復を京都の伊勢氏を通じて依頼されてもいる。

早雲の伊豆進攻

延徳《えんとく》三（一四九一）年四月三日、堀越公方の足利政知《まさとも》が死去した。同年七月には政知の子茶々丸《ちゃちゃまる》が継母の円満院とその子潤童子《じゅんどうこ》（茶々丸の異母弟）を殺害した。従来の説だと、この混乱に乗じて早雲はこの年伊豆に攻め込み、茶々丸を倒して堀越公方を滅ぼしたとする。室町幕府に連なる堀越公方をまだ独立した大名でもない早雲が倒したことをもって「下剋上」の時代の始まり、東国の戦国時代の幕開けという人も多い。

しかし、早雲が伊豆を攻撃したのが延徳三年と明記してある史料は『応仁後記』ぐらいで、『鎌倉九代後記』のように「明応年中」としているものもある。さらに『応仁後記』には「父政知を殺害した茶々丸を早雲が攻めた」とも書かれている。貴族の日記などから、政知は病死であったことは確実なので、『応仁後記』のこの部分は怪しくなる。これらの軍記物より信頼性の高い甲斐の日蓮宗僧侶の書いた『勝山記《かつやまき》（妙法寺記《みょうほうじき》）』には、「明応《めいおう》二（一四九三）年九月、駿河から伊豆に攻め込んだ」とあることから、明応二年説が有力になってきた。

実は、この明応二（一四九三）年の四月二十二日、京都では細川政元《まさもと》が将軍

【足利将軍家・堀越公方関連系図】
※数字は将軍の代数を表す

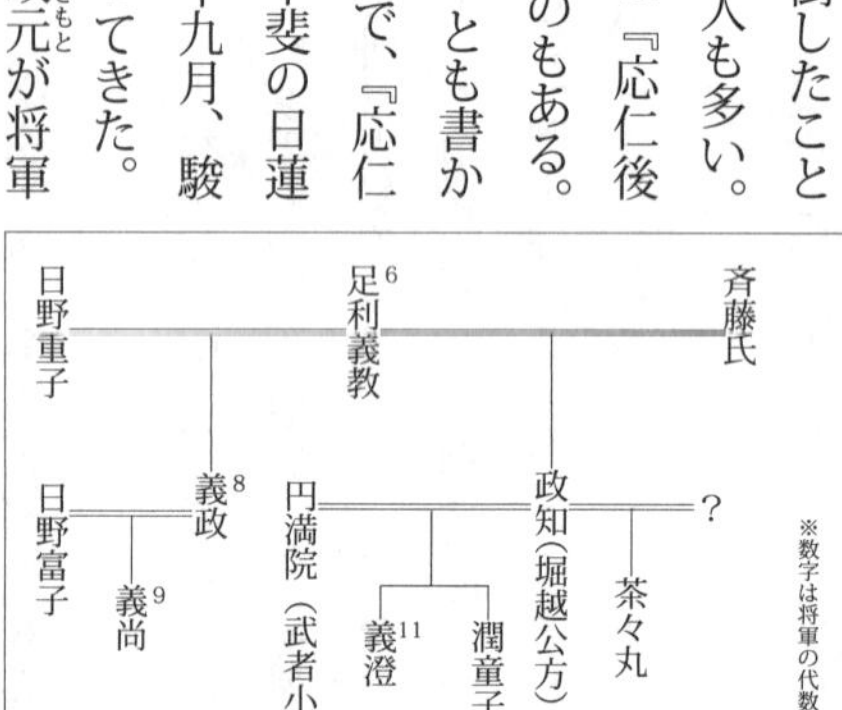

足利義材《よしき》を廃し、政知の遺児で出家していた香厳院清晃《きょうごんいんせいこう》（後の義澄《よしずみ》）を将軍に擁立した、明応《めいおう》の政変が起きている。義澄は円満院の子で、七月一日には円満院と潤童子（義澄の同母弟）の三回忌の法要が営まれている。九月に早雲が茶々丸を攻撃したことは、新将軍義澄にとって母と弟の仇打ちになる。この頃から早雲庵宗瑞の法号を名乗ることも考え合わせると、早雲の伊豆進攻は将軍の意に沿うものだったと思われる。このほかにも早雲が氏親とともに遠江《とおとうみ》を攻めたことなども、幕府内部の勢力争いと密接に関連している。こうしてみると、早雲は単純に「下剋上の代表者」とはいえなくなってくる。

ところで、『勝山記』によると、茶々丸はこの後も伊豆・武蔵・甲斐と場所を移して活動を続けている。南伊豆は守護の山内上杉の勢力範囲で、早雲と敵対している。甲斐の普賢寺《ふげんじ》の記録『王代記《おうだいき》』によると、明応七（一四九八）年八月、早雲の敵の茶々丸が切腹したとあるので、そこまで抵抗を続けたのだろう。

東海大地震と早雲　この明応七年八月二十五日、静岡県南方海底を震源とする推定マグネチュード八・二～八・四の大地震があり、房総半島から紀伊半島まで津波の被害を受けた。『北条五代記』には、

早雲の軍が駿河から南伊豆に船で攻め込むと、土地の人々は海賊と思い山や谷に逃げた。早雲たちが家を覗《のぞ》くと、どの家も五人・三人と病人が寝ており、全部で千人を超えるようだった。早雲は医師や兵に命じて病人たちを介護させると、病人は五日三日のうちに直ったので、逃げた住民も村に戻り早雲の配下になった。

とある。早雲に都合のよいできすぎた話であるが、これは地震と津波による被害と、それに対応した早雲のことを示していると思われる。

第55話　女戦国大名――今川家を支えた寿桂尼《じゅけいに》

寿桂尼という人物　女戦国大名というと、鎧兜《よろいかぶと》に身を固め、男勝りに戦ったというイメージをもつかもしれないが、残念ながらこの女性はそうではない。戦国大名のもう一つの側面、領国支配にかかわった女性である。

戦国大名は、家臣や寺社の領地を安堵したり与えたりする場合や、裁決を下したとき、あるいは命令を出すときなどに、領国支配にかかわる文書を出した。それは、本文から日付・宛名まで、たいていは祐筆《ゆうひつ》という書記係の家臣が書き、本人は花押《かおう》というサイン（書き判ともいう）を書いた。朱や黒の印を押す場合もあった。寿桂尼は二十七通も領国支配にかかわる文書を出したが、戦国期にこれほどの数の支配に関する文書を出した女性はほかにはいない。

この寿桂尼は、今川氏親《うじちか》（北条早雲《そううん》の甥の竜王丸《りゅうおうまる》〈54話参照〉）の正室で、多くの中世の女性と同じく本名はわからない。京都の藤原北家勧修寺《かじゅうじ》流の中級公家、権大納言《ごんだいなごん》中御門宣胤《なかみかどのぶたね》の女《むすめ》で、永正《えいしょう》二（一五〇五）年頃、氏親と結婚したと思われる。夫亡き後、出家して寿桂尼と名乗った。「志ゆけい」と署名している。彼女が出した文書には、およそ三センチメートル四方の枠の中に「歸」の一文字の朱印が押されている。「歸」の文字には嫁ぐの意味があり、読み方も「とつぐ」と思われる。寿桂尼が氏親《うじちか》に嫁ぐときに父親の中御門宣胤が与えたものと考えられている。

夫の死後の寿桂尼

大永《だいえい》六（一五二六）年六月二十三日、夫今川氏親が五十四歳（または五十六歳）で没した。晩年は中風を患っていたらしい。氏親のあとは氏親と寿桂尼の子の氏輝《うじてる》が十四歳で継いだ。氏輝は前年十一月二十日にすでに元服をしている。

氏輝の文書は、二年後の大永八（一五二八）年三月二十八日が初見である。ところが、それ以前の大永六（一五二六）年九月二十六日、つまり氏親の死後約三か月、寿桂尼の「歸」の印が押された遠江《とおとうみ》大山寺理養坊に宛てた文書がある。理養坊の領地を安堵《あんど》したものだ。「代替わりに当たっても増善寺殿《ぞうぜんじ》（氏親）の文書の通りに領地を認める」という意味の文があることから、氏親の権限を寿桂尼が継承していると考えられる。また、同年十二月二十六日昌桂寺に宛てた寿桂尼文書では、「今は増善寺殿（氏親）の遺言通りにしなさい。御屋形《おやかた》（氏輝）が政治をするようになったらそれに従いなさい」とある。そして大永八（一五二八）年三月二十八日の氏輝の現存最古の文書には、「増善寺殿（氏親）の文書の通りに」とあることから、氏輝が実質的に家督を継いだのはこの時と考えられ、それまでの二年間は寿桂尼が母として今川家を束ねていたようだ。

今川氏は、氏親の時から甲斐《かい》の武田氏と抗争を続けていたが、甲斐の『勝山記《かつやまき》（妙法寺記《みょうほうじき》）』によると、大永七（一五二七）年六月三日に「当国（甲斐）と駿河と和睦」とある。この和睦は、寿桂尼が家督を補佐または代行していた時期となり、寿桂尼の指示によるものであろう。

大永八（一五二八）年三月二十八日から同年九月十七日まで、氏輝の文書が十一通あり、この間寿桂尼の文書はない。しかし、この年（八月二十日に改元して享禄《きょうろく》元年）十月十八日から同四（一五三一）年閏《うるう》五月一日まで十通の寿桂尼の文書があり、その間氏輝の文書はない。寿桂尼と氏輝が文書を出す時期が重ならず交互になっている。このことから氏輝は病弱で政務が執《と》れない時期があったと思われる。

花蔵《はなくら》の乱　天文《てんもん》五（一五三六）年三月十七日氏輝は死去。同日次弟彦五郎も死去。二人とも寿桂尼の子である。氏輝に子がなかったので、その弟たちの間で「花蔵の乱」といわれている家督争いが起こる。重臣福嶋《くしま》氏の娘が産んだ玄広恵探《げんこうえたん》（十九歳）と寿桂尼の産んだ栴《せん》岳承芳《がくしょうほう》（十七歳、後の義元）の争いである。

ただ、この時の寿桂尼の行動は謎である。武田方の駒井高白斎《こまいこうはくさい》の『高白斎記』に、「五月二十四日、氏輝の老母が福嶋越前守の宿所に行き、花蔵に同心した」とある。花蔵とは玄広恵探のことで、これからは実の子の義元ではなく、その庶兄を支持したと読める。

義元が乱後に岡部親綱《おかべちかつな》に出した感状（戦功を称えた書状）の本文と岡部側が書き添えたと思われる添え書きからは、寿桂尼が花蔵へ持って行き取り上げられた注書（重書の意味か）を岡部親綱が取り返したので、義元が直筆の感状を与えたことがわかる。この注書とは、同年五月三日付の大館晴光《おおだちはるみつ》書状で、将軍足利義晴《よしはる》が今川五郎（義元）の家督相続を認めたものと考えられている。このことから、寿桂尼は戦いを避けるために義元の家督を将軍が認めたことを示して玄広恵探を説得しようとしたが、かえって大館の書状を取り上げられてしまったという説もある。

【今川氏関係系図】

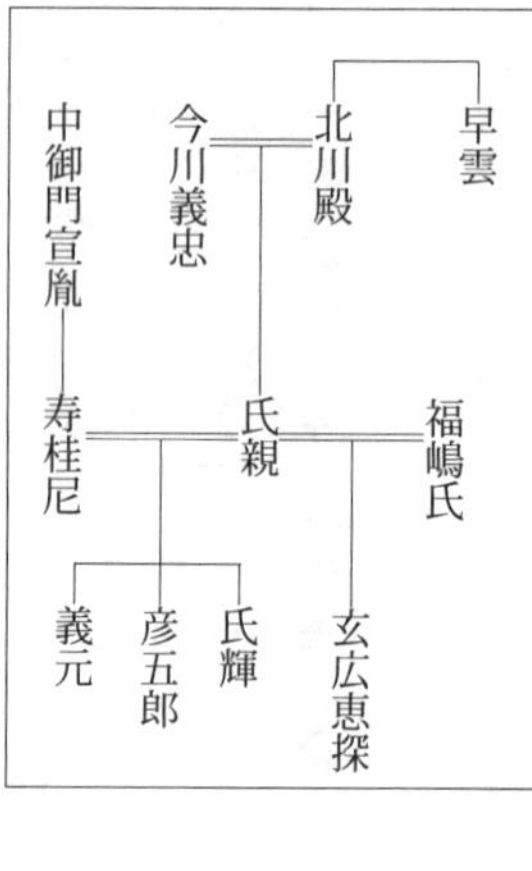

いずれにせよ、北条氏綱《うじつな》の軍勢が味方したことで義元が勝利する。

今川家の最盛期と没落　「花蔵の乱」に勝った義元の時代、今川氏は最盛期を迎える。多くの公家が駿河を訪れている。寿桂尼の義理の甥に当たる山科言継《やましなときつぐ》もその一人で、寿桂尼との交流があった。『言継卿記《ときつぐきょうき》』には寿桂尼のことが「大方」と書かれており、今川家中で「大方殿」と呼ばれて重きをなしていたようだ。しかし、永禄《えいろく》三（一五六〇）年、桶狭間の戦いで義元が戦死し、今川家は衰退の道をたどる。そのなか寿桂尼はまた文書を出しており、「大方殿」として孫の氏真《うじざね》を補佐した。

永禄十一（一五六八）年三月二十四日死去。法名は竜雲寺峰林寿桂禅定尼、墓は竜雲寺（静岡市）にある。同月二十九日付けの諏訪勝頼《すわかつより》（後の武田勝頼）の書状に「大方」の死去のことが書かれているので、隣国などに知らされたようだ。武田信玄の駿河侵攻は同年十二月六日、今川氏真の駿府《すんぷ》退城・懸川《かけがわ》入城は同月十三日。今川家臣団の分裂から武田氏への内報者が出たためで、寿桂尼の死は今川氏の滅亡の始まりだった。戦国大名今川氏の終焉とされる懸川城開城は、翌永禄十二（一五六九）年五月六日である。静岡県菊川市高橋の正林寺《しょうりんじ》には寿桂尼の肖像画が残されている。

第56話　自由都市堺の自治

自治都市堺　日本に滞在していたポルトガル出身のイエズス会宣教師ガスパル＝ヴィレラは、永禄《えいろく》四（一五六一）年八月十七日、インドの修道士に宛てた手紙で、「堺の町は甚だ広大にして大なる商人が多数いてベニスのように執政官によって治められている」と報告している。また、翌永禄五（一五六二）年の手紙では、「堺は日本で一番安全な町。他の場所で戦いがあっても堺ではない。敗者も勝者もこの町に来ればみな平和に暮らしている。町にはことごとく門があって番人がおり、紛擾《ふんじょう》があれば直ちにこの門を閉じる。紛擾を起こした犯人は捕《つか》まって処罰される。町は堅固で西は海、他の三方は深く水を充満した堀で囲まれている」と述べている。戦国期の堺は、ヨーロッパの自治都市のようなものだったと思われる。

そもそも堺の地名の由来は、北の摂津《せっつ》国と南の和泉《いずみ》国の境界ということで、平安時代に高野・熊野《くまの》への参詣《さんけい》の道にある漁村としてその名が初めて見られる。鎌倉初期には「堺津」として廻船の拠点となった。同じ頃、堺南《みなみのしょう》庄と堺北庄《きたのしょう》という荘園《しょうえん》の名が史料に見られ、それぞれ和泉国・摂津国に属していた。その境界となっていた大小路《おおしょうじ》道は竹内街道や西高野街道につながり、ほかに長尾街道や熊野街道・小栗街道などが通る水陸の交通の要衝《ようしょう》であった。奈良の寺社と西国の荘園を結ぶ重要な港となる。

文明《ぶんめい》元（一四六九）年、幕府の勘合貿易船が九州・四国の南を廻って堺に入った。応仁の乱で大内氏に抑えられていた兵庫を避けたからで、これ以後堺は貿易港に発展する。

堺の自治と会合衆　堺の自治を行ったという「会合衆」は、晩年堺に滞在した東福寺《とうふくじ》の禅僧季弘大叔《きこうたいしゅく》の日記『蔗軒日録《しゃけんにちろく》』の文明十六（一四八四）年八月一日に出てくるのが最初である。これまでは「えごうしゅう」と読むのが一般的だったが、『日葡辞書《にっぽじしょ》』には「会合」の読みに「Quaigo クヮイガウ」と記されており、最近では「かいごうしゅう」と読むほうが有力になってきた。また会合衆は、江戸初期に書かれた『重編応仁記《じゅうへんおうにんき》』には三十六人とあるが、これは月番三人、十二か月で三十六人という机上の計算で出された可能性が高く、『蔗軒日録《しゃけんにちろく》』にも「会合十人」「会合衆十輩」「十会合」などとあることから、十人だったと思われる。後に信長のところに十人の「堺衆」が挨拶に行っており、江戸時代の堺の糸割符《いとわっぷ》仲間も十人だった。その糸割符仲間の由緒を記した『糸乱記《しらんき》』には、「昔から堺には町惣年寄《そうとしより》はいない。浜に納屋を貸す三宅主計《かずえ》・今井などの十人衆がいて公事訴訟も担当した」とある。三宅主計は『蔗軒日録』に会合衆として出てくるので、『糸乱記』の十人衆は会合衆と思われ、倉庫業を営む有力商人だったと想像される。

『蔗軒日録』によると、会合衆は河内《かわち》守護の畠山義就《よしなり》の家臣に兵士の乱暴をやめさせようとしている。また『細川両家記《ほそかわりょうけき》』によると、天文十五（一五四六）年、堺にいた三好長慶《ながよし》の軍勢を遊佐長教《ゆさながのり》が攻めようとしたとき会合衆が間に入り、三好勢を堺から退去させている。さらに、永禄九（一五六五）年にも堺にいた松永久秀《ひさひで》・畠山高政《たかまさ》の軍勢を三好三人衆が攻撃しようとしたときに会合衆の調停で戦闘は避けられた。

そのように力のあった堺の会合衆だが、織田信長の登場で、一度は矢銭の支払いを拒否したものの、結果的にその支配下に入る。千利休《せんのりきゅう》は、越前の一向一揆を討ちに出かけた信長に鉄砲の弾を千個送っている。これに対し、越前《えちぜん》北庄にいた信長は、天正《てんしょう》三（一五七五）年九月十六日に千利休宛に礼状を出している。

第57話　今川義元と塗輿《ぬりごし》

今川義元出陣の目的　永禄三（一五六〇）年五月十九日、今川義元は、駿河《するが》・遠江《とおとうみ》・三河《みかわ》から集めた大軍を率いて西進する途中、尾張《おわり》の桶狭間《おけはざま》で織田信長の急襲を受け、敢《あ》えなく命を落とした。世にいう桶狭間の戦いである。この合戦については、従来より様々な観点から研究が進められてきた。そのなかで、義元の出陣は「上洛を目的としたもの」ととらえる見方がこれまで通説とされてきた。現に日本史の教科書でも、「（織田信長は）京都をめざす今川義元を尾張の桶狭間の戦いでやぶり」（『高校日本史B　新訂版』実教出版）、あるいは「織田信長は一五六〇年、京都にのぼろうと領内に侵入してきた今川義元を桶狭間の戦いで破り」（『日本史B』東京書籍）などと、上洛説が記されている。

しかし現在、こうした通説に対し、三河の領国安定志向説、尾張への領土拡張説、伊勢や志摩を含めた東海地域制圧説など、様々な異説が唱えられるようになってきた。したがって、「上洛を目指して進軍してきた今川義元を織田信長が桶狭間で破った」という図式の教科書の記述も、今後、見直しが進められる可能性が出てきたわけである。

桶狭間の戦いと塗輿　ところで、桶狭間の戦いで破れた今川義元のイメージとしてまず頭に浮かぶのは、戦国の豪傑というよりも、どちらかというと京文化の摂取に積極的な公家風大名というイメージが強いのではなかろうか。そうしたイメージを与えるものの一つとして、『信長公記《しんちょうこうき》』には、桶狭間の戦いの際に塗輿を使用していたという記録が残されている。

しかし、塗輿を使用していたからといって、それが理由で馬に乗ることのできない軟弱な武将と短絡的に結論づけるのは早計であろう。ちなみに、塗輿の使用には幕府より厳しい制限が設けられていて、享禄《きょうろく》元（一五二八）年成立といわれる『宗五大草紙《そうごおおぞうし》』によると、三管領《かんれい》と御相伴衆《ごしょうばんしゅう》・評定衆《ひょうじょうしゅう》などに許されるのみであったという。それより時代はやや下るが、足利一門で四品《しほん》（四位）の官位をもつ、義元の塗輿使用の格式は捨てがたいものがあったのであろう。塗輿の使用は戦国期に幕府が諸大名に行った栄典授与であり、位階《いかい》・官途《かんと》・偏諱《へんき》・屋形号《やかたごう》・毛氈鞍覆《もうせんくらおおい》・白傘袋《しろかさぶくろ》許可などとともに、免許や特典の一環であったという。地方の戦国大名はこうした栄典授与を得るために幕府に多額の援助を行ったわけである。

なぜ塗輿で出陣したのか　ちなみにこの時期、織田信長は上総介《かずさのすけ》の官途を称していたが、これは正式に任官したものではなく、あくまでも自称であろう。それに対して義元は、あえて騎馬ではなく信長が許されていない塗輿を使用したとも考えられる。それが結果的に実効性をもったかどうかは別として、少なくとも、足利一門で京文化の摂取に積極的であった義元に、そうした自意識があったとしても不思議ではないだろう。いわば塗輿の使用はステータスシンボルの一つであり、一概に義元が軟弱だったというわけではないのである。

戦いの最終局面で義元の旗本は織田勢の急襲を受け、「塗輿も捨て、くづれ逃れけり」（『信長公記』）という有様であったが、もし仮に、格式を示すはずの塗輿が、戦場で義元の存在を際立たせ、逆に織田方から捕捉の目印とされていたとすれば、誠に皮肉な結果であったといえるだろう。

第58話　外国人宣教師の見た補陀落渡海《ふだらくとかい》

熊野参詣曼荼羅《くまのさんけいまんだら》（補陀落山寺蔵）に見る補陀落渡海　熊野那智《なち》山とその周辺を描いた「熊野参詣曼荼羅」の図像には、補陀落寺とその前に建つ赤い大鳥居が描かれている。大鳥居の額《がく》には「日本第一」と書かれ、その額の真下に三人の赤い頭巾《ずきん》の僧がいる。その後ろには、天蓋《てんがい》や竜頭幡《りゅうとうばん》を持った僧（那智《なち》の滝衆《たきしゅう》）が五人、さらに周辺の熊野道者《どうしゃ》・巡礼者・熊野先達《せんだつ》たちがひざを付き、手を合わせて三人の赤頭巾の僧を拝んでいる。

一方、熊野灘の海には、帆《ほ》をもつ屋形船と二隻の小船がいる。小舟には、それぞれ船頭と黒衣僧・山伏《やまぶし》が乗っており、これらは見送りの船であろう。屋形船の白い帆には「南無阿弥陀仏」の文字が記されている。この屋形船は補陀落渡海船である。赤頭巾の三人の僧がこの渡海船に乗って、観音の浄土である補陀落（インド南方の海上にあるといわれていた島）を目指すのである。

参詣曼荼羅という絵画は、十六世紀から十七世紀にかけて寺社への参詣を誘うために作成されたものである。この補陀落渡海という宗教行事を、十五世紀中頃以降日本にやってきたキリスト教宣教師たちはどのように見ていたのだろうか。

『熊野年代記《くまのねんだいき》』に見る補陀落渡海　熊野の補陀落渡海の基本文献として、『熊野年代記』と『本願中出入《ほんがんちゅうでいり》証跡之写別帳《しょうせきのしゃべつちょう》』がある。前者は熊野の歴史書、後者は那智本願仲間の訴訟文書を集大成したものである。

『年代記』には、貞観《じょうがん》十（八六八）年十一月の慶竜《けいりゅう》上人から享保《きょうほう》七（一七二二）年六月七日まで、二十名の記録がある。信用できるのは天承《てんしょう》元（一一三一）年十一月の高岸上人からで、渡海の多くは十六〜十七世紀に集中し、渡海時期も十一月となっている。『別帳』には前書きとして、補陀落山寺の住職は代々寺付の上人号をもち、補陀落を希望する行者が天文年間まで諸国から補陀落山寺に集まってきたことが記されている。

宣教師の報告と補陀落渡海　一五四九年八月以降、多くの宣教師がキリスト教の布教のため来日した。ポルトガル人のイエズス会宣教師ガスパル＝ヴィレラは、一五五六年に来日し、足利義輝《よしてる》の許可で畿内に布教し、一五六一年八月以降は堺に滞在していた。彼のイエズス会通信文には、「堺の町は甚だ広大にして、大なる商人多数あり、此の町はベニス市の如く執政官によりて治めらる」と記されている（第56話参照）。さらにこの堺で、彼は「日本人が執り行っている虚偽の天国へ往く流儀を見た」というのである。

その流儀とは、「男が往きたいと欣求《ごんぐ》している天国は海底にあり、そこには観音と称す聖人がおり」、そこに往くための準備として「数日前から底のない講壇式の椅子の上に起立して、眠らないでいる」、そして聴衆に施し物を要求する。最後の日になると、同行する人たちに説教し、お互いの友愛を表明するために順番に酒を飲み、最高の衣服を新調し、一艘の船に乗り込む。一行は鎌を携《たずさ》え、「できるだけ早く（海底の）天国に至ろうとして、背中に大きな石を縛り付け、袖にも石をたくさん詰め込む」というのである。

このような補陀落渡海という行為は、いわば自殺行為である。キリスト教では神の御心に背く罪悪行為であり、決して容認できなかったであろう。まったく奇異な異教徒の悪習と映ったのである。

第59話　比叡山《ひえいざん》焼き討ちの真相

前代未聞の暴挙　元亀《げんき》二（一五七一）年九月十二日、織田信長は比叡山延暦寺《えんりゃくじ》を焼き討ちにした。前年より信長と敵対する浅井・朝倉両氏に延暦寺が加担したからである。延暦寺は周知のごとく、古代より宗教的権威を有し、政治的にも影響力をもつ大寺院である。しかし、当時の延暦寺は宗教的に腐敗が激しく、僧侶が魚や鳥を食し、金銀賂《まいない》に耽《ふけ》り、出家の作法も忘れる有様であったという。こうした延暦寺に対して信長は、前代未聞の軍事行動を起こしたわけである。

信長の叡山攻撃は、『信長公記《しんちょうこうき》』には「根本中堂、山王二十一社をはじめ霊仏・霊社・僧坊・経巻一宇も残さず焼き払った」と記録されている。また、公家の山科言継《やましなときつぐ》は日記『言継卿記《ときつぐきょうき》』で、「坂本・日吉・山上東塔・西塔・無動寺などが残らず焼かれ、僧俗三、四千人が殺された」と記している。

焼かれたのは全山か　しかし近年、こうしたイメージに疑問が呈せられている。発掘調査の検討を行った兼康保明氏によると、比叡山焼き討ちの際の遺物や焼土層の存在が確認できるのは、根本中堂と大講堂の跡地のみであるという。西塔や横川《よかわ》付近では、この時期の遺物や焼土層はほとんど確認されないという。したがって、焼き討ちのあった頃に比叡山上に存在した堂舎は少なく、多くの僧衆が住んでいた門前町の坂本が攻撃の直接の対象であったというのである。

それだけではない。全山が焼失したとすれば、それにもかかわらず複数の宝物が比叡山から持ち出されて現存しているのはなぜか、僧俗がみな殺しにされたとすれば、焼き討ちの後に行われた再建の落慶法要に生き残った僧侶が多数参加しているのはなぜか、といった疑問も残る。以上のことから、従来のイメージは大きく変わる可能性が出てきたのである。

焼き討ちの衝撃　ちなみに『言継卿記』は、叡山を焼き討ちした翌日、信長が将軍足利義昭《よしあき》を訪問し、義昭から「小飯」の饗応を受け、言継はお次の間で対面した、と記している。この時期、信長に実権を奪われて不満を抱いていた義昭としても、信長の直接の報告を受けては不本意ながらも慰労せざるを得なかったのだろう。山科言継も信長の顔色をうかがうためにいち早く訪問したのであろう。

今回の事件について言継は、「仏法破滅、説《い》うべからず」「王法如何《いかん》の事あるべき哉《や》」（『言継卿記』）と記したが、これは朝廷や公家衆の偽らざる心情であろう。しかし、将軍義昭や公家衆は、信長の暴挙に内心恐れを抱きながらも、表面的には何事もなかったかのように、極力通常と変わらぬ対応をしていた。まさに腫れ物に触るような心境であったのだろう。それぞれの胸中には複雑な思いがあったに相違ない。信長上洛の一文からは、そうした義昭・言継の胸のうちが読み取れる。

いずれにしても、信長の比叡山焼き討ちは、敵対する延暦寺への徹底的な弾圧という側面のみならず、この時期関係が冷却化していた将軍足利義昭、本願寺等の反信長勢力への強烈な視覚的圧力であったともいえる。比叡山に立ち昇った黒煙は京都からも望めたことであろう。その効果は、山科言継らの反応を見てもわかるように、大きな衝撃を与えるものであった。比叡山焼き討ちは、敵対する者に対する信長の声無きメッセージであったともいえるだろう。

第60話　楽市楽座《らくいちらくざ》の実態

教科書に見る楽市令　戦国大名の商業政策の一つに楽市楽座がある。なかでもよく知られているのが織田信長の楽市令である。通説では信長の楽市楽座は市場税を廃し、中世から続く座の特権を否定したもので、中世社会の秩序を覆した政策と位置づけられている。現に高校の教科書でも「(信長は)安土の城下町に楽市令を出して商工業者に自由な営業活動を認めるなど、新しい都市政策を打ち出していった」などと革新性が強調されるとともに、天正《てんしょう》五(一五七七)年六月付の「安土山下町中」宛の以下の史料と解説が掲載されている(『詳説　日本史B　改訂版』山川出版社)。

当所中楽市として仰せ付けらるるの上は、諸座・諸役・諸公事等、ことごとく免許の事。(「近江八幡市共有文書」)

(解説)この城下町を楽市にすることにしたので、城下町は楽市(無座)で、住民のいっさいの税は免除となる。

以上のように、現在の教育の場では、通説をほぼなぞらえる形で解説がされているわけである。

座の発生　信長の城下町安土はすでに定期市や市場の段階ではなく、町に発展していたわけであるが、その発展の前段階の定期市はどのようなものであったのであろうか。最初に楽市の理解のために豊田武氏の研究をもとにこれを見ていきたい。

まず定期市のはじまりは三斎市などの定期市場で毎月決まった市日に開かれた可動的なものである。これが後に倉庫や船を備えた固定的な市場に発展する。市場はその地の領主の支配を受け、領主が置いた市司《いちのつかさ》や市奉行によって管理された。市場で商いをする商人たちはこの市司らに市場税を納めなければならなかった。

一方、領主間の対立が激しくなった中世には道路も荒廃し、盗賊や野武士も出没した。行商人にとっては大きな支障となっていた。そのため、商人たちは武器を持って隊列を組み街道を通行した。さらに、通行を妨げる関所が各地に設置され、その都度関銭の支払いを要求された。やっとのことで目的地に着いて商売をするにも、販売上の特権を得るために協力をしなければならなかったのである。そこで商人たちはお互いの利益を守る為に団結し、関銭の免除を含む街道の自由な通行を求め、商売上の競争者の出現を抑止しようとしたわけである。座という集団が出現した理由には、このような事情があるという。

座の役割　座は、権門勢家や社寺に座役と呼ばれる労働奉仕や銭を納め、そのかわりに営業税・市場税・関銭の免除、及び販売の独占・仕入の独占・商業路の独占・営業方法の独占などの特権を受けて活発な商業活動を行った。このうち販売の独占については、座が市場の中に一定区域の占席の権利を持っていた。たとえば、中世末期に播磨《はりま》国に居住していた芥田《あくた》という鋳物師《いもじ》は、付近の加古川市に鋳物製品の売場を持ち、他者の介在を許さなかったという。

このように、座は市場に専売座席をもち、同一商品の販売は座外の者には認めず、座外の者は一定の税を座に納めた場合のみ特別に商売を許されたという。こうして座は同一商品の流通を独占し、やがて価格決定権をもつようになったといわれている。排他的な座の存在は、まさに自由な商業活動の桎梏《しっこく》となってきたわけである。このような状況を改め、外来商人にも自由な商業活動ができるよう市場税の免除や専売座席（市座）の撤廃を目指したものが楽市楽座である。

楽市令の新解釈　話は戻って、前述の信長の楽市令を見てみよう。従来、この条文については教科書の解説にあるように「城下町は楽市（無座）で、住民のいっさいの税は免除となる」と解釈されてきた。しかし、安野眞幸氏の新たな解釈によると、条文にある「免許」という語句はイコール免除ではない。すなわち免許が免除の意味か、権利付与の意味かは、交渉中の当事者間の社会的文脈から考える必要があるというのである。免許の中身は、相手の要求に応える点では共通するものの、ある時は「営業権」や「徴収権」の許可を意味し、またある時は免除特権を意味するなど、多義的な面がある。したがってこの条文では、これまで「諸座」が諸商人から徴収していた「諸役」をこれからは自治都市側の「安土山下町中」、具体的にはその代表である国人領主の木村次郎左衛門が徴収することになった、ととらえるべきであるというのである。

つまり本来、座に納めるべき座役銭を、今後は自治都市側の「安土山下町中」が徴収することになったというのである。これにより「安土山下町中」の代表木村次郎左衛門は信長の徴税請負人ということになる。そうなると、安土では座の特権は否定されたものの、教科書の記述にある「住民のいっさいの税は免除となる」という解釈自体が成り立たなくなってしまうわけである。さらに、「商工業者に自由な営業活動を認める」という記述も、果たして正鵠《せいこく》を射《い》た解釈か疑問符がつけられることになるわけである。

座を安堵する信長　一方、信長は座の否定を目指したといわれているが、それは徹底したものであったのか。意外なことに、永禄《えいろく》十二（一五六九）年から天正《てんしょう》九（一五八一）年に至るまで、支配地域全域にわたって一貫して座の特権を認め続けている。たとえば、朝倉氏を滅ぼして越前を支配した信長は、北庄《きたのしょう》の橘屋に軽物座の安堵を与えて、座商人の統制や座役銭の取り立てに当たらせた。その座役銭を橘屋は、信長の武将柴田勝家《しばたかついえ》に運上することを義務付けられたという。また、安土で楽市令が出される一方、天正四（一五七六）年には近江《おうみ》一国の独占権をもつ油座の特権は保護された。そうなると、座の否定を目指したという信長のイメージは見直しが必要になってくる。信長の商業政策は、座の否定と安堵という一見矛盾する政策を、状況や場所に応じて見事に使い分けていたことがわかるのである。

第61話　日記で「家康」と呼び捨てにした部下

松平家忠日記《まつだいらいえただにっき》　徳川家康を日記のなかで呼び捨てにした家臣がいる。松平家忠という人物である。松平氏はいうまでもなく、徳川氏を称する以前の家康の姓であるが、家忠はその一族深溝《ふこうず》松平氏の第四代当主である。その家忠の日記『松平家忠日記』には、家康の動向から自身の日常生活に至るまで、様々な内容が記されているが、なかでも面白いのが「家康」の表記の変化である。すなわち、日記の前半部分では「家康」と呼び捨てで表記されているのに対し、徐々に「尊称」や「敬称」が付けられるようになり、この変化を追っていくことで、家忠の意識の中にある主君家康の相対的地位が推測できるわけである。果たして家忠の心理にどのような変化が生じたのであろうか。

それを探る手がかりとして、日記のなかの「家康」表記を見ていくと、天正《てんしょう》十二（一五八四）年までは若干の例外はあるものの、ほとんど「家康」と呼び捨てで表記されているのがわかる。しかし、天正十三（一五八五）年から翌十四年にかけて「殿様」「家康様」という表記が増加してくる傾向が見られ、「家康」と呼び捨てにした事例は天正十四（一五八六）年の十二月が事実上最終となる（天正十九年に例外が一例ある）。この時期、天正十四年十一月七日付で、「家康御位中納言ニ被成候」すなわち家康が中納言《ちゅうなごん》に任官したことが記されている。この記事以降、呼び捨ては同月と翌十二月に一例ずつあるのみで、以後は「殿様」「家康様」などと記され、呼び捨てでの表記はなくなるのである。

家忠の意識の変化　では、家康の中納言任官は、家忠の意識にどのような変化を与えたのであろうか。諸大名の家格を調査した矢部健太郎氏によると、天正十六（一五八八）年に参議《さんぎ》に昇進した毛利輝元の場合、この時から輝元を「御本所と申之」と（家臣の平佐就言《ひらさなりとき》が）記したという。本所とは荘園制度のもとでの実質的な領主権を握っていた者を指す言葉であり、主に院宮家や摂関家、大寺院などがそれにあたる。輝元の事例からは、公卿《くぎょう》に昇進したことによって明らかに家臣の意識が変化している様子がうかがえるのである。さらに、実質的な儀礼面においても参議と四位の侍従《じじゅう》では摂関家や親王家との相伴の有無、あるいは膳の種類など明確な格差が存在していたという。こうしたことから、家忠の主君に対する意識の変化も、家康の中納言任官、すなわち公卿の地位への昇進が一つの画期となった可能性が考えられるのである。

次いで文禄《ぶんろく》元（一五九二）年十月七日には、「宰相様今度中納言ニ御成候」と、家康の嫡男秀忠《ちゃくなんひでただ》が従三位権中納言《じゅさんみごんちゅうなごん》に叙任《じょにん》された旨が記されている。この記事以降、翌月の一例を除いて、家康は「大納言様」と表記されることになる。ちなみに、家康はすでに天正十五（一五八七）年八月に権大納言《ごんだいなごん》に任官している。しかし、それ以後五年以上も「大納言様」と表記されていないことから、この突然の表記の変化には秀忠の中納言任官が関係している可能性がうかがえる。『家忠日記』に見られる「家康」表記の変化は、家康の政治権力の伸張に加え、家康・秀忠の官職の上昇も少なからず影響を与えていたものと推測されるのである。

その後家忠は、慶長《けいちょう》五（一六〇〇）年、関ケ原の前哨戦である伏見《ふしみ》城の戦いで戦死する。家康はその後征夷大将軍となり、将軍職を秀忠に譲った後は大御所として政務にあたる。もし家忠が生きていたなら、そんな家康をどのように記したであろうか。

第62話　制札《せいさつ》と自力救済

制札とは何か　制札は中世武家社会で発せられた文書の一つである。とくに戦国時代には、治安の維持や禁止事項を盛り込んだ制札が、戦国大名から寺社や郷村に数多く出されている。戦乱のなかで、軍勢が寺にこもり狼藉《ろうぜき》のかぎりを尽くすことも多かったため、寺社側は軍勢の総大将である戦国大名の制札をもらって、狼藉に及ぼうとする軍勢を制止しようとしたのである。

従来、制札は、戦国大名が寺にやってきたり寺の近くに在陣した際に発給されたと考えられてきた。しかし現在は、制札を求める寺院側からの積極的な働きかけがあったことが明らかにされている。

たとえば、上野国《こうずけ》長年寺《ちょうねんじ》（高崎市）の住持受連《じゅれん》は、永禄《えいろく》四（一五六一）年、上野国国峰城を攻撃するために碓氷《うすい》峠を越えてやってきた武田信玄の陣所（甘楽《かんら》郡小幡）に自分自身で出向き、「当方の軍勢が長年寺の寺中で乱暴狼藉を働くことを禁止する」との制札を貰い受けた。軍勢の侵攻を予期して、寺から約十八キロも離れた小幡にみずから出向いているのである（峰岸純夫『中世災害・戦乱の社会史』吉川弘文館）。

制札の値段　こうした制札を手に入れるには、制札銭と呼ばれる礼銭が必要であった。細かく分けると、制札銭には、御判銭《ごはんせん》（御朱印銭）・取次銭《とりつぎせん》・筆耕銭《ひっこうせん》の三種類がある。これらの制札銭は、いったいどのくらい必要だったのだろうか。

織田家の制札銭を検討した田中雅明氏によると、天正七（一五七九）年に信長に支払われた御判銭の例では、金子《きんす》一枚と帷子《かたびら》二領が信長に支払われ、制札の発給を信長に取り次ぐ奏者への取次銭として金子五両（金子一枚の半額）、制札を筆記する右筆《ゆうひつ》には筆耕銭として銀子一枚が支払われている。田中氏が基準としている金子一枚＝十両＝十五貫文を、奈良における天正《てんしょう》四〜六（一五七六〜七八）年にかけての米価一石（一〇〇升）＝五百文（『多聞院日記《たもんいんにっき》』による）に換算してみると、信長への御判銭のみで米三十石と帷子《かたびら》二領分が必要となる。それに加えて取次銭・筆耕銭が必要となるから、合計では米五十石前後の支出が必要となる。

前述の受連の場合にも、こうした制札銭が武田氏に対して支払われたことであろう。制札の発給には相当な経済的負担が伴ったが、そこまでしても寺院や郷村は軍勢の狼藉を防ぐために制札を求めたのである。

寺を守る住持の行動　しかし、制札を得たからといって安心は出来なかった。受連の場合は、その後にやってきた武田氏の軍勢との間で、七か年にわたって一人で狼藉制止を求めるやりとりをしたという。その間に受連が直接合戦に遭遇すること一回、衣を剥ぎ取られること三回、人馬や雑物を奪われることも限りなくある中で、一人で寺を守ったという。

一方、制札を貰いながら、僧侶が全員逃げてしまった足利の鑁阿寺《ばんなじ》では、軍勢に寺が荒らされてしまったという。つまり制札があっても僧侶がそれを自身で掲げ、命がけのやり取りをしなければ軍勢の狼藉を食い止めることはできなかったのである。図らずも、受連の行動を通して、自力救済といわれる中世社会の縮図を我々は垣間見ることができたわけである。

第63話　太閤検地の成果

検地帳　「①大かわら②上田③弐反《にたん》一畝拾《せじゅう》四歩《ぶ》④三石《ごく》三合《ごう》⑤与兵衛」（番号は筆者）。これは、秀吉が行った太閤検地で作成された検地帳の一部分である（文禄《ぶんろく》三年国天川村検地帳写）。このように太閤検地では、田畑・屋敷地の一つひとつにつき、①所在地、②種類・等級、③面積、④石高《こくだか》、⑤百姓名を記載した検地帳（水帳）を作成した。種類・等級は、田・畑・屋敷の別、さらに田畑なら「上田」「下畠」など上・中・下・下々の四等級を示す。面積は反・畝・歩で表記される。石高は石・斗《と》・升《しょう》で、米の量を体積で示している。この石高が年貢高に近いものか、生産高に近いものか議論が分かれているが、いずれにせよ年貢の基準となる土地の価値を表している。名前を書かれた人物が「百姓」とされ、年貢を納める義務を負った。これらを、田畑一つにつき、冒頭のように一行に書いたので、田畑を一筆《いっぴつ》二筆《ひつ》と数える。

土地の調査は古代から行われ、鎌倉時代にも大田文《おおたぶみ》が作られた。戦国大名も検地を行ったが、石高にあたるところが貫文《かんもん》（銭の量）・刈・蒔など地域・大名によってばらばらだったのを、秀吉は石高に統一したので、太閤検地を「天正《てんしょう》の石直し」ともいう。田だけでなく、米のとれない畑や屋敷までも石高で表した。もっとも石高は秀吉が最初ではなく、織田信長が柴田勝家《かついえ》に行わせた天正五（一五七七）年の越前検地でも使われている。それ以前にも、北近江《おうみ》の戦国大名浅井氏は家臣への知行宛行《ちぎょうあてがい》を石高で行い、その浅井氏を滅ぼした信長によって旧浅井領を与えられた秀吉も石高を取り入れた。

太閤検地も最初からきちんと統一されていたわけではない。検地の基準である検地条目は天正十三（一五八五）年以来何回も出されている。天正十八（一五九〇）年の会津では一反が「上田　永楽銭《えいらくせん》　弐百貫文」としてある。検地条目の完成形と思われる文禄《ぶんろく》三（一五九四）年の「伊勢国検地条目」では、面積は六尺三寸四方を一歩とし、三十歩で一畝、三百歩で一反とした。上田一反の石高を一石五斗とし、枡《ます》も京枡に統一した。石田三成の花押《かおう》のある一尺を示す物差しも残っている。

一地一作人の実態　太閤検地の結果、それまでの荘園制のもとで一つの土地に何人もの権利が重なっていた複雑な関係が整理され、「一地一作人の原則」が定まったといわれる。名主職《みょうしゅしき》という田畑への権利だけもっていた有力農民にかわって、そのもとで実際に耕作していた農民の名を検地帳に載せ、「百姓」として年貢納入の義務を負わせた。ただし例外もある。信濃伊奈《しなのいな》地方は、天正十五（一五八七）年検地を実施した。それまで伊奈郡坂部村は熊谷《くまがい》家が開拓以来七代の間所持していたが、『熊谷家傳記《くまがいけでんき》』によると「秀吉公」の上意により四十五貫目の土地を召し上げられ、熊谷家に属していた家来のうち十二人が百姓として直接年貢を納めることになった。しかし、検地奉行は「熊谷家一人だろうと十二人がそれぞれだろうと、年貢がきちんと納められていればどちらでもかまわない」という言葉を残している。

例外はあるものの、度量衡を統一して全国を石高で表したことは大きな変革であった。大名をはじめとする武士たちは、秀吉から御恩として与えられる所領の大きさが石高で示され、それに見合った軍役という奉公をすることになる。御恩も奉公も数値化されたわけだ。またそれは所替えも容易にした。同じ石高なら日本中どこも同じ収入ということになるからだ。こうして近世の「鉢植え大名」が誕生していった。

第64話　秀吉の「唐入《から》り」の実態

東アジアの新秩序　豊臣秀吉による二度の朝鮮侵略を、当時日本では「唐入り」といった。秀吉の目的が朝鮮ではなく明の征服であったことからも、もっと使われてよい言葉だと思う。

秀吉は天正十八（一五九〇）年、小田原北条氏を滅ぼして統一を完成させた後、インドはゴアのポルトガル総督、ルソンのイスパニア総督、琉球、高山国（台湾）などに書を送り、入貢を求めた。それ以前にも朝鮮・琉球に朝貢を求めている。冊封《さくほう》体制（中国皇帝が、朝貢してきた周辺の国王をその国の国王と認める）という、それまでの中華皇帝を中心とする東アジアの秩序にかわって、日本（秀吉）を中心とする新たな東アジアの秩序を作ろうとしていたと思われる。

しかし、その構想の背景には秀吉の誤解・認識不足があった。秀吉は朝鮮を対馬《つしま》の属国と思っていた。天正十五（一五八七）年、秀吉は九州平定の後伺候してきた宗《そう》氏に対馬の安堵状を出したが、そのなかで、朝鮮を攻めることを宗義調《そうよししげ》の申し開きにより猶予し、朝鮮国王にすぐに京都へ来るように伝えよ、来ない場合は朝鮮を攻める、と言っている。国内の大名と同じように扱っているのだ。朝鮮は再三の宗氏の要請もあり、倭寇《わこう》の捕縛を条件に秀吉の統一の祝賀の使節を派遣することにした。

天正十八（一五九〇）年十一月、聚楽第《じゅらくだい》でこの使節を迎えた秀吉のことを、朝鮮側の柳成竜《ユソンリョン》は『懲毖録《ちょうひろく》』に、「秀吉は子供（鶴松《つるまつ》）を抱いたまま現れ、その子がおもらしをすると笑いながら侍女を呼んだ」とある。秀吉のこの無礼な振舞は、宗氏が服属の使節として報告したのを信じたからである。宗氏にしてみれば、服属の使節を派遣する気のない朝鮮との戦争を避けるため、秀吉と朝鮮のどちらにも都合のよいように伝えたのである。

朝鮮への出兵　秀吉は、文禄元《ぶんろく》（一五九二）年、肥前の名護屋に本営をおき、朝鮮に「征明嚮導《せいみんきょうどう》」（明征服の先駆け）という要求を出すよう、宗義智《よしとし》と小西行長《ゆきなが》に命じた。彼らは「仮途入明《かとにゅうみん》」（明に侵入するために朝鮮の道を使う）とすりかえて交渉したが、明の冊封を受けていた朝鮮に拒否された。

　こうして、小西行長・加藤清正らを先鋒とする約十六万の軍勢が朝鮮に派遣され、戦闘が開始された。国内の戦乱が終わったばかりで戦いに慣れていた秀吉の軍は、大量の鉄砲の威力もあって、たちまち朝鮮の要地を制圧した。慶尚道《キョンサンド》では両班《ヤンバン》・官吏・兵士・農民・商人・僧侶など様々な階層の人々が日本の軍に投降した。とくに奴婢《ぬひ》が多く、みずからを解放してくれるものと思い、日本側に積極的に協力する者もいたという。朝鮮国王は漢城《ハンソン》（今のソウル）から平壌へ退避する。国王が逃げた宮廷を民衆が襲い、金銀財宝を奪ったり、奴婢の戸籍を管轄する役所が放火された。日本の軍勢は各地に進攻し、清正の軍は遠く豆《ドゥ》満江《マンガン》まで達した。

　しかし、朝鮮の義兵の蜂起や明軍の来援、李舜臣《イスンシン》に率いられた朝鮮水軍によって日本の補給が停滞したことなどによって、戦いは次第に不利となり、やがて明との和平交渉が始まって、大部分の軍隊は帰国した。しかし、和平の交渉は決裂し、秀吉は慶長《けいちょう》二（一五九七）年、再び十四万の軍勢を朝鮮に派遣した。日本軍は朝鮮南部を占領したが、全体に苦戦を強いられ、秀吉の死を機に全軍が撤退した。

朝鮮の被害　この二度の戦いで、朝鮮の受けた被害は膨大である。慶長二（一五九七）年の二度目の朝鮮出兵のとき、島津義弘《よしひろ》・家久《いえひさ》の軍が南原城を落城させ、敵兵四二一名を討取り、その鼻を樽に入れ塩漬けにして秀吉のもとへ送った。これに対し、秀吉はこれを島津氏の戦功としてたたえ、鼻の受取状を出している。「唐入り」では鼻の数が戦功の基準であったため、大量殺戮《さつりく》と鼻切りが行われた。兵士との区別がつかないため、実際には農民など非戦闘員の鼻も混じっていたという。同じく朝鮮に出兵した鍋島《なべしま》・吉川《きっかわ》などの大名家にも、同様の受取状が残っている。秀吉は、大仏を建立した京の方広寺《ほうこうじ》に塚を造り、送られた鼻を埋め、供養をして虚構の慈悲の心を示した。現在は耳塚と呼ばれているが、当初は鼻塚と呼ばれていた。

死者だけではない。太田一吉《かずよし》の軍に従軍した大河内秀元《おおこうちひでもと》の記録『朝鮮記《ちょうせんき》』には、「濫妨《らんぼう》」「人取り」「生け取り」とある。国内の戦いと同じように民衆も連行した。加藤清正《きよまさ》が秀吉に出した書状には、鷹《たか》や鶴《つる》のほかに「ぬいくわん（縫官）」「てるま」「かくせい」を進上するとある。「てるま」は少年、「かくせい」は若い女性を意味すると思われる。秀吉も「細工仕るもの」「ぬいくわん手のきき候おんな」がいたら進上するようにと、朝鮮在陣の大名に書き送っている。

こうして日本に送られた人々のなかに、日本の陶磁器の発達を促した朝鮮陶工も多くいたのである。大河内秀元と同じく太田一吉の軍に従軍した僧慶念《きょうねん》の記録『朝鮮日々記《ちょうせんにちにちき》』には、「日本軍の後についてきて朝鮮の老若男女を買い集めた日本商人が多くいた」とある。

日本側にも朝鮮へ投降した者がいて、これを「降倭」という。たとえば朝鮮名金忠善《キムチュンソン》、日本名「沙也可《さやか》」

という「降倭」が朝鮮側の史料に出てくるが、本名はわからない。彼ら「降倭」によって、鉄砲を使った戦闘方法も朝鮮側に広まり、日本の軍勢を苦しめたという。

日本軍の撤退　苦戦を強いられた日本の軍勢は、慶長二（一五九七）年十月ごろより、蔚山《ウルサン》城など朝鮮半島南部の沿岸部の城にたてこもる。明・朝鮮の連合軍は十二月、蔚山城を包囲して攻撃した。『朝鮮日々記』や『朝鮮記』によると、日本側は水・食糧が欠乏し、馬を殺し、焼けた米を拾って食べるだけでなく、紙を食べたり、衣服を雨で濡らしてすすったり、夜中に城から出て敵兵の死体から食糧を奪った者もいたという。日本側からも投降者が増加したが、救援軍の到着もあって、慶長三（一五九八）年正月四日の明・朝鮮軍の総攻撃をなんとか撃退した。明・朝鮮軍の死者は二万人、そのうち一万以上の死体を戦場に残して明・朝鮮軍は撤退した。指揮官の楊縞《ヤングァオ》は、明の皇帝に朝鮮民衆数千人が日本側に協力したためと偽りの報告をするが、後に訴えるものがいて免職された。

この年の八月十八日、秀吉は死去し、日本側はそれを隠して朝鮮半島より撤退する。関ヶ原の戦いはその二年後、それに勝った徳川家康の征夷大将軍任官は五年後の慶長八（一六〇三）年である。

第65話　石見《いわみ》銀が世界をめぐる

古地図に記された「石見銀山」　天文《てんぶん》十八（一五四九）年、フランシスコ＝ザビエルが来日する。彼がポルトガルのシモン＝ロドリゲス神父に宛てた手紙（一五五二年四月八日）のなかには、「カスチリヤ人は、此の島々をプラタレアス群島（銀の島）と呼んでいる」と記し、ポルトガル国王に日本探検のための艦隊派遣を中止しないことを要請している。さらに「日本の島々の外《ほか》に、銀のある島などは、発見されていない」と書かれており、ザビエルは日本を「銀の島」と認識していたのである。ザビエルをはじめとして、日本に来日した宣教師は、貿易商人を伴い、日本銀の貿易を資金源としたのである。

ロンドンの商人ラルフ＝フィッチの航海記には、「ポルトガル人がマカオより日本に行く時は、多量の白絹・金・麝《じゃ》香・陶磁器を持って行く。日本からは銀以外に何も持ち出さない。彼らは日本に毎年大きなカラック船で行き、日本より六十万クルサード（＝銀六千貫目、一クルサード＝約銀十匁）以上を輸出し、この日本の銀と彼らが毎年インドから持ち出す銀で、二十万クルサード以上のものをシナで有利に運用し、シナより金・麝香・絹・陶磁器及びその他の高価な金で飾られた品物を輸出する」と記されている。ポルトガル商人は、日本銀を元手に中国や東南アジアから種々の産物を買い付け、ヨーロッパやその他の地域に輸出したのである。その意味で、石見銀が世界を駆けたといえるだろう。

その後、ヨーロッパの地図に銀鉱山の明記が見え始める。ポルトガル人ラザロ＝ルイス作の「東亜図」

（一五六三年）に描かれた日本列島には、本州の西北端に「as minasu da prata」（銀鉱山）の文字がある。フランドルの地図制作者オルテリウスによる『世界の舞台』（一五七〇年）所収の「タルタリア（韃靼）図」のなかの西日本をイメージさせる図形のなかにも、「Minasu de plata」（銀鉱山）の表記が見られる。

また、一五九二年にポルトガルのイエズス会宣教師ティセラが製作し、アントワープで印刷された「日本図」（一五九五年）には、「Hivami」（石見）の附近に「Argenti fodinae 」（銀鉱山）との記載が見られる。日本は「銀の島」であり、その産出地は石見だというのがヨーロッパでの十六世紀の認識となっていた。

石見銀山発見時の東アジア　江戸時代に書かれた『石見銀山旧記』によれば、石見銀山は鎌倉時代末の延慶《えんきょう》二（一三〇九）年、大内弘幸《ひろゆき》が妙見《みょうけん》様のお告げによって銀山を発見したと伝えている。そして南北朝頃に石見国を攻めた足利直冬《ただふゆ》が銀を手にしたと伝えている。

しかし、確かな起源は大永《だいえい》六（一五二六）年頃、博多商人神谷寿禎《かみやじゅてい》が石見銀山を発見したことに始まる。そして天文《てんもん》二（一五三三）年、博多から宗丹《そうたん》・慶寿《けいじゅ》という二人の技術者を招き、銀の精錬に灰吹法《はいふきほう》を導入して、日本はかつてないシルバーラッシュを迎えることになった。石見銀山で確立した銀生産の技術システムは、やがて十年後には兵庫県生野《いくの》銀山にも伝わり、十五世紀末には、新潟県佐渡《さど》金銀山、秋田県院内《いんない》銀山の開発も進んだ。

ところで、石見銀山の発見の百年前から、明帝国を中心とするアジア経済圏は、明国銅銭の贋銭《がんせん》が続出して混乱をきわめていた。さらに明帝国は、大口《おおぐち》取引が増すにつれて銀経済に入り、十五世紀半ばから北辺防備用の軍糧の銀納化が行われ、銀財政への転換が進んでいた。江南《こうなん》地方の土地税を銀で収納し、官吏や軍人俸給も銀で支給するようになった。北方防備のため毎年巨額の銀が運ばれることによって、明帝国内では銀不足が深刻化する。明帝国内での銀の産出も衰退していた。そのため諸国の貢租《こうそ》をも銀納とした。
こうした状況のなか、日本で銀が大量に生産されるようになった、という情報は隣国李氏《りし》朝鮮に伝わっており、当然中国にも伝わった。

日本銀、朝鮮を揺るがす　十六世紀の初めまでは、日本は銀の輸入国だった。主として日本からは、銅が輸出品だった。しかし天文七（一五三八）年頃には、大量の日本の銀が朝鮮にもたらされた。さらに天文十一（一五四二）年には、室町幕府の使者と称する者（安心）が、銀八万両（八〇〇〇貫、約三二〇〇キログラム）を持参して、朝鮮王朝をびっくりさせている。余りに大量の流入のため、銀貨が下落して「銭物」といわれるほどになった。

朝鮮では、朝鮮国内での銀の産出や流通を抑圧していた。日本が朝鮮に貿易で求めた物は、木綿《もめん》だった。当時朝鮮では、木綿以下の布が貨幣として機能しており、日本の要求通りに応じていては、朝鮮国内の木綿が不足してしまう。それでも朝鮮政府は、倭銀を国家財政によって買い取る「公貿易」にこだわり、商人による私貿易を許さなかった。倭銀が朝鮮商人によって持ち込まれるのを恐れたからである。朝鮮政府は、冊封《さくほう》関係に基づく明からの貢銀の命令が、復活するのを恐れていたのだった。

はじめは一切貿易に応じないとの意見が多かったが、中宗《チュンジョン》（一五〇六〜四四）はその採用をためらい、やがて銀の三分の二を市価にしたがって公貿易・私貿易に分けて買う、というところに落ち着いた。

銀をめぐる国際貿易　朝鮮半島を経由して、大量の日本銀が中国に流れ込んだ。それ以外でも直接東シナ海を横断して、日本から中国沿岸に銀がもたらされた。こちらの方が銀の流入量は多かったといえる。スペインは、南アメリカ大陸南端を回ってフィリピンに到達する。スペインのアジアでの拠点作りはポルトガルとの対立から難航したが、一五七一年マニラを建設し、メキシコとの間に定期航路が開かれた。このルートを経て、ボリビアのポトシ銀山の銀が中国に流れ込むことになる。

当時、明国は海禁政策をとっていたが、国力の低下とともに、その取り締まりが弱まり、日本海域や東アジア海域にかけて倭寇《わこう》が活躍し、密貿易に従事するとともに、時には海賊行為に及んでいた。この時期の倭寇は中国人を主として、日本人・朝鮮人そしてポルトガル人・スペイン人までを含んだ多民族混成の交易集団であった。いわば国境をまたぐ人間集団であった。そして、大倭寇王直《おうちょく》が、天文十二（一五四三）年、鉄砲を持ったポルトガル人を種子島《たねがしま》に連れてくるのである。以後、ポルトガル人は、日本銀と中国産生糸《きいと》の貿易に参入するのである。

日本の銀は大量の産出によって、国際的に非常に低廉《ていれん》となっていた。金銀比価の差による利益も大きく、日本の金銀比価は中国よりもヨーロッパに近く、ポルトガル人は日本銀と中国金との交換で利益を得ていた。世界の銀の三分の一が中国に流入したといわれ、そのほとんどがポルトガル人・中国人・朝鮮人による日本銀の流入であった。

第66話　戦国時代の旅

戦国武将、島津家久《いえひさ》の上洛《じょうらく》　戦国時代の人々は、どのように旅をしていたのだろうか。またどのような目的で旅をしていたのだろうか。天正《てんしょう》三（一五七五）年二月、戦国大名島津氏の一門、島津家久《いえひさ》が居城の串木野《くしきの》城を出発し、上洛の途についた。彼はその旅の記録を日記につけていた（『中務《なかつかさ》大輔《たゆう》家久《いえひさ》公《こう》御《ご》上《じょう》京《きょう》日記《にっき》』（以下、『家久日記』））。

彼の記録は実に興味深く、旅にまつわる状況が様々描かれている。また、往路と復路で別のルートを選択したことも興味深い。五か月の旅のうち一か月程京に滞在しているが、その際に連歌《れんが》の会に参加するなど、多くの人々とも交流している。連歌師里村紹巴《さとむらじょうは》とともに近江坂本《おうみさかもと》では明智光秀にもてなされている。さらに大坂（おそらく石山《いしやま》本願寺攻め）から退陣《たいじん》してきた織田の大軍勢と、居眠りをしながら通る織田信長を目撃するなどもしている。なぜ島津家久は上洛したのであろうか。『家久日記』には「このたび島津家が薩摩《さつま》・大隅《おおすみ》・日向《ひゅうが》の三か国を治めることができたのは、ひとえに神慮《しんりょ》の賜物《たまもの》である。よって伊勢神宮や愛宕《あたご》神社など諸仏諸神に参詣《さんけい》をするものである」と書かれている。つまりは、家久の往路は信仰の旅だったのである。

関所の通行　戦国時代の旅において、おそらく一番の障害は関所であろう。この関所の通り方について服部英雄氏は『家久日記』を分析し、次のように分類した。まず①関銭《せきせん》を納めて通る、②関銭を納めず通る。そして、②については、過書《かしょ》と呼ばれる無料パスを所持して合法的に通る、非合法的に通る、に分類し、さらに非合法的な通り方として、関所に人がいない時間（早朝）に通る、過書を持つ人についてごまかして通る、実力で突破する、としている。たとえば、筑後《ちくご》の関所では関守《せきもり》があまりにも厳しかったので、同行していた者とともに「打ちなやまして」通る、とある。関所を強行突破したことが知れる。また、伊勢神宮を参拝して京へ戻る際には、大和多聞山《たもんやま》城の城番《じょうばん》山岡対馬守《やまおかつしまのかみ》より過書を発行してもらい、木津《きづ》川《がわ》の川関を通過している。この時は、「知らぬ人も多々」召し連れて通るとあり、その実態がよくわかる。

道筋の選択　家久一行の往路の旅の世話をしている南覚坊《なんかくぼう》という人物が出てくる。この人物は、関所でのトラブルを解決したり、瀬戸内海で乗り合い船を手配したりと、まるでツアーコンダクターの仕事をしている。彼は家久一行が京に到着し、愛宕神社に参詣した後は一切記録に登場しないので、おそらく愛宕の山伏《やまぶし》と考えられる。山伏は諸国を回国《かいこく》しながら修行を積むため、独自のネットワークをもっており、それらを駆使して家久一行を京へと送り届けたのであろう。復路は、山陰地方の山の中を突っ切り、石見銀《いわみ》山の銀の積出港である石見の温泉津《ゆのつ》から、島津氏の領国からやってきた商船に乗り、肥前《ひぜん》平戸の松浦《まつら》氏を表敬訪問した後に、薩摩《さつま》の久見崎《くみさき》港へと海路を利用している。

戦国期の旅を考える上で、なぜそのルートを選択したのか、という点は、利便性にとらわれない旅の目的との関連がみてとれる。往路の信仰の旅の時には、愛宕山伏ネットワークを利用した順礼《じゅんれい》のスタイルをとことんつらぬいている。そして、復路は島津氏や薩摩商船団が有する経済ネットワークを利用したのであろう。

第67話　いつをもって室町幕府滅亡とするか

義昭追放《よしあき》　室町幕府滅亡の時期は、中学・高校の教科書にある通り、十五代将軍足利義昭《よしあき》が織田信長に追放された天正元《てんしょう》（一五七三）年と多くの人は信じて疑わないだろう。確かにこの年（正しくは元亀《げんき》四年）七月に追放された義昭は、その後将軍として京都に戻ることはなかった。七月二十八日には天正と改元される。応仁の乱以降も何とか続いていた室町幕府も滅亡し、織田信長の時代になったと見える。

しかし、これは結果を知っている後の時代の人々の見方である。当時の人々はそうは見ていなかったようだ。なぜなら、室町将軍が京都を追われたことはこれが最初ではないからだ。

義昭以前の逃亡将軍　明応《めいおう》二（一四九三）年四月、細川政元《まさもと》によって十代将軍義材《よしき》（後の義尹《よしただ》・義稙《よしたね》）が追放された明応の政変以後、足利将軍家は義稙の系統（義稙・義維《よしつな》・義栄《よしひで》）と、政元に擁立された十一代将軍義澄《よしずみ》（最初は義遐《よしとお》・義高《よしたか》）の系統（義澄・義晴《よしはる》・義輝《よしてる》・義昭《よしあき》）の二系統に分裂し、激しい抗争が続く。このうち十二代将軍の義晴は、義維を将軍にしようとする細川晴元や三好元長《もとなが》の軍勢に迫られ、大永末（一五二七〜一五二八）年近江坂本に逃げ、さらに朽木《くつき》に移った。その後入京と近江への逃亡を繰り返すが、京都の公家や寺社から「東之御所」「江州大樹」「朽木御所」「朽木武家」と呼ばれている。一方義晴のライバル義維《よしつな》は征夷大将軍に任官されることはなかったが、堺を本拠に勢力を広げ、京都の公家や寺社から訴訟を受け付けて奉行人奉書を出し、「堺之御所」「堺大樹」「堺之公方」「堺武家」「堺ノ室町殿」と呼ばれた。京都から逃亡しても、正式に将軍に任命されなくても、当時の人々は将軍と見ていたのだ。義晴の子の十三代将軍足利義輝（義昭の兄）は天文《てんぶん》二十二（一五五三）年八月、京都の霊山城《りょうぜんじょう》で三好長慶《ながよし》に敗れて朽木谷に逃れた。このとき三好長慶は義輝にかわる将軍候補を擁立していない。これをもって幕府が滅亡とは当時の人々は思わなかったろう。永禄《えいろく》元（一五五八）年十一月、義輝は長慶と和睦し帰京している。

追放以後の義昭　このような歴史を知っている当時の人々は、いずれ義昭が将軍として帰京する可能性があると思い、義昭を将軍と見ていた。義昭は紀伊《きい》国内を移動しつつ各地の大名に手紙を送り、反信長の戦いに参加するよう呼びかけている。毛利氏は、最初は信長との全面対決を避けるため、義昭と信長の間を調停して義昭を帰京させようとしたが、天正四（一五七六）年、義昭を鞆《とも》の浦に迎え将軍として遇している。毛利氏は義昭を迎えたことで全国の大名に注目され、それまで交際のなかった遠国の大名とも書状のやり取りをするようになる。義昭は鞆の浦で将軍としてあり続けた。たとえば五山等の禅宗寺院の住持の任命権は室町将軍のものだったが、義昭は追放後も辞令にあたる公帖《こうじょう》を出している。天正四（一五七六）年三月建仁寺《けんにんじ》の住持、天正九（一五八一）年五月には円覚寺《えんがくじ》住持、九月には建長寺《けんちょうじ》と天竜寺《てんりゅうじ》の住持を任命している。信長死後の天正十三（一五八五）年五月にも、三章令彰《さんしょうれいしょう》に円覚寺住持の公帖《こうじょう》を出している。

京都への復活を目指した義昭だったが、秀吉の勢力が伸びてくる天正一五（一五八七）年十二月、大坂の秀吉に参礼し、豊臣体制に取り込まれた。名目上の室町幕府滅亡はこのときとしたい。奈良興福寺《こうふくじ》の『多《た》聞院日記《もんいんにっき》』十二月二十二日条には、「去る十日ごろか大坂において公方様関白へ御礼これありと云々」とある。当時の人々にとってこの時まで足利義昭は公方様（＝将軍）だったのである。

第6章 江戸期――どんな時代だったのか

江戸幕府の支配体制　徳川家康によって着手され、徳川家光《いえみつ》の代に至ってその基礎を形成した江戸幕府は、約二六〇の大名を編成し、全国を統治した。これにより、一六三〇年代の島原の乱による軍事的な動員以降、ペリーの黒船来航に至るまでの間、対外戦争や国内戦争のない極めて稀な「平和」の世が到来した。

幕府は、石高《こくだか》を百姓の年貢・諸役の基準とする一方、大名や家臣への軍役賦課の基準とし、大名などに対する領地宛行《あてがい》権を握り、改易《かいえき》や転封《てんぽう》などによって、大名を領地から切り離して統制した。幕府の検地や身分制度を枠組みとしつつ、全国で約六万を数えた村という共同組織が形成され、領主にとっては支配の基礎単位となった。

家康は禁中 并《きんちゅうならびに》公家《くげ》中諸法度《ちゅうしょはっと》を定め、武家の官位叙任権を掌握し、天皇・朝廷の権威を自らの政治体制に組込むことを進め、秀忠《ひでただ》は娘和子《まさこ》を後水尾《ごみずのお》天皇に入内させるなど、徳川の貴種化につとめた。

四つの口と東アジアの「平和」　秀吉の朝鮮侵略のあとを受けた徳川家康は、東アジア及び東南アジア世界との善隣外交を展開したが、日本が神国・仏国であることを理由にキリスト教布教の禁止に転じ、その後、幕府は貿易統制とともに禁教を基本的方針として新たな外交体制を築くことになった。

対馬《つしま》では宗《そう》氏を通じて朝鮮と、長崎では幕府の管理のもとに中国・オランダと、薩摩《さつま》では島津氏を通じて琉球と、松前《まつまえ》では松前氏を通じてアイヌと、「四つの口」を介してそれぞれ異域や異国と接して、通商及び通信を行う外交関係を行っていた。

一方、東アジアでは清が南明政権を滅ぼし、冊封《さくほう》体制を形成していき、幕府はこの東アジアの「平和」と共存することを選んで、琉球は島津氏の支配を受けつつ、清の冊封を受けることとなった。

商品経済の発展と社会・文化の変容　貨幣制度や度《ど》量衡《りょうこう》の統一、交通網の整備などが進められるなか、江戸・大坂・京都の三都を中心に経済的発展がもたらされ、江戸の人口は百万人を超える、世界最大の巨大都市に成長した。都市では、人口増加にともなって様々な社会問題が生起し、零細な棟割長屋《むねわりながや》に居住した民衆の多くは、物価上昇や飢饉《ききん》時には生活が破壊され、米問屋を襲う打ちこわしなどが起きた。

一方、村々では商品経済が浸透していくことで、豪農と小百姓間で対立が深まるなど、社会の変容がおきた。そして幕府や藩の支配が原因で百姓の生活が損なわれると、大規模な百姓一揆が各地で生起した。こうした社会の変容により、諸制度が整備されるとともに、財政再建を中心課題とする、幕政や藩政の改革が行われた。

江戸前期は上方を中心に豪商らを中心とした文化が栄えたが、江戸後期には全国各地で、国学や蘭学、俳《はい》諧《かい》や和歌、戯作《げさく》文学や浮世絵など様々な文化が盛んになり、全国各地で展開した。

ここに掲げたエピソードは、江戸期の政治・外交・社会・文化などの分野から、近年の研究動向に学び、特徴的なテーマを取り上げた。とくに、田畑勝手作りの禁の問題点や、百姓の兄弟間で身分が異なったこと、後水尾《ごみずのお》法皇によって制定された禁中法度などは、それぞれ従来の固定的な見方に対して再考を促すテーマである。このほか、鹿児島の琉球館、朝鮮人被虜人のその後の足跡、百姓一揆の作法、宝永《ほうえい》地震時の大津波、安政地震時に描かれた「鯰《なまず》絵」、田沼意次《おきつぐ》と松平定信《さだのぶ》の人物像、文化年間の開国論、対馬における易地《えきち》聘礼《へいれい》、小林一茶の俳句に見る社会の様相などを取り上げた。

第68話　秀吉の朝鮮侵略で日本に連行された人々のその後

秀吉の朝鮮侵略と戦役後の捕虜送還　豊臣秀吉の朝鮮侵略（文禄《ぶんろく》元〈一五九二〉年～慶長《けいちょう》三〈一五九八〉年）は、多くの朝鮮人を日本へ強制連行したという歴史をもっている。しかし、朝鮮の人々がその後どのような運命をたどったかという点は、必ずしも十分に知られてはいない。日本へ連行された朝鮮人の数は、およそ数万人とも推定されているが、確かな数字をあげることはできない。

こうした戦場における「人取り」と呼ばれる略奪行為は、戦国の世においては一般的に行われていた行為であったこともあり、朝鮮半島の戦場において、その慣行がもち込まれたともいわれている（藤木久志『雑兵たちの戦場』朝日新聞社）。

朝鮮侵略後の戦後処理の一つ「朝鮮人の送還」は、一五九九年～一六四三年までの約半世紀にわたって確認でき、とくに一六一〇年までの期間に集中している。実際の帰還総数は六一〇〇人程度であったとも算出されているが、こうした帰還が果たされた経緯は、朝鮮人自らが独力で帰国したケース、対馬の宗氏《そうし》などを介して送還されたケース、「回答兼刷還使《かいとうけんさっかんし》」という朝鮮使節の来日時に送還されたケース、などがある。慶長十二（一六〇七）年の朝鮮使節来日の際、幕府は次のような法令（『慶長見聞録案紙《けいちょうけんぶんろくあんし》』）を発したが、それがどこまで周知されたかは不詳である。

一朝鮮出兵において生け捕りにした異国の人々は、今年送還すべきことが仰せ出された。

幕府と朝鮮王朝の間に立って講和を進めようとしていた対馬の宗氏は、金銭的負担をもって国内の朝鮮人を招募し、朝鮮人の送還に当たっていたことが確認できるが、諸大名の対応では、要請に応じて朝鮮人送還に積極的に応じた者もいれば、領民の一部として確保した人的資源を離すまいとして消極的な態度をとる者もいた。なかには、朝鮮人捕虜の存在を隠して、送還を不能にするような光景が各地で見られたという。以下、帰還した朝鮮人の足跡、日本に留まった朝鮮人の足跡の一端をたどってみたい。

帰還した朝鮮人——姜沆《カンハン》　姜沆は、一五六七年朝鮮王朝の儒学者の家に生まれ、王朝の官吏となっていたが、その後、故郷の全羅道《チョルラド》の流峰里《リュボンリ》に帰り、農業のかたわら子弟への教育に当たっていた。その後、秀吉の二度目の朝鮮侵略（慶長《けいちょう》の役）が始まると、姜沆は南原《ナモン》城に赴任し、さらに南原から離れて朝鮮西南端の湖南《ホナム》で軍糧の運搬に当たっていた。従軍僧として出兵した豊後臼杵《ぶんごうすき》の安養寺《あんようじ》住職慶念《きょうねん》は、みずからの日記（『朝鮮日々記《ちょうせんにちにちき》』）で、釜山《プサン》から南原に至る記述において次のように書いている。

朝鮮の親子を搦《から》め捕り、親を切り捨て、あるいは二度と会うこともかなわず、互いの歎きはさながら地獄のような責め苦である。

日本軍の攻勢は姜沆の近辺にも及び、姜沆は一族とともに二隻の船に乗船したが、大津城主藤堂高虎《とうどうたかとら》の軍に取り囲まれてしまう。姜沆一族は海中に身を投じ、母や兄、息子・娘を失うこととなり、姜沆は藤堂軍に捕らえられ、名護屋《なごや》・下関を経由して大津（愛媛県大洲）へと連行された。姜沆はみずからの記録（『看《かん》羊録《ようろく》』と名付けられ、刊行された）に「朝鮮の男女、囚われてくる者はおよそ千人に及ぶ。新たに連れてこられた者は、朝夕集まり、故郷を偲《しの》んで泣いている」と記している。

その後、姜沆は京都の伏見に連行されたが、ここで近世日本の儒学の祖、相国寺《しょうこくじ》の僧藤原惺窩《せいか》と出会うことになる。藤原惺窩は還俗《げんぞく》して儒者としての道を歩み、惺窩の弟子林羅山《らざん》は徳川家康に登用され、官学を支配するに至った。

一五九九年、戦争の和議を進める明の使者が堺に来ていることを聞きつけると、姜沆は藤堂家のもとから脱走する計画をたてるが、願いはかなわなかった。しかし、一六〇〇年には藤堂高虎から帰国の許しを得て、ついに二年七か月にわたる幽囚《ゆうしゅう》の身から解放され、伏見を出発、一か月後には帰国を果たした。帰国した姜沆は再び朝鮮王朝の官吏に登用されたが、間もなく郷里に戻って子弟の教育に当たり、一六一八年に没した。

日本に定住した朝鮮人　秀吉の朝鮮侵略の後、最初の講和使節として日本に赴いたのは、一六〇七年朝鮮使節一行で、使節は大坂に滞在する間に、国内の朝鮮人捕虜に会っているが、この時帰国を希望した男女はわずか百余人であり、使節らは帰還を勧めても帰国希望者が意外に少ないことを不審に思った。この背景には、捕虜となった人々の中にも、日本人と結婚して子がいるなど、すでに日本での生活が長期に及んでいたことが考えられる。結局、使節一行で朝鮮へ帰還できた者は一四一八人にすぎなかった（金文子《キムムンジャ》「文禄・慶長の役における朝鮮人被虜人の帰還」）。このように、帰国を断念した人々にはどのような事情があったのであろうか。

日本に連行された朝鮮人のなかには、陶工などの技術集団も含まれており、近世後期の医師橘南鶏《たちばななんけい》は、鹿児島を訪れた記事を『東西遊記《とうざいゆうき》』において次のように記している。

薩摩《さつま》の鹿児島城下から七里西方のノシロコという所は、一村皆朝鮮人である。……朝鮮から連行してきた者たちに一村の土地を与えて、永くこの国に住まわせ、今に至ってその子孫に受け継がれ、朝鮮の風俗のままにして、衣服、言語も皆朝鮮人にて、日を追って人数も増えて、数百家となった。

右史料のノシロコは苗代川《なえしろがわ》村のことで、朝鮮侵略に出兵した島津義弘《よしひろ》が連行してきた陶工たちを住まわせて一村とし、村は十八世紀後半まで存続して、人々は焼物を制作し、また一方で漂着船に対応する朝鮮通詞《つうじ》などの役目を勤めた。

一方、日本国内に留まって武士となった者もいる。十方庵敬順《じっぽうあんけいじゅん》の『遊歴雑記《ゆうれきざつき》』によれば、江戸城本丸玄関番を勤めた斧生《おのう》源内の先祖は朝鮮人で、日本に連行されてきたが、朝鮮には肉親の者もいないので、幕府に仕える願いを出して送還を断って日本に留まったという。そして、名を尋ねられた時に「ヲノウル」と答えたことで「斧生」を苗字として召し抱えられたという。また、松浦静山《まつらせいざん》『甲子夜話《かっしやわ》』によれば、幕臣の染木《そめき》家の先祖は、もと朝鮮の城主李《り》氏の子であったが、文禄の役の際に片桐且元《かたぎりかつもと》に捕えられ、その後二代将軍秀忠《ひでただ》の娘千姫《せんひめ》に仕え、のちに江戸城勤めとなった。このように、朝鮮より連行された人々の中には、江戸時代の武家社会に定住し、その役割の一端を担ったことも知られている。

第69話　後水尾《ごみずのお》法皇は禁中にどんな法令を発したか

禁中《きんちゅう》并《ならびに》公家《くげ》中《ちゅう》諸法度《しょはっと》と和子《まさこ》入内《じゅだい》

秀吉政権の晩年にあたる慶長《けいちょう》元（一五九六）年、後水尾天皇は、後陽成《ごようぜい》天皇の三宮《さんのみや》（政仁《ことひと》）として出生した。その後、政仁親王は儲君《ちょくん》（跡継ぎ）の地位を確保し、父後陽成天皇としては、譲位《じょうい》の日を待つばかりとなった。ところが慶長《けいちょう》十四（一六〇九）年、猪熊教利《いのくまのりとし》をはじめ複数の公家と宮中の女官《にょかん》との密通《みっつう》事件が発覚した。いわゆる猪熊事件である。この事態に後陽成天皇の怒りは収まらず、公家衆の処分は徳川家康に委《ゆだ》ねられた。その結果、首謀者猪熊教利が斬罪、他の公家も多くが流罪となった。事件は落着したが、公家衆の厳罰を望んだ天皇は処分に満足できず、その苛立ちは積もっていき、自らの譲位の意思を固める一因となった。しかし、天皇の譲位の意向も幕府の同意がなかなか得られず、慶長十六年にようやく譲位の儀式が行われて、政仁親王（のちの後水尾天皇）の即位となった。

慶長十八年に入ると、幕府は公家衆に対して次のような公家《くげ》衆《しゅう》法度《はっと》（『言緒卿記《ことおきょうき》』）を定めて、違反者に対しては、「武家の沙汰《さた》」をもって公家衆を処分する権限を明示した。

一 公家衆が家々の学問を、昼夜油断無く励むように、命じる。

一 老若によらず、行儀・法度に背く者は、流罪に処す。

そして大坂夏の陣から二か月後の慶長二十年七月、幕府は朝廷統制の基本法となった禁中并公家中諸法度を十七か条にわたって発布した。その法令では、次のように第一条で天皇が果たすべき役割を根本的に規定している。

一天皇がおさめるべき諸芸能のうち、第一は学問である。……禁秘抄《きんぴしょう》に記載されている有職故実《ゆうそくこじつ》を習学することが肝要である。

この頃には、二代将軍秀忠《ひでただ》の娘和子の入内が決定していたが、和子入内に至るまでにはかなりの歳月を要した。というのも、天皇の女官およつが皇子・皇女を出産したことで、入内を目前にした秀忠側は、不行跡を理由におよつの身内に当たる公家衆を処罰し、これに対して天皇が激怒して譲位を表明する始末であった。

元和《げんな》六（一六二〇）年、和子はようやく後水尾天皇の女御《にょうご》（のち中宮《ちゅうぐう》となる）となり、元和九年に和子は女児を出産した。これがのちの明正《めいしょう》天皇である。寛永《かんえい》三（一六二六）年、大御所秀忠・将軍家光《いえみつ》が上洛すると、後水尾天皇の二条城行幸が実現し、両者の対面は和やかな雰囲気で行われたようである。同年、和子は幕府にとっても待望の皇子（高仁《すけひと》親王）を出産したことで、天皇は再度譲位の意思を固めて幕府の了解を得ていたが、寛永五年高仁親王の早世により、そのねらいは挫《くじ》かれてしまった。

紫衣《しえ》事件と突然の譲位　寛永四年、幕府は大徳寺《だいとくじ》、妙心寺《みょうしんじ》などで紫衣《しえ》（特別に着用を許された紫色の衣服）の勅許などがみだりに行われていることを咎《とが》めて、元和元年以降の勅許を保留とし、幕府が改めて検討することを伝えたが、沢庵宗彭《たくあんそうほう》ら僧侶が反発し、幕府に抗議文を提出すると、寛永六年、幕府は沢庵を出羽《でわ》上山に流すなどの処罰を行い、勅許された紫衣を剥奪《はくだつ》した。右の紫衣事件は「天皇にとってこれほどの恥辱《ちじょく》があろうか」（『細川家史料』）と記されるように、天皇にとって衝撃的なものだった。

天皇は譲位の意向を強めるようになり、折しも、将軍家光の乳母《めのと》斎藤ふく（春日局《かすがのつぼね》）の参内《さんだい》・拝謁《はいえつ》などの事件は天皇の憤懣《ふんまん》をさらに募《つの》らせた。譲位に対する幕府の同意を得られないまま、みずから意思を貫こうとした天皇は、同年十一月、公家衆に束帯を着て参内するよう触れを出し、女一宮興子《おきこ》内親王（七歳、明正天皇）への譲位を突然行った。天皇の譲位を知っていたのはほんの一部の天皇側近の公家で、多くの公家たちは一様に仰天した。将軍秀忠は、譲位については「とかく叡慮次第《えいりょしだい》」との返事を伝える一方、翌寛永七年、幕府との折り合いも悪く、譲位の計画を事前に知っていながら幕府に注進しなかったという嫌疑で、中院通村《なかのいんみちむら》を武家伝奏《ぶけてんそう》から罷免し、以後六年間にわたって江戸に幽閉した。そして幕府は十五か条に及ぶ法令を伝え、「幼い天皇は女帝でもあるので、朝廷の政務が正しく行われること」（『教令類纂《きょうれいるいさん》』）を摂家衆に対して命じた。

法皇と禁中法度　紫衣事件は、幕府と朝廷間の緊張関係を生む事件であったが、その後実際の朝廷運営では、幼主・女帝であることから、後水尾上皇の力が発揮され、公家の官位昇進などの政務は、幕府の許可のもと上皇が取り仕切ることとなった。寛永末（一六四三）年頃には、実子の後光明《ごこうみょう》天皇に、次のような「訓誡書《くんかいしょ》」（『宸翰英華《しんかんえいが》』）を送ったが、この内容は上皇が三十四歳で譲位を遂げた時のことを念頭においているかのようである。

誰もが怒った時は常の覚悟を忘れ、言わなくてもよいことを怒りが静まった時には深く後悔することになる。こうした事は歳を経ていくに従って理解できていくものだ。

さて、その後二十年を経た寛文《かんぶん》三（一六六三）年、後水尾法皇の皇子識仁《さとひと》親王が十歳で即位をした。霊《れい》元《げん》天皇である。法皇はわずか十歳の天皇の行く末を案じて、天皇の側近衆に対して、天皇の行跡《ぎょうせき》や心持ちに目を配ること、学問に励むように取りはかること、天皇にふさわしい遊興をさせることなど、九か条の法令を発した。

この法令は、従来、『徳川禁令考《とくがわきんれいこう》』に所収されて、幕府が朝廷に発した「禁裏御所御定目」として理解されていたものだが、当時の記録類を調べてみると、実は、後水尾法皇が霊元《れいげん》天皇側近の公家衆に対して発した法令（『玉滴隠見《ぎょくてきいんけん》』「葉室頼業記《はむろよりなりき》」）だということがわかる。すなわち、霊元天皇の行く末を案じて禁中の統制を意図したものであった。

事実、八年後の寛文十一年には、霊元天皇とその側近衆が花見酒宴を催し、天皇が泥酔に及ぶという事件が起きた。天皇や側近衆の不行跡をもっとも憂慮した法皇は、幕府の了解を得つつ再び法令を制定する（「中院通茂日記《なかのいんみちもちにっき》」）。そこでは、近習衆《きんじゅ》（とくに若輩衆）を対象に小番勤務の励行・無作法の慎みを戒め、側近衆の取締りを行う年寄衆（のちに議奏《ぎそう》と呼ばれる）という役職に対して、天皇の御前の様子を監督させる体制を講じた（田中暁龍『近世前期朝幕関係の研究』吉川弘文館）。このように、後水尾法皇は幕府の朝廷統制の枠組みを維持し、幕府の支配体制に適合的な朝廷を目指す存在としての一面があったことをおさえておきたい。後水尾法皇は、延宝《えんぽう》八（一六八〇）年に八十五歳で亡くなったが、歴代天皇の中でも極めて長寿の天皇であった。

【天皇家系図】 ※数字は『皇統譜』による即位順

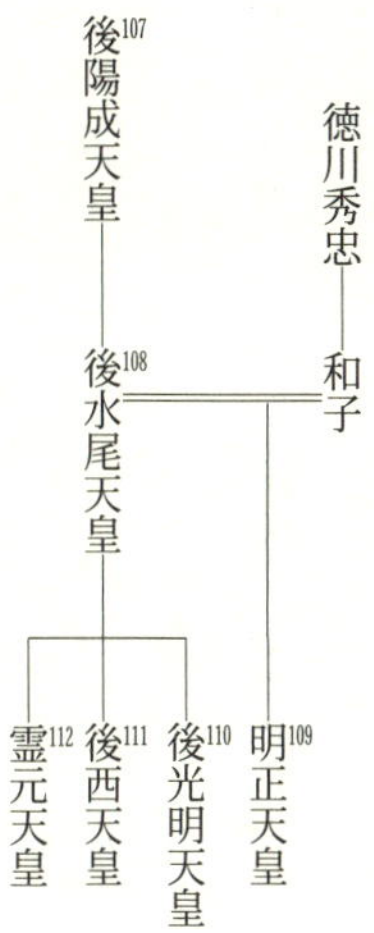

第70話　武士道とは何か

「武士道とは死ぬことと見つけたり」　佐賀藩士山本常朝《つねとも》の語ったことを、同藩士田代陣基《つらもと》が江戸中期頃に筆記した『葉隠《はがくれ》』は、戦前には武士道《ぶしどう》の精神を示すものとして高く評価されていたが、戦後にはあまり顧みられなくなった。聞書《ききがき》一の第二条では「武士道とは死ぬことと見つけたり」と記されている。山本が語った武士道はなぜ死ぬことだったのであろうか。山本は次のように続ける。

（正しい行動を選ぶ時に）もしその選択を間違えて生き延びたなら、腰抜けとなる。逆に、選択が間違っていて死ぬことになっても、恥にはならない。これが武道の大切なところである。

武士にとって「腰ぬけ」になることが、何よりも恥とされ、死ぬよりも恥ずかしいことだと主張している。逆に、死を恐れず行動することによって法を犯すことがあっても、許される場合があり、『葉隠』にはそうしたエピソードが記されている。『葉隠』では、機転をきかせ、自らの名誉が傷つかないよう心掛け、無用の喧嘩を避けるべきだと説く。一方で、名誉を著しく傷つけるような狼藉者に対しては、斬りつけることが認められていた。

「武士としては」　「武士としては」という一つの史料がある。町を歩いている時に、向こうから追っ手を背にした者が逃げてくる。史料は、こんな状況に際して、武士としてどのように対処すべきかを説く。追っ手が「頼む、その者を討《う》ってくれ！」と声をかけてきたので、切り捨てたところ、追っ手が消えてしまい、切り捨てた武士が殺人者となってしまう。そこで史料の筆者は、この失敗を踏まえた上で、逃亡者を切り殺したあと、すぐに追っ手を捕まえ、追っ手が殺すように頼んだという証言をさせる、一応は「心得たり」と言っておいて逃亡者を逃がし、自分も追いかけるふりをしながら姿を消す、「頼む」という声をかけられても老人なので聞き取れないふりをする、太刀を抜いて交える構えをとりながら、左半分は固めているが、右側を通って逃げよと告げる、など、武士としての賢明な対処法を説いている（氏家幹人『江戸藩邸物語』中公新書）。

島原の乱における大規模な戦乱の時代が終わりを告げると、武士の記憶から戦場が薄れていった。しかし、武士として、うわべだけでも武士の作法を守り、各自のアイデンティティの証をたてなくてはならなかった。

無礼討ち　武士に対して「無礼《ぶれい》」な言動に及び、何の謝罪の意志もない時には、その者を手討ちにすることが武士には認められていたが、これを「無礼討ち」という。武士の身体や刀にわざと当たる、武士に道を譲らない、大名行列を横切る、などの行為は「無礼」に当たるものだが、無礼討ちについては、公事《くじ》方御定書《かたおさだめがき》第七十一条に定められており、相手を切り留める、現場の役人と自分の支配頭《しはいがしら》に届ける、現場に留まる、などを原則とし、武士に対する無礼があったことを第三者の証言によって明らかにする必要があった。また、逆に手討ちに失敗して逃げられたりした時は「不覚《ふかく》」として処罰の対象になった（谷口眞子「名誉と規律化―日本近世の法文化」『名誉の原理』国際書院）。このように、無礼討ちは、武士自身と家の名誉《めいよ》がかかっている、失敗の許されない行動であった。

第71話　ある百姓兄弟のライフコース

兵農分離　ある百姓の家族に兄と弟がいたとしよう。その時、家を相続するのは兄弟のどちらか。残された一人は、どうやって暮らしていくというのか。

江戸時代といえば、武士を頂点にした厳しい身分社会というイメージがある。百姓の家に産まれたならば、当然ながら百姓として生きてゆくしかないので、兄弟のどちらか一方は、家を出ても、わずかな農地で細々と暮らしていくしかない、というイメージだ。しかし、はたしてそうなのか。身分社会をつくりだした原点ともいえるのが、兵農分離である。天正《てんしょう》十八（一五九〇）年、豊臣秀吉は、関東の北条氏を滅ぼし、奥州《おうしゅう》の諸大名を服属させた。天下統一である。その翌年に出された、いわゆる人掃令《ひとばらいれい》の第一条に注目してみよう。安芸《あき》国小早川《こばやかわ》家に伝わる史料『小早川家文書』には、以下のように記されている。

去る七月の奥州出兵以後、新たに町人や百姓になった武家奉公人がいたならば調べ、町や村に隠し置くことを禁じる。

「去る七月の奥州出兵」とは北条氏を滅亡させた後の奥州出兵のこと、武家奉公人とは、たとえば武器や物資を運ぶような武家の従者のことをさす。この法令でもって、武家奉公人は、新たに町人や百姓へ移動することが禁じられた。つまり、武家奉公人と町人・百姓という身分がはっきり区分されることで、一般的には兵農分離が完成されたとみなされている。

しかし、ここで考えてほしいのは、翌文禄《ぶんろく》元（一五九二）年から秀吉が朝鮮侵略を始めていることだ。出兵する前に、軍団の一員として働く武家奉公人の数をしっかり確保しておく必要がある。だから、人掃令は一時的に身分の移動を禁じたものだと解釈されている。

城下町彦根《ひこね》住民の出身地　武士・町人・百姓という身分のあいだを、たくさんの人が移動していた。この事実を確認するために、譜代大名井伊家の城下町として栄えた、近江《おうみ》国彦根《ひこね》の例をあげてみよう。彦根城下の下魚屋《しもうおや》町に関して、人掃令から十四年後の慶長《けいちょう》九（一六〇四）年から、約半世紀にわたる住民の動向を記した「下魚屋町御《お》改《あらため》帳跡《ちょうあと》」がある。この史料から豊かな身分社会像が明らかになっているのだが、詳しくは水本邦彦『徳川の国家デザイン』（小学館）を読んでいただくとして、ここでは三つのみ紹介したい。

①住民の出身地は、かつての城下町佐和山《さわやま》からの移転組と、彦根近隣の農村出身に大きく分けられる。
②農村出身の多くは出身地に親族がいるが、村に残っているのは弟系で、町人になるのは兄系が多い。
③下魚屋町には多数の奉公人がいるが、町人の子弟は三割ほどで、七割は近隣の農村出身である。

以上をふまえ、冒頭の百姓兄弟が仮に彦根城近くに暮らしていたとすれば、こんなライフコースが描けるだろう。兄は彦根の城下町へ出て奉公人として働き、やがてチャンスを得て町人となる。一方、弟は、百姓として父の跡を継ぐ。

家族のなかには、そのまま身分を継ぐ者と、奉公人や婚姻などを通して身分間を移動していく者がいた。その両面でもって、江戸時代の身分社会は成り立っていたのである。

第72話　お江戸離婚事情

離縁状

Ａ　りえん状

一其方事《そのほうこと》、我等《われら》勝手《かって》ニ付《つき》
此度《このたび》離縁《りえん》致候《いたしそうろう》、然上《しかるうえ》は
向後《きょうご》何方《いずかた》へ縁付候共《えんづきそうろうとも》、差《さ》構《かまえ》
無之候《これなくそうろう》、仍而如件《よってくだんのごとし》

寛政《かんせい》五　癸丑《みずのとうし》四月
　　　夫
　　　末吉（爪印）
たけどの

【現代語訳】

りえん状

一あなたのことを我等の勝手によって離婚します。以後あなたが誰と再婚しても構いません。

一七九三年四月
　　　夫
　　　末吉（爪印）
たけどの

（『泣いて笑って三下り半　女と男の縁切り作法』教育出版より〈以下同〉）

江戸時代の典型的な離縁状である。三行半に書かれていることが多いので「みくだりはん」ともいう。今まで千通を超える離縁状・離別状が確認されているが、すべて夫側から妻側に出されたもので、妻から出されたものはないという。また、この離縁状のように、離婚の理由が男性側の勝手によるとされたものや、家風に合わないというもの、理由が書かれていないものも多くある。これまでは、大した理由がなくても夫から一方的に離婚することはできるが、妻からは離婚できない、どうしてもしたければ鎌倉の東慶寺《とうけいじ》か上野《こうずけ》（群馬県）の満徳寺《まんとくじ》に駆け込まなければいけない、などとされ、江戸時代は男尊女卑の時代だったと考えられてきた。しかし近年では、必ずしもそうとはいえなくなってきた。

離縁状の受取

B

覚《おぼえ》

一縁切證文《えんぎりしょうもん》　壱通《いっつう》

〆《しめて》

右之《みぎの》通《とおり》慥ニ《たしかに》請取《うけとり》申《もうし》候《そうろう》

以上　桐生《きりゅう》四丁目裏

慶応《けいおう》四年　当人　みん

辰二月　同所富屋家内

立入人　ます

尾じま

梅吉殿

定吉殿

C

離縁状の事【現代語訳】

一私の妻れん不相応なので離縁します。雑物を残らず添えてあなたに返します。この上はれんが誰と再婚してもどこへ奉公に出されても構いません。

寛政十三年

酉《とり》二月　岩次良（爪）

親分

金兵衛様

れん様

D

引取一札の事【現代語訳】

一先年れんを権左衛門殿のお世話であなたの妻にしたところ

Bは縁切状（離縁状）の受け取りである。女性から男性に宛てたこのような受け取りが何通か存在する。「返り一札」という。

DはCの離縁状の包紙に書かれたもので、途中で終わっているが、返り一札の下書きであろう。このあと「離縁状を出されたので引き取る」というような文言が続くと思われる。離縁状を受け取ったその場で書いたようだ。

男性が好き勝手に離婚・再婚できるのなら、なぜこのB・Dのような返り一札が残ったのだろう。

実は、江戸幕府が定めた「公事方御定書《くじかたおさだめがき》」には、男性が離別状を出さずに再婚したら追放、欲得で離婚した場合は財産没収の上追放、女性が離別状を受け取らずに再婚した場合は髪を剃って親元に帰す、とある。離縁状なしで再婚すると、男性も罰せられるのだ。夫が書いた離縁状は元の妻のもとに残っているはずだが、その元夫が別の女性と再婚したときに元の妻が離縁状をなかったことにして訴えれば、元夫は罰せられる。このように偽って訴える元妻がいたから、それを避けるために離縁状の受け取りをもらっておく夫がいたのだろう。江戸時代の女性も結構したたかである。

またCの離縁状には雑物を返すとある。雑物だから大したものではないと思われるが、妻の持参品であろう。離婚される側の持参品は、すべて元へ戻すのが当時の原則だった。また、宛名の「金兵衛」は親分となっている。実の親ではない。「れん」は親分の金兵衛のところから嫁に来たので親分の元に返し、親分から返り一札を貰ったことになる。

離縁状だけでなく、金銭も受け取ったとある返り一札もある。慰謝料（当時は趣意金といった）が払われたのだ。幕府法では、離婚を求めたほうは持参金を放棄することになっている。慰謝料も離婚を求めたほうが払った。「逃げてきてつまるものかと里の母」という川柳は、離縁したいと逃げてきた娘に「それでは持参金も取り返せないし慰謝料も取れないからつまらない。夫から離縁を言い出すようにすべきだ」と娘の母が言っているのだ。

弘化《こうか》四（一八四七）年、足利のきくは浮気相手と再婚したものの、やはり前夫の方がよかったから戻りたいと満徳寺へ駆け込んできた。駆け込む女性がいつも夫の不法に泣かされていたとは限らず、実に身勝手で、したたかな女性もいたのである

離縁状には「双方熟談の上」離縁すると書かれたものが多い。夫が一方的に離婚したのではなく、協議離婚である。Ａの離縁状のように、「我等勝手に」も「私の勝手で妻側には責任がない」という意味であろう。離婚理由がないのも、妻の再婚に不利にならないようにという配慮と考えられる。Ａ・Ｃを素直に読めば、離縁状は夫から妻に渡す「再婚許可書」である。また妻側から言い出した離婚もあった。

離婚率（人口千人あたりの離婚件数）は、統計を始めた明治十六（一八八三）年が最高で三・九、それ以後も明治三十一（一八九八）年までの平均が二・七で、現在より高い。明治三十一年に明治民法が施行されると半減する。これは、民法で戸主の同意なしでは結婚も離婚もできなくなったことが大きく影響していると思われる。戸主は夫か夫の父などであるから、妻が離婚を求めても夫が協議に応じなければ離婚できなくなった。ということは、江戸時代の名残が残っていた明治民法以前は、妻からの離婚もかなりあったのだろう。

第73話　生類憐《しょうるいあわ》れみの令で江戸の犬はどうなったか

江戸の野犬問題　江戸幕府五代将軍徳川綱吉《つなよし》は、いわゆる生類憐れみの令を出して、人を含めた生き物すべてを大切にすべきことを命じた。とくに大切にされたのは犬で、江戸の郊外に広大な犬小屋まで建てられたことは、よく知られていよう。

そこまでして犬小屋を建てた理由の一つには、江戸市中を徘徊していた野犬の問題があった。たとえば、生き物の命が大切にされていなかった時代なので、信じられないことに、道端には捨て子が多かった。捨てられた赤子が助けられればよいのだが、最悪の場合には野犬に襲われてしまうこともあった。当時の社会事情をふまえれば、犬小屋の建設にも一理がある（武井弘一「生類憐れみの令はなぜ出されたのか」『再検証　史料が語る新事実　書き換えられる日本史』小径社）。

さて、同時代を生きていた人たちは、本音では犬をどう思っていたのか。それを知る格好の史料がある。『御当代記《ごとうだいき》』である。筆者は歌学者として有名な戸田茂睡《もすい》。江戸で暮らしていた晩年に日記をつけており、その期間がちょうど綱吉の将軍在任期なのである。『御当代記』には、江戸の野犬について、どんなことが書き綴られているのか。まさに犬対策が始められた貞享《じょうきょう》四（一六八七）年の様子を見ていこう。ただし、犬小屋が建てられる前であることにも注意してほしい。

犬にふりまわされた江戸の庶民たち　生類憐れみの時代になり、犬をいたわるようになったことから、犬目付《いぬめつけ》という役人が、犬を大切にしているかどうかを監視するようになった。もし犬にケガをさせたり、死なせたりすれば、どんなお咎《とが》めがあるかわからない。犬が病気になれば、駕籠《かご》に乗せて医者に診察してもらい、死んだ場合には役所へ届け出て、棺に入れて土葬しているという。

庶民は災いを避けるため、なるべく犬を家に近づけようとしない。一度でもエサを与えてしまえば、犬は家を離れようとしないので、エサを与えるなどもってのほか。その結果、どうなったのかといえば、かえって飢えた野犬が江戸市中を徘徊《はいかい》するようになり、人に噛《か》みつくだけではなく、捨て子を食い殺しているという。仮にオスとメスの犬二匹がいたとしよう。春と秋に四匹ずつ子を産み、その子がさらに四匹を産むとする。計算すれば、翌年の秋には一六二匹になる。この調子で犬が増え続けていくとどうなるのか。ある人は、冗談でこんなことを言った。犬を殺せと命じられるわけがない。だから、犬が雨露に濡れぬよう家を明け渡し、私たち人が野山に住むしかない、と。

どういうわけか、不思議なことがおこった。去年の秋には多くの子犬がいたし、子を産まない犬などいないにもかかわらず、この春は数が少ないのだ。これは庶民がまわりに知られないように、産まれた犬をすぐに殺して、こっそり庭に埋めているから。もちろん、隣人はそれを知っているけれども、もし役所に訴えれば、犬のかわりに人が殺されてしまう、だから黙っているのだ。

生類憐れみの令によって、犬にふりまわされた江戸の庶民たち。最後に茂睡はこうまとめた。

生類憐れみは慈悲のようであるが、庶民は迷惑困窮している。そのうえ、その慈悲が、かえって無慈悲になっているのは、悪い仕置きだからだ。

第74話　名君前田綱紀《つなのり》の評判

名君前田綱紀　江戸時代が安定していく一方で、諸藩は参勤交代《さんきんこうたい》や江戸屋敷での費用を賄《まかな》わなければならなかったことなどから、財政は支出が増えていった。その行き詰まりを打開すべく、みずから率先して改革を成功させる大名も登場し、彼らは「名君」と称された。江戸前期でいえば、岡山藩主池田光政《みつまさ》・会津藩主保科正之《ほしなまさゆき》・水戸藩主徳川光圀《みつくに》、そして加賀藩主前田綱紀をあげることができよう。

そのうち前田綱紀（一六四三—一七二四）は、正保《しょうほう》二（一六四五）年、わずか三歳で藩主を継いだため、成人になるまでは、祖父の前田利常《としつね》や正室の父保科正之が後見役となった。こうして①藩政機構の整備、②農村の立て直し、③貧民の救済、④殖産興業の振興、⑤学問の興隆などに力を入れ、藩政を確立させたのである。

数々の改革のなかでも評価が高いのは⑤で、多くの学者や文人を招いた。たとえば、朱子《しゅし》学者木下順庵《じゅんあん》もその一人である。古書の収集にも熱心で、東寺文書《とうじもんじょ》の一つとして有名な『東寺百合文書《ひゃくごうもんじょ》』も、綱紀がおよそ一〇〇箱の桐箱を寄進して保存されることになった。

古書収集のエピソード　本当のところの、綱紀の評判はどうだったのか。元禄《げんろく》三（一六九〇）年頃に編集された、『土芥寇讎記《どかいこうしゅうき》』という史料がある。元禄期といえば五代将軍徳川綱吉《つなよし》の時代に、なんと幕府は諸国に隠密のような人物を派遣し、大名二四三人の評判を、この『土芥寇讎記』にまとめさせたといわれている。ここに綱紀はどう記されているのか。

文武両道で礼儀も正しい。奢《おご》ることもなく、智慮も深い。それでいて民を憐れみ、身分の低い家臣まで愛している。みずからの振舞いに誤りはなく、家臣に命じて政治を行っているので、国家は安泰である。

なるほど綱紀は立派な人物、まさに名君というわけである。しかし、藩主となって、もうすぐ半世紀、長い治世の弊害も見え始めていた。たとえば、私欲に走る家臣にそそのかされ、損得勘定を考えるようになったため、昔の心を忘れている、と評価も手厳しい。古書の収集についても、『土芥寇讎記』はこんなエピソードを紹介している。

世にも珍しい古書があった。綱紀はこれを買う約束をし、値段を決めるために借りることにした。いくらで買うのか金額を尋ねたところ、今日いや明日と返事を延ばすだけ。その間、大勢を雇って五・六日ですべて筆写させ、「この書は珍しくはない、私も持っている」と言って返却した。こういう出来事が何度かあったので、綱紀のことを書籍盗人《ぬすっと》と呼んでいる。

なんと「書籍盗人」との酷評を受けているのだ。このエピソードの真偽はどうか。古書の収集にあたって、綱紀はみずから必ず閲覧し、無用・無価値と判定した場合には返し、合格したものは購入するか、筆写させたというから、あながち噂話ともいえないだろう。

綱紀がどれくらいの書籍を集めたのかは定かではないが、明治末年の前田家には数十万の蔵書があったというから、これだけ膨大な量を残すきっかけとなった古書の収集は、結果的に一大文化事業となったことは間違いない。

第75話　尾張《おわり》藩江戸屋敷——日本初のテーマパーク

大名の江戸屋敷とは　参勤交代で、大名が在府中居住する場所が江戸屋敷で、また、「人質」である正妻や嫡子《ちゃくし》の定住する場所でもあった。大名にもよるが、本邸の上《かみ》屋敷、隠居《いんきょ》や嫡子らの住む中《なか》屋敷、別荘的な下《しも》屋敷などがある。尾張徳川藩は、現在の市ヶ谷の上屋敷（現在の防衛庁）、麹《こうじ》町の中屋敷（上智大学）、戸山《とやま》の下屋敷（早稲田大学文学部）をはじめ、幕末には四十三の屋敷をもっていた。

尾張藩江戸下屋敷庭園——非日常の世界　下屋敷の「戸山《とやま》荘」は、寛文《かんぶん》年間（十七世紀中頃）に、二代藩主徳川光友《みつとも》が正室千代姫《ちよひめ》（将軍家光《いえみつ》の長女）のために作ったとされ、十三万六千坪（約四十五ヘクタール）という広さを誇った。庭園には、景観だけでなく奇抜な建物や宝物の展示など、様々な趣向が用意されており、滝の水量を操作して下を通る人を驚かせる仕掛けなどもあった。とくに有名なのが「御町屋《おまちや》」である。寛政《かんせい》五（一七九三）年、戸山荘を訪れた旗本佐野義行《よしゆき》の書いた訪問記「和田戸山御成記《おなりき》」（東京市役所編纂『東京市史稿』）を見てみよう。

東海道五十三次の宿場を真似《まね》た場所で、道の左右には店が並び店先に木で作った団子や田楽《でんがく》が置いてあるのも面白い。本屋には唐本《からほん》・和本が棚に並ぶ。薬屋には様々な薬名を書いた袋が置いてあり、同行した医者も驚いている。茶屋には茶壷が飾られ、両替屋には秤《はかり》や木で出来た銭が置かれ、米屋には評判の「尾張俵」が積まれている。菓子屋にも美味《おい》しそうな菓子が並ぶが、木でできている。

その他、医者の家・魚屋・酒屋など三十数軒の店が、百メートル以上にわたって並び、造りも看板もそっくりだが、すべて偽物《にせもの》である。そして、店には商人が一人もいない。まるで映画のセットである。

何故このような宿場町を再現したのだろう？　藩主光友が千代姫の無聊《ぶりょう》を慰めるためとも言われるが、日頃、庶民の生活に接することのできない大名や家族が、息抜きとして「下々の生活」を体験したり、ウィンドウショッピングを楽しむための仕掛けだったようだ。「非日常生活を体験できる」、これは現代の体験型テーマパークに通じるものがある。

社交・接待の場所としての庭園　ところで、訪問記を書いた佐野義行は旗本で、当日は十一代将軍家斉《いえなり》の随行として戸山荘を訪れている。一行は園内をまわった後、この「宿場町」に着き、将軍は「古駅楼《こえきろう》」で休息を取る。これが、小田原に実在する店に似ていたので、小田原宿がモデルといわれるようになった。その後、酒肴《しゅこう》が振舞われた。やがて無礼講になり、その様子を家斉は楽しそうに見ていたようだ。その後も家斉は戸山荘を訪れている（お堅い松平定信《さだのぶ》の目を盗んで？）。庭園の評判が高まるにつれ、多くの大名や家臣から訪問の要望が出て、庭園は接待の場としても利用された。現在の東京ディズニーランドにも一般人の入れない接待用の「クラブ33」があるのと似ている。

その後、幕末の安政大地震・火災などで庭園は荒廃し、明治に入ると西郷軍の駐屯地、陸軍戸山学校となり、戦後は早稲田大学文学部、戸山公園に名を変えた。かつての「小田原宿」は戸山団地の一角となった。「小田原宿」から見えることから、「箱根山」と称される庭園の一部が現在も戸山公園に残されており、登ることができる。山の手線内で一番高い山で、標高四十四・六メートルを誇る。

第76話　津波の碑文

未曾有の自然災害　干ばつ・冷害・洪水といった自然災害が起こると、凶作に陥り、食料が不足して人々が餓死・病死する飢饉《ききん》が発生した。江戸時代を通じて最大の犠牲者を出したのは、天明《てんめい》三（一七八三）年から東北地方でおこった天明の大飢饉である。春からの天候不順、夏には長雨が続いたことから、大凶作に陥ってしまった。食料不足のため村を出るも、行く先々でも食べ物はない。その結果、多くの人が餓死したが、その数は三十万人を下らないといわれている。

自然災害は、飢饉だけではない。とくに宝永《ほうえい》四（一七〇七）年はすさまじかった。まず富士山が大噴火している。雷のような爆発音が江戸まで響き、雪のような白い灰が降ったという。噴火は半月ほど続き、降灰被害は富士山のまわりだけでなく、遠く水戸にまで及んだ。噴出物は、総量で八億五千万立方メートルと推定されているから、途方もない数字である。

この大噴火の約二か月前には、なんとマグニチュード八・四の大地震も発生している。しかも地震の影響で、房総から九州の太平洋沿岸まで津波が襲った。死者は三万人余りで、被災した家屋は流失したものだけで約二万棟というから、まさに未曾有の大惨事であった。

十八世紀には自然災害が頻発し、そこからの復旧を目指すも消耗していく江戸幕府。それでも人々は生きる力を蓄えていった（倉地克直『徳川社会のゆらぎ』小学館）。その例として津波に注目してみよう。

後世を救う石碑　京都の文人でもあり、医者でもある橘南谿《たちばななんけい》は、紀行文『西遊記《せいゆうき》』を著したことで有名である。そのなかに「碑文」という話がある。津波の発生から、約一世紀たった寛政《かんせい》九（一七九七）年、熊野長島《くまのながしま》（現三重県紀北町《きほくちょう》）を訪れていた時、仏光寺《ぶっこうじ》という禅宗の寺で、「津浪流死塔《つなみりゅうしとう》」という碑文を発見。その裏面には、こう記されていた。

宝永四年の大地震で津波が襲い、長島では波があふれ、おびただしい数の人たちが流れ死んだ。以後、大地震の時には、山上に逃げ登るべきことを心得ておきなさい。

津波の記憶を風化させてはならない。そこで住民たちは石碑を建てて、生きのびるための教訓を刻んでいたのだ。この津波について、まわりに尋ねてみた。すると、約一世紀も前のことなのに、住民たちは語り伝えていたという。しかも、ふつうの碑文ならば、文人たちは中国にならって漢文で記し、風流さや優雅さを表現するものの、それだと庶民は理解できない。ところが、この碑文は漢文ではなく、わかりやすい文体で書かれているので、誰でも読める。南谿は、全国でも珍しい、後世を救う石碑だと讃えた。

津波は、なにも海岸のみに起こるわけではない。山津浪もある。西日本の球磨《くま》川（現熊本県）では、大雨のあと、川が干あがっているのが不思議だと見物客が訪れた。突然、川上より大水が押し寄せ、やはり流れ死んだという。これは洪水で山が崩れ、流れ出た土で川がせき止められたものが、やがてあふれて大水となったのである。伊勢長島と球磨川の例をふまえ、南谿はこう警鐘を鳴らした。

海でも川でも、突然に理由もなく水が引く時は、あとに必ず大水が来るので用心すべきである。

第77話　田畑勝手作り《でんぱたかってづく》の禁とタバコ

田畑勝手作りの禁の問題点　江戸幕府は百姓の暮らしを規制したが、近年その法令の見直しが進んでいる。たとえば、有名な慶安《けいあん》の触書《ふれがき》については、山本英二「慶安御触書は存在したのか」(『再検証　史料が語る新事実　書き換えられる日本史』小径社) を読んでいただくとして、ここでは田畑勝手作りの禁を紹介したい。

領主が安定して年貢を取り立てるためには、百姓が商品経済にまき込まれて没落するのを防がなければならない。そこで商品作物であるタバコ・木綿《もめん》・菜種《なたね》などを田畑で自由に栽培することを禁じた。これが有名な田畑勝手作りの禁であり、多くの高等学校教科書にも登場している。しかし、これには大きな問題点が二つある。①そもそも「勝手作り」という用語はなかった。②幕府は商品作物の作付けを継続的に禁じてはいなかった。

まず①についていえば、江戸前期では「勝手作り」という用語はなかった。したがって、「田畑勝手作りの禁」という法令が一斉に出されたわけでもない。タバコ・木綿・菜種などの商品作物の作付けを個別に制限した法令が、後世にひとまとまりにして名づけられたのである。

続けて②について。あえてタバコ・木綿・菜種の作付けを同時に禁じたものをあげれば、寛永《かんえい》十九(一六四二) 年と同二十年の法令がある。ところが、これは飢饉《ききん》という非常事態下で食料を確保するために、一時的に田畑での栽培が禁じられたのである。

タバコの作付けはどうなったのか　江戸時代のすべての期間にわたって、幕府は商品作物の栽培を禁じていたわけではなかった。このことを幕府の法令集『御触書寛保集成《おふれがきかんぽうしゅうせい》』から確認してみよう。まずは寛文《かんぶん》七（一六六七）年の法令から。

米が損失するので、本田畑でタバコを栽培するのを禁じる。ただし、野山を開いて作るのはよい。

高くなっていた米価を抑えるためには、米を増産すればよい。そのために本田畑でのタバコの栽培が禁じられたのである。だからといって、作付けが全面禁止になったわけでもない。なぜなら、野山を新たに開いたなら、そこで栽培することは許されたからである。それから三十五年後の、元禄《げんろく》十五（一七〇二）年の法令ではどうなるか。

以前から本田畑でタバコを作ることを禁じているが、来年は本田畑の半分で栽培することを認める。残る半分は穀物を作りなさい。

なんと幕府は、本田畑でもタバコの作付けを緩和しているのだ。これでどれくらいタバコの生産量が増えたのか。加賀《かが》藩の城下町金沢《かなざわ》の例をあげてみよう。金沢のまわりの二つの郡では、五十一万斤《きん》余り（三百トン以上）の収穫があった。人によって消費量の差もあるが、これで年間約七万六千人分、ほぼ金沢の人口に相当する。本田畑の半分でタバコの栽培が許されただけでも、充分に生産量が増えたことが理解できよう。翌年からこの法令はどうなるのか。同様のものが三年連続で出されたものの、その後は法令集にも記されていない。よって十八世紀初期から、幕府はタバコ作付制限令を事実上撤回したものとみられる。

第78話　田沼意次《おきつぐ》と松平定信《さだのぶ》の人物像

「田沼時代」のイメージ　いわゆる享保《きょうほう》の改革、寛政《かんせい》の改革、天保《てんぽう》の改革を総称して、江戸時代の三大改革と呼ぶことがあるが、これは歴史用語として使われていたものではない。しかし、少なくとも昭和十九（一九四四）年に刊行された本庄栄治郎編『近世日本の三大改革』には「三大改革」の名が冠されており、ここまでこの名称を遡《さかのぼ》ることができる。さて、それらの改革の狭間《はざま》で様々な評価が議論されているのが「田沼時代」である。戦前は、この時代は賄賂《わいろ》政治が横行《おうこう》した時代とされ、政治家田沼意次も権力者のあくどさが強調されたイメージが鮮烈であり、それに対して松平定信《まつだいらさだのぶ》を模範的な人物とする見方が強かった。

しかし近年は、意次が行った耕地からの年貢収入《ねんぐしゅうにゅう》以外、印旛《いんば》沼・手賀《てが》沼の干拓《かんたく》や蝦夷《えぞ》地開発、俵物《たわらもの》輸出、株仲間の奨励など、商業・金融・貿易から新たな財源を求めようとして行った重商主義《じゅうしょうしゅぎ》政策を積極的に評価する動きがある。とくに、大石慎三郎『田沼意次の時代』（岩波書店）は、従来の史料検討が不正確だとして批判を試みている。

また、江戸後期に幕臣《ばくしん》であった川路聖謨《かわじとしあきら》が「遊芸園随筆《ゆうげいえんずいひつ》」の中で田沼の人物評を記しており、そこでは「よほどの豪傑《ごうけつ》（才智にたけた者）」という面と「骨髄《こつずい》よからぬ人」という二つの相対立する人物像を指摘している。このように、とかく善政《ぜんせい》か悪政《あくせい》かの現代的な高みから評価を下すことがあるが、それはどうしてもその人物や時代のイメージを形づくってしまうので、ここでは、各々の政治が直面した課題や危機感の一端を丁寧に見ていくことにしたい。

田沼意次の人物像　享保《きょうほう》四（一七一九）年に紀州《きしゅう》藩の足軽《あしがる》の子として生まれた意次は、八代将軍徳川吉宗《よしむね》に登用されて旗本《はたもと》となり、九代徳川家重《いえしげ》・十代家治《いえはる》に仕えて、側用人《そばようにん》から老中《ろうじゅう》へと昇進した人物である。家重の意次に対する信任ぶりは、家重の遺言《ゆいごん》として「意次は、またうとのものであり、気を配って召し使うようにしなさい」（『徳川実紀《とくがわじつき》』）と記録されている。記録にある「またうとのもの」とは正直な者、律儀《りちぎ》な者という意味で、家重の田沼への信任ぶりがよく表れている（藤田覚『田沼意次』ミネルヴァ書房）。

意次自身が残した史料は意外なほど少ない。その少ないなかにあって、意次は、田沼家を継いで藩主《はんしゅ》となるべき子孫に、次のような七か条の遺訓《いくん》を書き残している。「遺訓」の作成年代は未詳だが、天明《てんめい》七（一七八七）年十月に所領没収《しょりょうぼっしゅう》、隠居《いんきょ》を命じられ、意明《おきあき》に陸奥《むつ》・越後《えちご》一万石を宛行《あてが》われた直後とも考えられている（深谷克己『田沼意次』山川出版社）。

一親類は勿論のこと、江戸城で同席する大名や旗本たちに対して、表裏のある行為をせず、誠実に心掛けること。どのような者に対しても心を通わすようにすること。

一家来の者たちにも憐愍《れんびん》を加え、賞罰などは依怙贔屓《えこひいき》のないよう心掛けること。また正規の定職者から雑用人に至るまで心を配り、油断なく召し使うこと。

意次は、大名《だいみょう》や旗本《はたもと》に対して誠実に努めることや、家来に対して主人のわがままでこき使っては駄目で、情けをかけて召し使うことが大切だと記し、人間関係に対する心配りをうたっている。意次は、「人並《ひとなみ》」からはずれることや、「そけもの（異風者《いふうもの》）」であることを極度に嫌っていたようである。

天明六（一七八六）年以後、意次は老中辞職に続き、二万石を没収され、さらに所領没収のうえ隠居処分となった。このように、幕府の頂点より転がり落ちた意次は、天明七年に「悪魔」調伏《ちょうぶく》を祈禱《きとう》し、身の潔白《けっぱく》を訴える願文《がんもん》「上奏文《じょうそうぶん》」を捧げている。この「上奏文」で注目されるのは、将軍家治が意次に嫌疑《けんぎ》をかけたと意次に告げる者がいたこと、意次がやむなく辞職を願い出て将軍が認めたことなどが記されている点である。意次の老中辞職にかかわるこのような経緯は史料上確認できないが、意次の老中辞職の背景には、何やら陰謀《いんぼう》の影を垣間見ることができる。

松平定信の人物像　意次が「上奏文」を書いた（天明七年五月半ば）直後、赤坂一帯の米屋襲撃《しゅうげき》から、天明の江戸打ちこわしが始まった。杉田玄白《げんぱく》は、『後見草《のちみぐさ》』（『燕石十種《えんせきじっしゅ》』）のなかで次のように記している。

拙《つたな》いたとえでは「雨降って地かたまる」という言葉があるが、もし今回の騒動（一揆や打ちこわし）がなければ、政治も改まらなかったであろうなどと言う者もいる。

玄白の記述によれば、近年起きている激しい一揆や打ちこわしがなかったら、寛政の改革も起きなかったであろうと取り沙汰されていたことがわかる。

松平定信は御三卿《ごさんきょう》の一つ田安《たやす》家の出で、白河《しらかわ》藩主となり、何の役職にもついた経験をもたないなかで、天明七年六月老中に就任したが、それは異例のことであった。その一方で、意次の老中辞職から、定信が老中に就任するまでには十か月もの月日を要している。

定信が老中に就任した背景には、十一代将軍家斉《いえなり》の実父一橋治済《ひとつばしはるさだ》の存在がある。天明六年十月、治済は水戸藩主徳川治保《はるもり》に書状を送って、政治の一新を行い「実義・器量《きりょう》の者」を老中に就けることが必要だと説き、その後、治済と御三家《ごさんけ》は幕閣《ばっかく》に対して定信を老中に推薦することを伝え、ようやく定信の老中就任に至ったのである。さらに翌七年五月二十日から二十四日までに江戸の打ちこわしが起こり、これにより田沼を支持する勢力が追い落とされ、定信は老中首座《しゅざ》・将軍補佐役《ほさやく》を命じられ、将軍側近を自らの勢力で固めた。

このように、天明の打ちこわしによって抜擢された定信は、天明七年六月に記した意見書で「下勢《かせい》おのずから上《かみ》を凌《しの》ぎ」と記しているように、武士の気風《きふう》の退廃の中で民の勢いが増長する危機的状況をとらえ、これを打開するための政策を強く意識する必要があった。

翌八年十月「老中心得《ろうじゅうこころえ》十九か条」「幼君奉仕心得《ようくんほうしこころえ》五か条」を定めて、老中としての心得、将軍補佐としての心得を述べているが、注目されるのは「将軍家御心得《しょうぐんけおんこころえ》十五か条」を定めて将軍としての心得までも述べている点である。定信は、重要な政策に関しては老中で評議を行い、御三家に相談をして承認を得ながら進めていくという方法をとっていったが、まさに幕府権力を一手に握る存在になったのである。老中退職直後に方々へ送った手紙（「松平定教文書《まつだいらさだのりもんじょ》」）には、定信は驕慢《きょうまん》だと批判する声がある、何をやっても定信のやったことで定信の手柄《てがら》にされているとの世評がなされ、将軍のためになっていない、などの記載があり、このような定信の記述を勘案すると、定信の老中解任の背景の一因には、定信と将軍家斉との確執があったものと考えられる（藤田覚『松平定信』中公新書）。

第79話　文化年間の「開国」論とは何か

文化三・四年の日露紛争　文化元（一八〇四）年、ロシア使節レザノフは、ラクスマンが持ち帰った信牌《しんぱい》を持って長崎へ来航した。しかし、江戸幕府は通商要求を拒む「教諭書《きょうゆしょ》」を渡した。そこには、中国・朝鮮・琉球《りゅうきゅう》・オランダ以外の国との関係を絶っていることが「我が国の代々国境を守備する常法」（『通航一覧』巻七）だと説明がなされていた。

レザノフは帰国の途中、部下で海軍大尉のフヴォストフに対して、日本に通商を承認させるには、軍事力をもって訴えることが必要だと伝え、フヴォストフは、文化三年九月に樺太《からふと》、翌年四月に択捉島《えとろふ》、五月に再び樺太を、それぞれ襲撃《しゅうげき》し、さらに六月に礼文島《れぶん》で松前船《まつまえ》、利尻島《りしり》で幕府と松前の船を襲撃した。各地で拉致《らち》された者は十人にのぼり、その後八人が釈放《しゃくほう》された（フヴォストフ事件、ロシア軍艦蝦夷《えぞ》地襲撃事件）。

とくに択捉島の事件では、東北の南部《なんぶ》・津軽《つがる》藩の守備隊が負けたことにより、国内に深刻な危機感を与えることになった。杉田玄白《げんぱく》のように、レザノフへの幕府の対応が誤りだったとする批判も登場している。また、蘭学者大槻玄沢《おおつきげんたく》は、意見書「北辺探事補遺　附或問」において、ラクスマンに与えた幕府の指示に従って長崎に来航したのに対して、幕府が拒絶したことにロシア側が怒ったわけで、ロシア側に正当性があるという「俗間《ぞくかん》」の説を伝えたが、当時はそうした考え方がいかに多かったかが知られる事例である。

文化年間の「開国」論　嘉永《かえい》六（一八五三）年のペリー来航以後、国内では鎖国か開国かをめぐって国内が二分し、その後の尊王攘夷《そんのうじょうい》運動の激化を背景に幕末の動乱に急旋回していったことは周知のところである。しかし、これを遡ること半世紀に、すでに「鎖国」か「開国」かをめぐって幕閣で議論が行われていたことはあまり知られていない。

たとえば、会津藩士の文化四年の史料から「先年手違いがあって、ロシア人らの憤激《ふんげき》ももっともなことで、この上は、ロシアとの交易は承認して穏便《おんびん》に済ますことも必要だ」という意見が幕閣にもあったことが知られている。また、老中を辞してから十数年がたった文化四年、なお白河《しらかわ》藩主の座にあった松平定信《さだのぶ》は、幕府からロシア軍艦蝦夷地襲撃事件について意見を求められ、四通の意見書を提出している。

（ロシアとの）交易のことは、絶対に許されないことだが、状況によっては許可することも仕方がないのではないか。……一旦幕府の武威が立つのであれば、状況によっては、ロシアの態度に不満があっても、貿易を認めてもよい。

要するに定信の意見では、日本側が武威《ぶい》を示しロシアが謝罪することを条件に貿易を認めるというものであった。すなわち、日本の面子《めんつ》が立つのであればロシアに貿易の許可を行うという意見であった。

このように、「開国」論が幕府の内外から出てくるようになったわけだが、幕府は、同年末、ロシア船打《うち》払令《はらいれい》を出して「開国」論を否定し、軍事的対決の姿勢をとったのである。しかし、定信の述べた「開国」論は、幕末の列強への対応策につながっていったのである。

第80話　鯰《なまず》絵が語る安政《あんせい》の大地震

安政の大地震　安政二（一八五五）年十月二日午後十時頃、安政の大地震が江戸を襲《おそ》った。この地震は直下型で、マグニチュード六・九、震源地は現在の荒川河口付近とされ、建物の倒壊《とうかい》率は十パーセントにのぼり、新吉原《しんよしわら》の遊女《ゆうじょ》六百人以上が焼死した例を除くと、焼死者よりも圧死者の方が多かったと考えられている。幕府の調査では、死者は四千二百人余、負傷者は二千七百人余、倒壊家屋は一万五千軒以上、倒壊土蔵《どぞう》は千四百余にのぼっている。これは震災後間もない時期に、各名主に対して被害状況を書き上げさせたものに基づく数字で、実際にはこの被害をさらに上回ることは十分に考えられる。被害の地域的特色として、山の手台地には被害が少なかったのに対して、被害が下町地域に集中し、とくに柳島《やなぎしま》や深川《ふかがわ》などはその被害が甚大であった（北原糸子《いとこ》『地震の社会史』講談社学術文庫）。

鯰絵は語る　安政の大地震のあと、災害かわら版が巷《ちまた》に流布したが、そのなかでもきわめて注目されるのが、多色刷りの地震鯰の戯画《ぎが》、いわゆる「鯰絵」がたくさん生み出されたことである。米沢《よねざわ》藩上屋敷で綴《つづ》られた「文化安政震災記」には次のように記され、多くのかわら版が刷られていた様子が記録されている。

お屋敷前には読売《よみうり》が売り歩く版板も日ごとに新しいものが出、……辻々で絵図、摺り物、草子仕立《そうししたて》のものを売って居り、その数はちょっと数え難いほどだ。

さて、地震と鯰の結びつきは、民間信仰のなかで古くから見出すことができるが、安政の大地震の時にはきわめて多くの鯰絵が作成され、そこには、鯰の活動で生じた地震の惨状を描いたもの、地震を抑える神として鹿島大明神《かしまだいみょうじん》を筆頭とする神々や民衆による地震の制圧・鯰退治《たいじ》を描いたもの、震災直後の世相《せそう》を描いたもの、金持ちをこらしめたり、新しい世界を出現させる、世直《よなお》し鯰を描いたものなどが作られた。

なかでも、「しんよし原なまづゆらひ」（江戸東京博物館蔵）は有名な一枚であり、この構図には、単に鯰＝地震＝悪の化身《けしん》という見方だけでなく、鯰を擁護《ようご》する者たちの存在（またはそういう見方があったこと）も描かれ、おどけた鯰の姿が愛くるしい。人を下敷きにする大鯰を、吉原の遊女や客が、小鯰を子どもらが懲《こ》らしめる一方、左上には職人らが駆《か》けつけ、騒動《そうどう》を止めようとしている。次のような詞も記されている。

遊女「いまいましい大鯰め、せっかく客が来る晩に暴《あば》れやがった、憎《にく》らしい、たんとぶて、ぶて」

客「この鯰め、お前のお陰《かげ》で百銭を六枚亡くしてしまった、代わりにぶち殺してやるぞ」

職人「待ってくれ、待ってくれ」「おいおいおい、そんなにぶちなさんな」

ここには、焼死者《しょうししゃ》を多数出した吉原遊女や客と、仕事の受注《じゅちゅう》が増えて恩《おん》恵《けい》を受けた職人とが対比されていて、当時の人々の意識が込められている。

第81話　小林一茶《いっさ》はいかに時代を詠《よ》んだか

「遊民」となった小林一茶　小林一茶は、宝暦《ほうれき》十三（一七六三）年、信濃《しなの》国柏原《かしわばら》宿の百姓の長男に生まれた。三歳で母を失い、八歳で継母《けいぼ》を迎えたが継母には馴染《なじ》めず、安永《あんえい》六（一七七七）年、十四歳のときに江戸へ奉公に出され、二十五歳の時に小林竹阿《ちくあ》に師事して俳諧《はいかい》を学んだ。一茶の少年時の様子について、『父の終焉《しゅうえん》日記』（岩波書店）には次のように記されている。

あと三四年もすれば家を継げると思っていた矢先のことで、年端《としは》もゆかぬ者に荒奉公をさせるなどつらい仕打ちをする親もいたもんだと親を憎んだものだ、……住み慣れた家を掃き出されたのは十四歳のことであったが、巣のない鳥の悲しみは、塒《ねぐら》に迷い、軒下に雨露をしのぎ、……苦しい月日を送るうち、いつしか俳諧を囀《さえず》り嗜《たしな》んだ。

寛政《かんせい》三（一七九一）年、二十九歳のとき、一茶は故郷に戻るが、翌年より三十六歳まで、俳諧の修行のため近畿・四国・九州を歴遊し、文字どおり「遊民」となった。

一茶の江戸暮らし　一茶の江戸暮らしの足跡が明らかになるのは、西国旅行から帰った後の享和《きょうわ》三（一八〇三）年以後のことで、隅田川と中川を結ぶ竪川《たてかわ》のほとり、勝智院《しょうちいん》に間借りをし、その後本所相生町五丁目の借屋に移った（小林計一郎『小林一茶』吉川弘文館）。一茶は、江戸の裏店《うらだな》暮らしの孤独感を次のように詠んでいる。

おお寒し貧乏神の御帰《おかえり》か（「文化句帖」文化《ぶんか》元年）

うら店はいんきか蚤《のみ》も外へとぶ（「文政句帖」文政《ぶんせい》六年）

また一茶は、同じように村を離れ江戸に住む裏店暮らしの人々について、「雪ちるや七十顔の夜そば売」（「文化句帖」文化七年）「掃溜《はきだめ》の江戸へ江戸へと時鳥《ほととぎす》」（「七番日記」文化十三年）など、多くの句を残している。俳諧師となった一茶は、生産者から遊離した自己の生活を、「耕ずして喰ひ、織ずして着る体たらく、今まで罰のあたらぬもふしぎ也／花の影寝まじ未来が恐しき」（「文政九・十年日記」文政十年）と記し、「はいかいは地獄のそこが閑古鳥《かんこどり》」（「享和句帖」享和三年）などのように、生涯を通じて悔やんでいる。

「世直し」の願望　文化九（一八一二）年、五十歳で故郷に戻り、二十八歳の妻きくと結婚し（「こんな身も拾ふ神ありて花の春」〈「七番日記」文化十三年〉と詠んでいる）、さらに二度に渡って再婚をした。文政十（一八二七）年、大火が柏原宿を襲い、一茶は焼け残った土蔵で生活をし、その土蔵で六十四年の生涯を閉じた。一茶は、文化十年の善光寺《ぜんこうじ》門前の打ちこわしや、文政八年松本藩で米の買占めに抗して起きた打ちこわし（赤蓑騒動《あかみのそうどう》）に対して、大きく変動する社会の変容と社会不安の解消を願う、次のような句を詠んでいる。

とく暮れよことしのやうな悪どしは（「俳文拾遺」）

世直しの大十五夜の月見かな（「文政九・十年句帖」文政九年）

一茶が活躍したのは、十八世紀末から十九世紀の前半の、いわゆる文化・文政期に当たり、一茶の遺した約二万句の中には、「内憂外患《ないゆうがいかん》」の時代像を映した句も多い。

第82話　通信使の外交はどのように終焉《しゅうえん》を迎えたか

江戸時代の通信使外交　江戸時代における朝鮮使節は、慶長《けいちょう》十二（一六〇七）年から文化《ぶんか》八（一八一一）年まで、江戸時代を通じて十二回にわたって日本に派遣されてきた。このうち、寛永《かんえい》十三（一六三六）年の第四回目の朝鮮使節からは、通信使《つうしんし》と称されるようになった。通信使の派遣は、朝鮮国王の国書と征夷《せいい》大将軍《たいしょうぐん》の国書とを交換する対等な外交関係を表していた。幕府は政権安定の祝賀の使節と位置づけたが、朝鮮側は、北方（清《しん》）からの軍事的脅威《きょうい》に対して南方の政治的な安定を求め、さらに日本への文化的教《きょう》化《か》を行う意図があった。

使節は、正使・副使・従事官《じゅうじかん》のほか、通訳・楽隊・画家に及ぶ総勢約五百人に及んだ。漢陽《かんよう》（現ソウル）を出発ののち、釜山《プサン》から対馬《つしま》・壱岐《いき》を経由して大坂・京都までが船路であり、京都から江戸までは陸路で移動を行って全行程四～五か月に及ぶ旅であった。通信使の通行に際しては、街道各地の宿泊施設や道橋の普請《ふしん》、人馬負担、江戸滞在中の費用負担などがあったが、たとえば天和《てんな》二年の使節の場合、金二千七百二十五両《りょう》二分《ぶ》余、銀九十八貫《かん》九百七十一匁《もんめ》にものぼり、膨大《ぼうだい》な経費を要した（『竹橋余筆《ちっきょうよひつ》』）。

また、正徳《しょうとく》元（一七一一）年の通信使の通行に際しては、次のような触《ふれ》（「大成令補遺《たいせいれいほい》」『通航一覧《つうこういちらん》』）が出され、使節の安全確保と、国家の対面維持《いじ》をはかっていた。

一宿所や通行の道など、馳走を担《にな》う賄方《まかないがた》や対馬藩士、諸大名の担う人馬の使者に至るまで、喧嘩《けんか》・

口論や無礼な行為を一切しないこと。
一通信使の見物の場で、男女僧尼などが一緒にいないこと、幕やついたてなどで仕切ること、酔って大声や不行儀の行為をせず、往来の旅人が見る時は道の脇に寄ること。

幕府は通信使を江戸城に迎えるに当たり、将軍への四拝礼《はいれい》（臣下を意味する拝礼）を求めたが、朝鮮使節一行の中には、江戸に到着したものの、この拝礼を嫌って江戸城に登城しない者もいた。また、通信使が江戸に来たのに対して、対馬藩からは釜山の倭館《わかん》までしか派遣されなかったところにも、対等外交を結ぶ日朝両国には様々な思惑《おもわく》を含んでいた。

対馬における易地聘礼《えきちへいれい》　文化八年の通信使は、十一代家斉《いえなり》の将軍就任後二十四年経った後に派遣が行われたということや、江戸ではなく朝鮮にもっとも近い対馬で応接を行う易地聘礼とすることなど、異例づくめだった。日朝交渉では、天明《てんめい》八（一七八八）年、幕府が対馬を通じて通信使の延期を提案したが、易地聘礼の意図を図りかねた朝鮮側は、通信使の慣例を守ることを主張して日本の提案に反対し、膠着《こうちゃく》状態が続くこととなった。折《おり》から、日本では寛政《かんせい》の改革が始まっており、老中松平定信《さだのぶ》はその自叙伝《じじょでん》『宇下人言《うげのひとこと》』の中で次のように記している。

日本側の（通信使にかかわる）支出経費は莫大なもので、東海道の村々よりは百石につき三両の御用金を集め、大名からは鞍馬の負担を課す等も難しくなってきている。……このように、そうした出費はいかにして支払うことができようか。村々も衰え、大名らも、今の状況のように困窮していては、いかにして通信使の応接を行うことができようか。……道すがら日本の衰退ぶりを見られても日本の国益にはならない。

右の史料に示されているように、松平定信は経費節減方針から派遣の延期と易地聘礼の案を打ち出したのである。幕府は通信使の応接を、自らの財政と諸藩の事情を考えることなしに強行することはできなくなっていた。また、定信は隣交体制の継続を念頭におきつつも、従来の礼式が厚礼過《こうれい》ぎると認識し、国境（対馬）における応接を行うことが対等の礼だと考えた。

結局、文化《ぶんか》六（一八〇九）年、朝鮮側は、易地聘礼の理由が通信使に関わる経費節減にあると理解すると、朝鮮側もこの応接を了承した。当時、朝鮮側も自然災害に悩まされ、儀礼上の交換物資であった人参《にんじん》の確保が困難な事態にあり、日本の提案は逆に朝鮮側にとっても、財政的な面で受け入れられやすかった（『日韓交流の歴史』明石書店）。

通信使外交の終焉　江戸時代の通信使派遣は、文化八年をもって終了したが、実はその後も通信使派遣の計画は継続した。天保《てんぽう》八（一八三七）年、徳川家慶《いえよし》が十二代将軍に就任すると、幕府は対馬藩に対して通信使派遣をめぐり朝鮮との交渉を始めることを指示し、対馬藩は再び朝鮮側との交渉を始めた。しかし、天保十二年、日本では天保の改革が始まり、老中水野忠邦《ただくに》は通信使を利用して、大坂での応接計画を対馬藩に指示した。水野が企図した理由については、次のように記されているが（「新伊勢物語」『茨城県史料幕末編Ⅰ』を意訳）、これは大坂での儀礼に諸大名を動員し、将軍権威《けんい》を誇示《こじ》して政治的効果をねらい、あわせて聘礼の費用を大坂の町人に出資させようとしたと考えられている。

文化度の聘礼は経費節減を目的としたが、予想外に経費がかかり、対馬での聘礼では目的を達することができない。大坂ならば諸事便利もよく、幕府の出費を抑え、かつ朝鮮側も厚礼となれば本意にかなうことになるだろう。

こうした日本側の計画変更のため、日朝交渉は難航《なんこう》したが、朝鮮側は通信使の派遣を十年間延期して実施することを条件に、大坂における易地聘礼の案を受け入れた。しかし、その後、凶荒《きょうこう》や江戸城西丸焼失を理由にさらに延期要請を行ったことに加え、将軍が急死したことで、大坂における易地聘礼は挫折《ざせつ》に至った。実際、朝鮮側も一八三〇〜四〇年代には、欧米列強の接近による対外的危機に見舞われ、清との関係を強化し、自国の鎖国体制を維持しようとする政策を行った。

嘉永《かえい》六（一八五三）年にペリーが浦賀《うらが》に来航すると、幕府は欧米列強の外圧への対応に追われることになるが、これによって幕府が朝鮮への興味を失ったのかというと必ずしもそう片付けるわけにはいかない。というのも、同年、十三代家定《いえさだ》が将軍に就任すると、対馬での易地聘礼について朝鮮側との交渉開始を幕府が承認しており、これにより、対馬藩は慶応《けいおう》二（一八六六）年に対馬において聘礼を行うことを朝鮮側と合意し、幕府もこれを了承していたのである。また、文久《ぶんきゅう》二（一八六二）年、対馬藩に国情探索《こくじょうたんさく》を命じ、翌年、実現はしなかったが、勝海舟《かつかいしゅう》に朝鮮偵察のため対馬へ赴くことを命じていたのである。慶応元（一八六五）年、来聘時期の十か年延期（明治九〈一八七六〉年）を決定した後、ほどなくして幕府は崩壊した。

第83話　百姓一揆のルール

百姓一揆の持ち物　江戸時代も中期以降になると、年貢の減免などを求めた大規模な百姓一揆が各地でおこった。明治初期のものもふくめると、その数は三千七百件にもおよぶ。その百姓一揆についていえば、百姓は蓑笠《みのかさ》を着用し、ムシロ旗を掲げて一揆に参加する。ところが、領主に対抗しようにも村には武器はないので、竹槍や鎌などを持参して立ちあがるしかない。かつては、こんなイメージが根強かった。しかし、それは見直すべきである（保坂智《さとる》『百姓一揆とその作法』吉川弘文館）。

まず蓑と笠を着用するのは間違いないが、これらは百姓にとっての、いわばユニフォームである。領主にアピールするためには、みずからがどんな人物なのかを強調しなければならない。だからこそ、百姓がいつも身につけている蓑と笠が必要なのである。

ムシロ旗はどうか。素材として多く使用されたのは木綿や紙が多く、ムシロは少ない。となると、問題は、なぜ旗を掲げるのかについてだが、考えてほしい。一揆には数千、いや数万もの群衆が集まってくる。これだけの人数を統率することは難しい。百姓は村単位で行動するので、だから、自分の村を識別するために旗が作られたわけである。その証拠として、肥後《ひご》人吉《ひとよし》藩で幕末の天保《てんぽう》十二（一八四一）年に発生した葺山《なばやま》騒動をみてみよう。この一揆の報告書『相良《さがら》葺山騒動記』には、こう記述されている。

徒党の者どもは、村の目印の旗を立てて、それを目当てにして行動している。

武器は使用されたのか　残された竹槍や鎌などの武器はどうか。竹槍を持参するケースもあったが、これで人が殺害されたのは、たった二例しかない。一つは一揆の一人を切り捨てた役人への報復として、もう一つは一揆の参加者が炊きだした米を土足で踏みつけたので、それに対する内部統制のためであった。竹槍は持参されたとしても、基本的には威嚇する程度のものでしかなかったのである。

ほかに鎌や鍬《くわ》などが持参されることもあったが、これらは百姓がいつも使っている道具なので、やはり参加者が百姓であることをアピールするために持っていた。さらに百姓は、意外な道具を持っていくこともあった。ふたたび『相良茸山騒動記』をみてみよう。

徒党《ととう》の者どもが持っている道具は、第一は斧《おの》・鉈《なた》または鉄砲など。家宅を打ち崩す時は、鉄砲を打ち、時の声をあげて合図にしている。

斧や鉈だけではなく、鉄砲そのものまで持参していたのである。これらは人を殺害できる道具なのに、そのために使っているのではない。斧や鉈などは大工道具なので、これは建物を壊すために用いられた。茸山騒動の場合は、百姓を苦しめるきっかけとなった有力商人の家宅が打ち壊されている。残された鉄砲、これは本来、イノシシやシカを駆除するため、あるいは狩猟のために百姓が持っていたものである。発砲して何をしたのかといえば、一揆勢が行動を始めるにあたって、時の声をあげるための合図として、ただ鳴らしているだけなのだ。

つまり、百姓一揆には、参加者が人を殺害できるような道具を持っていたとしても、それを武器として使用しないというルールがあったわけである。

第84話　琉球人の愛した茶

琉球館《りゅうきゅうかん》　江戸時代の日本は、外国との交渉を閉ざした、世にいう「鎖国」の状態といわれることが多い。ところが、実態としては長崎《ながさき》だけではなく、対馬《つしま》・薩摩《さつま》・松前《まつまえ》という「四つの窓口」を通した交流が盛んであった。そのなかの薩摩に注目してみよう。

薩摩藩主島津《しまづ》家は、慶長《けいちょう》十四（一六〇九）年、琉球王国を征服した。そのため琉球王国は薩摩と交渉するための出先機関を鹿児島においた。この施設のことを琉球館という。鹿児島城の北側にあり、武家屋敷のように石塀で囲まれていた。面積は約三千六百坪というから、有名な長崎出島《でじま》より、ひとまわり小さい。役人が常駐していたが、館外に住むことは禁じられていた。何か事件が発生すると、薩摩藩ではなく、琉球王国の役人が裁判を行っていたことから、治外法権も認められていたのである。よって、琉球館は、「鹿児島版の出島」といってよいだろう。その琉球館の中心的な役割は、なんといっても蔵屋敷としての機能であった。琉球王国は薩摩藩に唐物《からもの》と呼ばれる輸入品を売却していたので、その品物を保管していたのである。この唐物を売った資金でもって、琉球王国はふたたび唐物を購入して貿易を続けていくのだが、取り引きされていたモノは、それだけではなかった。

山村の茶を求めて　琉球館に関する史料『琉球館文書』によれば、琉球王国が、ある意外なモノを買い求めていることがわかる。茶である。琉球では茶の生産が少ない、だから輸入するしかなかった。現在、沖縄で愛飲されているのは、ジャスミンの香りのついたサンピン茶なのだが、ここで求められていたのはそれではない。『琉球館文書』には、文化《ぶんか》三（一八〇六）年のところに、こんな記述がある。

琉球では、士族から庶民にいたるまで、日用で飲んでいるのは求麻《くま》茶というブランドである。

「求麻」とは、今日の熊本県人吉《ひとよし》市と球磨《くま》郡一帯のことを指し、近世では肥後《ひご》人吉藩が支配していた。その領域のほとんどが山間部だったということは、琉球では山村でつくられる緑茶が愛飲されていたのだ。茶といえば、各地でいろいろなブランドがあるにもかかわらず、なぜ山村の求麻茶なのか。琉球王国役人は、薩摩藩役人に対して、こう述べている。

薩摩製の茶の風味を試したところ、香味が良くない。仮に船中に積み込み琉球王国へ運んだとすれば、時間がかかるので、さらに香りが悪くなるのは必至である。

すなわち、琉球では、今でいうサンピン茶のように、香味の優れた求麻茶の人気が高かったのである。焼畑が盛んな九州の山村では、焼畑とともに香味の強い茶が自生していた。その味が琉球人の嗜好にかない、庶民のあいだに広まっていたと考えられる。こうして、山村の茶の一大産地である人吉藩の求麻茶が、琉球館を通して琉球王国へ渡ることになった。

このように輸入によって、琉球で大衆商品化したモノはほかにもある。たとえば、琉球からはるか遠い蝦夷《えぞ》地でアイヌが採った昆布は、「四つの窓口」の一つ松前から日本海を経て、薩摩を通して琉球へもたらされた。こうして今では、昆布を炒めた料理「クーブイリチー」のように、沖縄の食文化にとって、なくてはならない食材となっている。

第85話　ペリー来航――日本の開国と海外諸国の思惑

ペリー来航　嘉永《かえい》六（一八五三）年六月三日（七月八日）、アメリカ東インド艦隊司令長官兼遣日特使であるマシュー＝ペリー提督率いる四隻の艦隊が浦賀沖に投錨した。この時、幕末の日本の人々は大いに驚き、かつまた上は幕閣から下は庶民にいたるまで混乱を極めた。

泰平《たいへい》のねむりをさますじょうきせん　たつた四はいで夜も寝られず

という狂歌がよく引用されるが、この狂歌が幕末当時に流布していたことは、江戸の本屋の店主の手紙によって明らかになっている。「異国船の来航により江戸が騒々しく、江戸湾周辺を諸大名が警護することになった」と述べている手紙の中で、最近出現した狂歌・落首の一種として書きとめられている。江戸の人々の大きな関心事であったことは間違いなく、その生活にも影響を与えていただろう。

しかし、ペリー来航は突然の出来事ではなかった。少なくとも老中阿部正弘《まさひろ》を首班とした当時の幕閣には、来航前年の嘉永五年六月、幕府外交の窓口である長崎奉行所を通し、出島のオランダ商館長ドンケル＝クルチウスより「オランダ別段風説書《べつだんふうせつがき》」として情報が提出されていたのである。

「別段風説書」は、オランダ商館長がオランダ船の長崎入港の際に提出を義務付けられた海外情報を記した「オランダ風説書」のなかで、とくに日本に影響のある事件などについて詳しく記されたものである。クルチウスの報告によると、アメリカが通商目的で来航すること、日本の港を開港し、港内に石炭を蓄え、カリフォルニアと中国を結ぶ蒸気船航路とすること、上陸軍も載せていること、などが記されていた。オランダにとってアメリカは、江戸時代初期の鎖国体制確立以降独占してきた日本貿易の利権をおびやかす存在として映ったのであろう。

ペリー艦隊の目的　一八五三年五月七日発刊のイラストレイテド＝ロンドン＝ニュースでは、「アメリカの日本遠征」という、ペリー提督の肖像画と彼が乗っていた蒸気船ミシシッピ号のイラスト入りの記事が掲載された。イラストレイテド＝ロンドン＝ニュースは、一八四二年に創刊されたイラスト入り週刊新聞である。その記事によれば、「海軍司令官の報告書によると」という前置きに続いて、以下のように日本遠征の目的と、それがなぜペリー提督に委《ゆだ》ねられたのか、が記されている。

日本の開国は、すべての欧米諸国の貿易発展、アメリカの捕鯨船のオーナー、そしてカリフォルニアと清国との間を行きかう航海者にとって、必要なことだ。この重要な任務は、東インド艦隊司令長官（であるペリー提督）に委ねられている。彼は、信頼に足る人物であり、長い間また様々な分野においてその職務に高い意欲と能力をもって貢献してきた。

クルチウスの報告書とあわせて考えると、日本を開国させて蒸気船の燃料である石炭を備蓄できる港を確保し、北太平洋で操業する捕鯨船や太平洋（カリフォルニア―清）航路における中継・補給基地として利用することが期待されていたと考えることができる。清との貿易を重視する上で、大西洋をまわり他の欧米諸国の本国や植民地を経由せざるをえなかったアメリカにとって、ハワイ・日本を経由する独自航路の開拓は必須であり、その動向に世界が注目していたのである。

第7章　明治期――どんな時代だったのか

近世から近代へ　ペリー来航（一八五三年）を契機に、歴史は大きく転換し始める。国内矛盾と外圧に幕藩体制は動揺・崩壊し、明治維新を迎えた。近代の始まりである。新政府は「五箇条の誓文」で公議世論の尊重と開国和親の方針を示す一方、庶民に出された「五榜《ごぼう》の掲示」は全く逆の封建的な内容で、早くも政府の二面性を疑わせている。

富国強兵　新政府の課題は欧米列強から独立した近代国家の建設であり、「富国強兵」を目標とした。一連の政策、たとえば「四民平等」も天皇を頂点とする身分制度の再編成であり、労働者の創出と国民皆兵の布石であった。政府は廃藩置県により中央集権体制を強化し、地租改正によって財政の安定を狙った。急速な近代化は混乱を生むが、西洋文化は国民の政治・人権意識を高めていった。

日本とアジア　国家として、周辺諸国との国交は急務であり、まず日清修好条規を結ぶ。これは初の対等条約であった。続く朝鮮は開国を拒否し、政府中に征韓論争がおこる。征韓派の西郷隆盛らは内政優先の大久保利通らに敗れ下野した。その後、日本は江華島《こうかとう》事件を仕掛け、日朝修好条規を結ばせるが、朝鮮側には不平等な条約であった。

自由民権運動と憲法　維新後、封建的特権を失った士族は、各地で不平士族の乱を起こした。また、農民たちも血税一揆・地租改正反対一揆を起こす。政府は農民に対しては地租を軽減し、最後の不平士族の乱である西南戦争を徴兵によって編成された軍隊で鎮圧した。一方、板垣退助らは有司専制の政府を批判し、国会開設を求める政治運動を開始した。自由民権運動である。民撰議院設立の建白書から憲法発布までの民権派と政府との攻防は十五年間に及ぶ。しかし、発布された大日本帝国憲法は、伊藤博文らが秘密裏に作り、議会を経ることなく発布された「欽定《きんてい》」であった。

国際舞台へ　朝鮮の甲午《こうご》農民戦争を契機に始まった日清戦争に日本は勝利し、下関条約を結ぶ。しかし、「遼《りょう》東半島《とうはんとう》の割譲」にロシアは仏・独と組み、三国干渉を行った。一方、日清戦争に敗れた清国は弱体化をあらわにし、列強各国の中国分割が進んだ。これに対し北清事変が勃発した。中国から遠い列強は軍隊の迅速な派遣ができず、日本軍が活躍し、「極東の憲兵」と呼ばれた。事変後も満州に駐兵したロシア軍が争点となり、日露戦争が始まった。戦局は日本に有利に展開するが、長期戦は耐えられず、ポーツマス条約が結ばれた。日清・日露の戦いに勝利した日本は、韓国に併合条約を強要し植民地化した。日本の国際的地位の向上により、幕末以来の懸案であった条約改正も終了する。それは脱亜入欧の証《あかし》であった。平等条約が締結されたのは明治四十四（一九一一）年。翌年、元号は大正に変わる。

本章では、まず、幕藩体制の崩壊の象徴として植民地化の危機と「将軍パレード」を取り上げた。続く、維新政府の西郷隆盛の描く国家像と近衛兵の反乱から近代国家建設の苦悩が読み取れる。そして、自由民権運動と対する伊藤博文による「欽定」憲法の作成秘話、憲法発布を語るベルツの日記から政府の目指した近代化の本質が見えてくる。一方、外交は、国民の意識を高めたノルマントン号事件、日清戦争の虐殺事件、日露戦争の病気に苦しむ兵士などを、新しい視点から紹介している。また、三陸大津波や製糸女工の劣悪な労働条件は、現代にも通じるものがある。文化面では、その後の思想に大きな影響を与えた教育勅語と大逆事件を取り上げ、明治天皇と乃木希典《のぎまれすけ》の死による明治の終焉《しゅうえん》までを追っている。

第86話　ロシア軍艦の対馬《つしま》占領事件

対馬事件の始まり　開港、攘夷《じょうい》運動の激化、和宮降嫁《かずのみやこうか》と、国内で様々な問題をかかえる幕府は、同時期新たな難問に直面していた。ロシア軍艦による対馬占領、いわゆる対馬事件である。万延《まんえん》二（文久《ぶんきゅう》元、一八六一）年二月三日、ロシアの軍艦ポサードニク号（艦長ビリリョフ・乗組員三百六十人）が船体修理の口実で、対馬中央の浅茅《あそう》湾に来航し、翌日には芋崎《いもざき》に上陸。藩役人の制止を無視し、井戸・建物の建設や湾の測量などに着手した。こうして半年以上にわたるロシア軍の対馬占領が始まった（ロシア側史料：伊藤一哉『ロシア人の見た幕末日本』吉川弘文館）。

ロシアのねらい　安政《あんせい》五（一八五八）年に結ばれた愛琿《あいぐん》条約で沿海州《えんかいしゅう》を手に入れたロシアの関心は、朝鮮海峡へ向かう。一方、ロシアの南下を警戒するイギリスも対馬に強い関心をもった。こうして、対馬は重要な戦略拠点となった。実は、対馬事件の二年前に、イギリス軍艦が修理を理由に対馬に二十日間駐留した事件があった。これを知った初代駐日ロシア領事ゴシケーヴィチは、本国の外務省アジア局長に次のような報告を送った。

うわさによると、英国が日本領土をロシアの手から守ることを約束する見返りに、日本政府に対馬を自発的に英国に譲り渡すよう提案したようだ。箱館の英国領事が奉行と会談をもち、ロシアが蝦《え》夷《ぞ》島（北海道）の全島をも狙っていると話したと想像する根拠を私は握っている。

この「うわさ」の報告に好機を見出し、過剰に反応したのがリハチョフ東洋艦隊司令官である。彼は、海軍省に「英国に対馬を奪われる前に我が国が占領すべきである」という上申書を提出。これを受け取った海軍省総裁コンスタンチン大公は、兄である皇帝アレクサンドル二世に報告する。皇帝は対馬の重要性を認めつつも、日本との友好関係の維持を望み、ゴルチャコフ外相は「外交問題とせず純粋に海軍の問題」として処理できないかと進言した。つまり、外相としては反対だが、海軍の責任で行動するなら異議を唱えないという立場を取ったのである。これを理解したコンスタンチンは、リハチョフに次のような手紙を送った。

私は望むところだと即座に返事をした。焦点は、この島に海軍基地を作ること。外交は必要でなく、（軍人の）君が最適任者だ。島の地方政府とだけの交渉にとどめるか、むしろ既成事実を積み上げるほうがいいかも知れない。いずれにせよ、日本政府からの公式の抗議を受けないようにすること。

コンスタンチンの命を受けたリハチョフは、こうして軍艦を対馬に向かわせた。

日本側の対応　ロシア軍艦ポサードニク号が対馬に現れ、船体修理の名目で芋崎《いもざき》に上陸して以来、藩主宗義和《そうよしより》は、軍艦と乗組員の行動を逐一幕府に報告している（江戸に届くのには二十日以上を要したが）。しかし、幕府は「ことなかれ」主義の立場を取り続けた。その間、ロシア側は勝手に樹木を伐採し、建物建設を始め、畑を作り、湾内の測量をするなどして、住民とのトラブルが続出した。そして、とうとう大きな衝突が起こる（日本側史料：日野清三郎『幕末における対馬と英露』東京大学出版会）。

四月十二日、多数の異人が小型船に乗り込み、大船越瀬戸《おおふなこしせと》（浅茅湾《あそう》から対馬海峡に抜ける水路）の関を無理やり破ろうとしたので、役人二人が止めたが逆に捕らえられ、船に連れ去られた。また安五郎という者は薪《まき》を投げて抵抗したが、鉄砲で胸を撃たれ即死した。今までは恥辱を忍び兵端を開かぬように押さえてきたが、向こうより約束を破られては、国中の怒りは抑えがたい。今後、全面的な武力衝突も避けられない事態である。兵や食料も足らず四方が海で援助も難しく勝算もおぼつかないが、眼前の異賊をそのままにはできない。今後を考えると、どうしたら良いか幕府の指示を仰ぎたい。

ロシア側の横暴を黙って見てきたが、対馬藩としては幕府の許可なしに戦端は開けないし、また、とても勝ち目はない。焦りながら、幕府の指示を懇願する様子がうかがえる。四月になって、幕府も重い腰をあげ、外国奉行の小栗忠順《おぐりただまさ》を対馬に派遣する。彼が到着したのは五月七日。島民の期待をもって迎えられた幕府代表であったが、ロシア軍艦艦長ビリリョフと三回面接するも、何の成果も上げないまま、「幕府の指示をあおぐ」とわずか十四日で江戸へ戻ってしまう。五月二十五日、対馬藩主はビリリョフとの面会に応じ、芋崎周辺の租借を迫られるが、藩としては回答のしようがない。さらに七月には、「英仏が対馬を狙っているのでロシアが防備すること、軍事指導の実施」などと、事実上、領土分割の内容を要求してきた。

六月十三日、対馬藩は、このような外交問題は藩レベルでは手におえないので、対馬を幕府の直轄地として、藩主以下は領地替えを希望するという移封論の内願書を幕府に送るに至った。幕府から指示が出ない以上、「敵前逃亡」もやむなしという考えである。そこに、ロシアの横暴に日々直面し抵抗している島民に対する配慮は全くなかった。

イギリス登場　同年五月、江戸高輪の英国仮公使館が襲われる東禅寺《とうぜんじ》事件が起こった。これはロシアの対馬占領へ対する攘夷派の反発だといううわさが流れた。対英関係を考慮した幕府は、ロシア領事ゴシケーヴィチに対馬占領を強く抗議した。事態の展開に驚いた彼はロシア船の退去を約束する。一方、七月、英国公使オールコックは老中安藤信正《のぶまさ》を訪ねて、次のように述べた。

最近、対馬においてロシア船が碇泊しついには永住しそうな形勢に見える。これも日本人が外国人に反感をもつ理由になっている。すでに町のうわさでは、さきの東禅寺襲撃事件も対馬侯の家来の仕業といわれている。ついては、提督《アドミラール》ホープが軍艦三・四隻を引きつれ、ロシア人に退去するよう話したい。

オールコックは、東禅寺事件の責任を追及するより、むしろ幕府に恩を売って今後の交渉を有利に進めるほうを選んだ。もちろん、「ロシアが対馬から退去しないならイギリスが代わりに占領する」プランも考えている。こうして、イギリスは二隻の軍艦を対馬に派遣し、ロシア船に圧力をかける。ロシア側は事件が国際問題にまで発展したことに狼狽した。また、ゴルチャコフ外相の指示も届き、八月二十五日、対馬占領に失敗したロシア軍艦は退去した。船名の「ポサードニク（地方長官）」は皮肉であった。

対馬島民による抵抗の長期化、イギリスの強硬な態度と幕府の「公式の抗議」により、ロシアは対馬の占領をあきらめた。一方、イギリスも対馬獲得より幕府との外交交渉で優位に立つことを選んだ。こうした微妙な国際関係のバランスによって対馬の独立は守られたと言えよう。その対馬沖で、日本海軍がロシアのバルチック艦隊を破るのは四十四年後のことである。

第87話　庶民の前に姿を現した将軍

シュリーマンが記録した将軍　ハインリッヒ＝シュリーマンというと、ギリシア神話の「木馬」で有名なトロイア戦争に登場する古代都市トロイアの実在を確信し、その遺跡を発見・発掘をした人物として知られている。当時四十三歳のシュリーマンが、トロイア遺跡発掘以前、幕末の日本に来て、横浜から江戸や八王子などを訪れ、浅草見物や料理に舌鼓《したつづみ》を打つなど、観光を楽しんでいたことはあまり知られていない。時は慶応《けいおう》元（一八六五）年五月十日（陽暦六月三日）、上海から横浜に到着したシュリーマンが、翌日居留地のホテルに宿泊すると、将軍が上洛《じょうらく》するとの情報がもたらされた。

この間の情況を彼の旅行記で見てみると、

六月七日と八日、日本政府は横浜の外国新聞を通じ、また道路に日本語の立て札を立てて、大君《たいくん》（実質的君主、将軍徳川家茂《いえもち》）が同月十日、正室（和宮《かずのみや》）の兄にあたる帝《みかど》（聖の君主）を訪ねるため、大勢の供をひきつれ、東海道（大街道）を通って江戸から大坂（京都の誤り）へ向かう旨通告した。混乱を避けるため、行列が通過する際、外国人には立ち会わないよう要請し、また日本人については、東海道に面した店はすべて戸口を閉めて行列が通り過ぎるまで外に出ないよう厳命した。しかし六月九日、横浜の英国領事は、幕府にかけあった結果、横浜から四マイル（約六・四キロメートル）のあたり、東海道筋の木立に陣取って外国人が行列を見物できるよう、許可を取った

と発表した。（ハインリッヒ＝シュリーマン／石井和子訳『シュリーマン旅行記　清国・日本』講談社学術文庫）

とある。

将軍家茂の上洛は三度目、正月十八日、朝廷より長州藩征討のため上洛せよとの勅書に答えたものである。五月十六日、将軍家茂は江戸城を出発、陣容は約三千八百余という大部隊で、陸路東海道を西上する。その日は川崎宿に宿し、翌十七日、川崎宿を出立、神奈川宿で昼食をとり、宿泊地である保土ヶ谷宿に向かう途中で、シュリーマンら外国人に目撃されたのである。

シュリーマンの旅行記には、

一時間ほど歩いて、私は大君の行列を見ようと外国人たちに割当てられた木立に着いた。外国人が百人くらい、警備の役人が三十人くらい集まっていた。さらに一時間半ほど待たされたあと、行列が通り始めた。……いよいよ大君が現れた。他の馬と同様、蹄鉄なしで藁《わら》のサンダルを履かせた美しい栗毛の馬に乗っている。大君は二十歳くらいに見え、堂々とした美しい顔は少し浅黒い。金糸で刺繍《ししゅう》した白地の衣装をまとい、金箔《きんぱく》のほどこされた漆《うるし》塗りの帽子を被っていた。二本の太刀を腰に差した白服の身分の高いものが約二十人、大君のお供をして、行列は終わった。

とある。見物場所の様子を詳細に記し、行列の通過に無礼のあった百姓の死体がうち捨てられていたことも書き留めている。

将軍のご威光の変化　江戸時代、将軍という存在は徳川幕府の権力と権威を象徴するもので、将軍がご威光＝威厳を以て君臨し支配をすることが支配体制の根幹であった。したがって、将軍の姿は尊い存在として見たり聞いたりすることさえ難しく、大名といえどもその姿を見たり声を聞いたりすることはごく稀であった。まして外国人や一般庶民の前に、将軍がその容姿を見せるということは滅多にあり得なかった。将軍が江戸城を離れ外出する際は、行列が通る沿道の店や家は戸口や窓・雨戸を閉め、目張りをさせられ、風呂や煮炊きなど火の使用も禁じられた。もちろん沿道にいる者は土下座をし、行列を見ることなどもってのほかであった。

それが、将軍家茂の時、大きく変更された。この年、長州征討進発を前に、駒場野《こまばの》において幕府軍の軍事演習が実施された。その三回目五月三日の演習に際して「これまでの制規一変し、……この時は、普通大名が参勤交代の砌《みぎり》、海道筋に辿《と》て出逢ひたるくらゐのことなり」（鹿島萬兵衛『江戸の夕栄』中公文庫）と記されたごとく大幅な規制解除となり、江戸御府内《ごふない》で参勤交代大名の行列に出逢ったとき程度の、土下座をせず立ったままで見送る作法が許されたのである。そのため、将軍家茂の軍事演習のパレードは、江戸庶民の目に鮮やかに印象されることとなった。

次いで、十六日の江戸進発に際して外国人の見学が許可されたのである。

行列見学許可の真意　幕府はなぜ将軍の行列見学を許したのであろうか。残念ながら、そのことの経緯を記した文献は見られないが、五月三日、江戸町奉行所は日本橋町の有力町民等に対して触達《ふれ》しを出し、そのなかで、将軍進発などによる多額の財政支出ため、御用金の負担を求めた。そしてその理由として、町民たちが日々家業を続け安穏に暮らせるのは、御国恩＝将軍の御陰であることを強調し、地主だけでなく一般町民までにも御用金の供出を命じている。

ここに、幕府の最高権威者である将軍の威光の変容が読み取れる。つまり、将軍のご威光を、尊く遠い存在としてではなく、強大な軍事力をもっていることを見せつけることで印象づけようとしたのである。それが、外国人から庶民にいたるまで、将軍家茂をお披露目させることになった理由であった。そこには、長州征討費用や海岸防備など莫大な軍事費負担で増大する財政支出を、町民への御用金や農民への助郷負担加徴などで賄《まかな》おうとする、幕府の苦肉の財政政策が垣間見られるのである。しかし、その財政支出の増大は先行きが見えないばかりか、翌年六月から始まった長州藩との戦闘に幕府軍は破れ、江戸庶民の喝采を受けた軍事パレードの主役で、シュリーマンが美男と記した将軍家茂は、七月二十日、大坂城で急死してしまう。まさに、将軍のご威光の衰退が目に見える形となってしまったのである。

第88話　第二の維新――西郷隆盛が目指した新政府

第二の維新――廃藩置県《はいはんちけん》　明治四（一八七一）年六月、当時、鹿児島藩大参事という地方官にあった西郷隆盛は、明治新政府の要請により上京し、参議として政府に復帰した。この時期、木戸孝允《たかよし》・大久保利通《としみち》ら政府首脳にとって、最大の政治課題は廃藩置県の実行であった。つまり、江戸幕府の支配体制である幕藩体制の遺構ともいえる藩を廃止して県を設置し、政府により任命された県令が政府の意向を受けて県を統治する中央集権体制づくりは、日本という国家が欧米列強に対抗して近代国家を建設していく上での最重要課題であったのだ。そして、その実行を託されたのが西郷隆盛であった。西郷・木戸・大久保らは秘密裏に具体的討議を進め、七月十四日、廃藩置県を断行するに至った。その詔書《しょうしょ》には、

朕《ちん》（明治天皇）が思うに、新しい政治を始める時にあたり、国内の人民を守り、諸外国と対等につき合っていこうとすれば、名実ともに政治が一本化されていなければならない。……ところが数百年古いしきたりが続いて、なかには名のみで実が調《ととの》わないものもある。このような状況で、どうして人民を守り、諸外国と対等につき合うことが出来るであろう。朕はこのことを深くなげき、今ここに藩を廃して県とする。

とある。この詔書で、国内の保安と万国対峙《たいじ》（諸外国と対等につきあうこと）の障害となっている藩を廃して政令を一元化し、万国対峙の実を創り上げることを宣言したのである。ここに廃藩置県の目的が明確

にされている。この政令は事前には各藩には知らされておらず、西郷らはまさに第二の維新を起こす意気込みをもってこの改革にあたった。

西郷の覚悟　この翌日、皇居に諸大臣以下政府首脳が集められ、会議が開かれた。この会議の模様を、土佐藩出身の佐々木高行《たかゆき》（司法大輔）は、「廃藩置県をめぐって議論紛糾するさなか、遅れてきた西郷が、もし各藩で異論が起こるならば、兵力をもって撃ちつぶすほかはありません、と大声を発した。この西郷の一言で議論は止んでしまった。まさに西郷の権力とその非凡さはほかにはない」と記している。これに先立つ七月十日、西郷は、故郷鹿児島の藩大参事桂久武《ひさたけ》（四郎）に宛てた書簡のなかで、「諸規則を整え、これを厳しく運用し、利権を貪《むさぼ》る俗吏のつけいるところをなくさなければならない。そして、この改革で生まれるであろう多くの恨《うら》みは、自分一人に留めおく覚悟である」とその決意を述べている。

西郷の目指す政治改革　版籍奉還から廃藩置県に至る中央集権化への政治過程は、欧米列強から独立を保ち、近代的軍隊をもつ強い国家を建設するためにも必要不可欠であった。ところが、当時の日本は、薩摩・長州藩が中央政府の要職を独占しているため他藩の反発が強く、また、政府内でも薩摩（大久保）と長州（木戸）が政治路線をめぐって対立していた。さらに、伊藤博文や大隈重信《おおくましげのぶ》など、この時期に大久保の下で急速にその存在を現してきた開明派官僚たちが、その立場を利用して華美な生活を営み、民衆から批判されていた。西郷が言うところの「俗吏」とは彼らのことである。ここに西郷の第二の維新断行への意気込みとともに、そこに込められた西郷の理想とする国家像を見ることができる。西郷のそうした意識が、後の「征韓」をめぐる政府内対立へとつながっていくのである。

第89話　近衛《このえ》兵の反乱——竹橋事件の真相

竹橋事件　竹橋事件は、明治十一（一八七八）年八月二十三日夜に起こった日本で初めての近衛兵反乱事件である。現在の皇居北の丸公園の地に兵営があった近衛砲兵大隊の兵卒が蜂起して、大隊長宇都宮茂《うつのみやしげ》敏《とし》少佐らを斬殺し、兵営に火を放ち、山砲《さんぽう》を引いて仮皇居になっていた赤坂離宮に向かった。天皇に強訴《ごうそ》しようとしたのである。しかし、仮皇居前に着いた兵士は九十四名に減り、近衛歩兵第二連隊は呼応せず、逆に鎮圧側にまわった。東京鎮台予備砲兵大隊も、隊長岡本柳之助の急な王子への行軍でほとんど参加できなかった。期待した兵が集まらず、山砲に砲弾はなく、鎮圧軍の前に兵士たちは武器を捨てた。

陸軍裁判所で糾問が行われ、十月十五日に判決が下った。即日兵卒五十三名は銃殺され、青山墓地に葬られた。翌年下士官二名が死刑となり、処罰された者は総計三百六十一名という。明治六年の徴兵令後初めての兵士反乱であり、五十五名もの兵士らが短期間の訊問で急ぐように死刑になり、その後は事件の関係者が口をつぐみ、歴史から抹殺されてきたのも異常である（澤地久枝『火はわが胸中にあり』岩波現代文庫）。一方、鎮圧のために死亡した大隊長以下四名は、同年十一月東京招魂社（靖國神社）に合祀《ごうし》された。

竹橋事件はなぜ起こったのか　事件の発端にかかわった一人である近衛歩兵第二連隊の兵卒三添卯之助は、口供書《こうきょうしょ》（供述書、国立公文書館所蔵）で次のように述べている。

西南の役に万死《ばんし》を冒《おか》して奔走し暴徒を平定したのは、兵卒の功労が少なくないのに、凱旋の後、その勲賞は大尉以上に賜り中尉でも副官以外には出ない。兵卒の如きは何らのご詮議もないばかりか、日給や官給品までも減らされている。実に不公平である。

西南戦争での勲賞がなく、逆に給与や官給品が減額されたことへの不満が背景にあった。新聞の論調は蜂起した兵士への同情が少ないなかで、八月二十九日の『朝野《ちょうや》新聞』は、社長成島柳北《なるしまりゅうほく》が「近衛暴徒の処分」について次のように述べ、極刑をもってのぞもうとして裁判を急ぐ政府を批判した。

近衛の兵卒は、昨年の（西南の）役でその功労はじつに第一等であった。……西南の乱が平定されてから一年が経とうとしている。彼らはいまだ、一紙の感状をもってその戦功を賞せられ、その光栄を郷里に報じて父母に告げることがないのである。

事件の背景には、自由民権の思想があったことも指摘されている。東京鎮台予備砲兵第一大隊の内山定吾少尉は、星亨《ほしとおる》編集の『海外万国偉績叢伝』を取り出して、隊員に「革命は可なり、一揆は不可なり」と講義したといい、近衛砲兵大隊兵卒田島森助（盛介）は「近頃人民一般苛政《かせい》に苦しむにより、暴臣を殺し、以て天皇を守護し、良政に復したく」と口供書で述べている。待遇面での不満ばかりでない政治的な背景もうかがえる。

軍人勅諭へ　陸軍卿山県有朋《やまがたありとも》は、反乱の原因を十分に追及せず処刑を急ぎ、同年に「軍人訓誡」、明治十五年に「軍人勅諭」を発して、軍人の天皇への絶対的な忠誠と服従、政治への不関与などを説いた。結果として竹橋事件は、徴兵制度に胚胎した国民軍の性格を払拭し、「天皇の軍隊」を創設するうえで大きな役割を果たすことになったといえよう。

第90話　自由民権運動と佐倉惣五郎《さくらそうごろう》

佐倉惣五郎とは　佐倉惣五郎は江戸時代の義民《ぎみん》の代表的人物として知られている。『地蔵堂通夜物語』などでは次のように伝えられている。十七世紀中ごろ、下総《しもうさ》国佐倉藩では農民たちが藩主堀田正信《ほったまさのぶ》の重税に苦しんでいた。村の名主《なぬし》たちが大挙して江戸屋敷の藩主に訴えるが追い返され、最後の手段として惣五郎が代表として四代将軍家綱《いえつな》に直訴する。面目をなくした正信は、年貢を下げる一方で惣五郎一家を処刑した。このように、我が身を犠牲にしてまで人びとのために戦った者を「義人」「義民」という。

福沢諭吉の惣五郎評価　明治になって惣五郎に対する評価も変わった。福沢諭吉は、『学問のすゝめ』（明治七年）第七編のなかで、政府の暴政に対し、国民が取る方法は三つあるという。まず、政府に従う、これは絶対に良くない。次に、力をもって政府に敵対する。これは内乱となり大きな犠牲を強いることになる。最後は、道理を守って命を捨てる。政府に武器も腕力も使わず、ただ道理で迫る。たとえ一人の命は失われても内乱で多くの殺人や損失があるより、はるかにまさっている。そして、「私が聞いたところでは、人びとの権利を主張し政府に迫り、一命を捨ててまで全うし、世界中に恥じない人は、佐倉惣五郎ただ一人である」と絶賛した。福沢は、民衆蜂起は犠牲も大きいので、代表者だけが犠牲になる「マルチズム（殉教）」を評価している。

植木枝盛《うえきえもり》の惣五郎評価　「民撰議院設立の建白書」によって始まった自由民権運動の中で、百姓一揆の義民との関係が論じられるようになった。土佐民権派の植木枝盛は、明治九（一八七六）年二月の『朝野《ちょうや》新聞』で次のように述べている。

民権は果たして欧米からの新しい輸入品で、我が国には古来より一粒の種子も無かったのだろうか。考えれば、真の民権の種子と言えるのは百姓一揆だけである。しかし、佐倉惣五郎や大塩平八郎は、一つの問題だけの行動なので、民権を主張したとは言えない。実際に困窮《こんきゅう》して飢餓《きが》に至らなくても、道理にそむく法には従わず民権を守ろうと反乱を起こしたアメリカ人民こそが真の民権家である。

植木は、百姓一揆を民権運動の潮流と認めながらも、同一視することには反対している。この点については、百姓一揆の抵抗を現実の力としては高く評価しながらも、その意識綱領の低さをも認めざるを得なかったからこそ、しきりに欧米の近代的民主主義の理論を受容したのであり、その「意識綱領の低さ」を克服するためにも、植木は啓蒙的な『民権自由論』を出版し、「民権数え歌」の俗謡を流布するなど、民衆の間に民権思想の浸透をはかった、という見方もある（家永三郎『植木枝盛研究』岩波書店）。

新聞に見る惣五郎　民権運動が展開される中で、欧米からの啓蒙思想ではなく、身近で馴染みのある義民伝承を見直し、取り上げようとする動きが各地で起こった。それはまた政府の民権運動弾圧を避けるための方策でもあった。当時の新聞は次のように報じているが、佐倉惣五郎の知名度の高さには驚かされる。

愛媛県高松では最近民権論が盛んになって、道で「あれ看《み》やしゃんせ惣五郎、十字の上の御成敗」と歌うものが多く、耳が痛いくらいである。（『大坂日報』明治十二年三月）

このたび、佐倉の宗吾《そうご》の霊堂新築落成の臨時祭で、民権拡張の書類や新聞論説を霊堂に奉納するとともに、祭文《さいもん》読み上げの時に、民権に関する演説を述べる予定。(『郵便報知新聞』明治十四年九月)

和歌山県周参見《すさみ》浦《うら》では、佐倉惣五郎一代記の芝居を上演したところ大評判で、それにつけても自由民権は貴重なことだと、その後も盛り上がっている。(『立憲政党新聞』明治十五年十二月)

義民伝承の発掘と集成　近畿地方で自由党の創設に関わったジャーナリストの小室信介《こむろしんすけ》は、『東洋民権百家伝』を明治十六(一八八三)年に初帙《ちつ》、翌年、検閲のため『東洋義人百家伝』と改題して二・三帙を発行した。未完ではあるが、日本最初の百姓一揆に関する包括的な著書である。ただし「百家」の中に惣五郎の名はなく、初帙の「はしがき」に相当する部分に登場する。

私が幼い時、佐倉惣五郎の芝居を見て、その内容が哀れで痛ましく涙が止まらなかった。その時、思ったのは、徳川三百年の間に大名が武力で民を虐げ苦しめたことは数多くある。ならば、それに抗議し人びとのために命を犠牲にした者は、佐倉惣五郎ひとりだけだろうか？　他に埋もれている人が沢山いるのではないか？　こういう人びとの名前と功績を捜し求めて、公にすることが霊の慰めになると思い立った。……その後、民権運動で地方をまわるかたわら、史料を収集し、この民権家という人びとの数も百余りを数えた。誰もが芝居になった佐倉惣五郎に劣らない人ばかりである。

当初小室は、植木と同じく義人と民権家を同一視しなかったが、各地の農民と交流するなかで考え方を変えていった。執筆にあたり各地の民権家にも情報提供を呼びかけている。この本を通して、義人は「佐倉惣五郎、ただ一人」(福沢諭吉)ではなく、各地に多くの義人と、それに協力した多数の農民たちがいたことを紹介した。そして、忘れられた義人を発掘・顕彰することが民権運動の大きな力となると説いた。
一方で、小室の呼びかけに応《こた》えるように各地で義人追悼会が催された。明治十七年二月、千葉県平郡《へ》那《な》古《ご》村で開かれた追悼会には来賓として小室が招待されている。会場の観音堂には百名余りの群集が押し寄せ、江戸時代の万石騒動《まんごく》などの義人を偲《しの》ぶとともに、小室が義人の履歴を述べ、追悼の意を表した。その後、撃剣会・旗奪いの催物で盛り上がり、夜には懇親会が開かれている。懇親会では、義人の話題以外に民権問題が語られたことは想像に難くない。この時の発起人の一人、自由党員の川名七郎《かわなしちろう》は三か月後に同志百名余りの総代として「減租請願」のため上京し、太政大臣に面会を求めている。面会は拒絶されたが、ここには農民の代表者が江戸にやってきて将軍に直訴したという惣五郎の姿を重ね合せることができる。

義民伝承と自由党　義民の発掘・顕彰を運動のエネルギーとして農民との連帯の強化をはかる小室信介に対し、自由党本部は福島事件以降の農民の激化事件に苦慮し始めていた。小室は明治十七年八月に清仏戦争特派員として中国へ渡り、十一月に帰国した。その時、自由党はすでに解党しており、秩父事件が起こっていた。翌月、彼は、甲申《こうしん》事変の収拾のため朝鮮に向かう井上馨《かおる》の一団に加わっている。しかし、翌十八年六月、帰国した際に盲腸炎に罹《かか》り、八月に三十四歳の若さでこの世を去った。こうして『東洋民権百家伝』は未完となった。
『自由党史』の中に彼の業績はほとんど書かれていない。その理由を林基氏は「彼の百姓一揆への傾倒とその成果そのものが、十七年以後の自由党にとってもっとも忌《い》むものになった」ため、と述べている（『東洋民権百家伝』〈解説〉岩波文庫）。農民を見捨てた自由党に、もはや義民伝承は必要なかった。

第91話　お雇《やと》い外国人ベルツのみた憲法発布

お雇い外国人　日本は、明治期の近代化の過程で、「お雇い外国人」（官傭《かんよう》外国人）と呼ばれた人々を招き、西欧の先進技術や知識を学ぼうとした。彼らは、明治政府などによって官庁や学校に招かれ、高額な報酬が支払われた。明治元（一八六八）年から明治二十二（一八八九）年までに日本に来たお雇い外国人の数は、二千七百名近くに及んでいる。彼らは、実に様々な分野で日本の近代化に貢献した。

ベルツの日記　エルヴィン＝フォン＝ベルツもそうしたお雇い外国人の一人である。彼は、嘉永《かえい》二（一八四九）年生まれのドイツ人で、明治九（一八七六）年、東京医学校（現在の東京大学医学部）の教師として招かれた。日本で医学を教え、医学界の発展に尽くした。日本滞在は二十九年に及んでいる。森鷗《もりおう》外《がい》や北里柴三郎《きたざとしばさぶろう》は彼の教え子である。また、日本人女性とも結婚している。

明治三十五（一九〇二）年に東京大学を退官したのち、夫人とともにドイツへ帰国し、大正二（一九一三）年、シュトゥットガルトにて六十四歳で死去した。

彼は、日記（トク・ベルツ編／菅沼龍太郎訳『ベルツの日記』岩波文庫）を残しており、その日記から明治期の日本を知ることができる。その視座は、医学を修めた教養ある人物として、客観的に日本を観察している。ひとつの例として大日本帝国憲法発布の日を取り上げてみたい。

ベルツのみた憲法発布　ベルツは、明治二十二年の憲法発布の式典に立ち会っている。式典は、二月十一日の紀元節の日に行われたが、その二日前の様子についてこのように記している。

二月九日　東京全市は、十一日の憲法発布をひかえてその準備のため、言語を絶した騒ぎを演じている。至る所、奉祝門、照明、行列の計画。だが、滑稽なことには、誰も憲法の内容をご存じないのだ。

憲法発布まで、国民にはその内容が何も知らされていないことがわかる。式典については、次のように記されている。

二月十一日　本日憲法発布。……天皇は手に取ってお開きになり、声高らかに読み上げられた。それは、かねて約束の憲法を進んで国民に与える決定を述べたものであった。次いで天皇は、憲法の原本を黒田首相に授けられたが、首相は最敬礼で受け取った。それが終わると、天皇は会釈され、皇后や御付きのものを従えて、広間を出て行かれた。式は、僅《わず》か十分間ばかりで全部終了した。

大日本帝国憲法が、欽定《きんてい》憲法であり、天皇から憲法が首相の黒田清隆《きよたか》に授けられている様子を知ることができる。また、式典があっという間に終わってしまったことが記されており、興味深い。

また、続いて次のようなことも記されていた。

残念ながらこの祝日は、忌《い》まわしい出来事で気分をそがれてしまった。森文相の暗殺である。

同じ日に初代文部大臣として教育制度整備に尽力した森有礼《ありのり》が暗殺されていた。ベルツは、その事情について記している。

『ベルツの日記』は、外国人の目からみた明治を知る上で興味深い史料である。

第92話　夏島《なつしま》で憲法草案を作った伊藤博文

明治憲法制定の経緯　明治十四（一八八一）年に国会開設の勅諭《ちょくゆ》が発せられると、翌年に伊藤博文は渡欧して主にドイツ流の憲法理論を学んだ。天皇権力を強化してその委任による強い政府の統治を規定し、民権勢力を抑えるのがねらいであった。帰国した伊藤は、内閣総理大臣などの公務多忙のなかで、密かに神奈川県夏島（横須賀市）で憲法草案（夏島草案）を作成し、同二十一年に枢密院《すうみついん》を設けると首相を辞して議長に就任し、草案を審議した。かくして翌二十二年二月十一日紀元節の日に、大日本帝国憲法が欽定《きんてい》憲法として首相黒田清隆《きよたか》に下賜された（第91話参照）。

草案の盗難事件　伊藤博文は、「明治二十年、条約改正問題で、お雇い外国人ボアソナードや福沢らの意見で伊藤内閣が攻撃され、憲法起草に落ち着けない」ことから、金子堅太郎《けんたろう》と伊東巳代治《みよじ》を随行して夏島の別荘に移った、と金子は述懐している。同年六月一日に金沢八景の旅館東屋《あずまや》に赴き、無人の夏島に伊藤が建設した別荘に移ったのは四日であった（『伊藤博文伝』『続伊藤博文秘録』）。別荘は手狭であったため、伊東・金子は東屋に、井上毅《こわし》は野島《のじま》に泊まって通ったという。八月六日夜、東屋で草案を入れたカバンが盗難に遭った（横浜開港資料館所蔵「伊藤公憲法資料盗難之顛末《てんまつ》」）。

伊東巳代治氏座敷へ賊が忍び入り、同氏所有カバン大なるものを持ち出した。翌朝盗難に気付き、所々捜索の上、前記座敷の北に当たる畑中にカバンが口を開けたまま投棄してあった。…書類はすべて散乱していたけれども一葉も紛失を免れた。

犯人は「民党の廻し者だというので大騒ぎとなった」（『続伊藤博文秘録』）が、事なきを得て、以後は夏島の別荘に井上・伊東・金子らと合宿して草案起草をほぼ完成させ、九月に帰京した。

ビゴーが描いた夏島のバカンス　ビゴーが「バカンス―田舎の楽しみ―夏島《かじま》」と題する漫画を、明治二十年九月十五日号の『トバエ』に掲載した。女性の膝枕で酒杯を傾ける伊藤の後ろの屏風には、「くには捨ておけお前が大事、臥《ふ》しては枕す窈窕《ようちょう》美人の膝、醒《さ》めては握る堂々天下の権、夏島の畔《はた》に高まくら」とある。夏島での起草作業は、伊藤が三人に「これより憲法以下諸法典を審議するにあたりては、一切官位の高下を顧みず、各々同等の憲法研究家を以て自ら任ずるを要す」と諭《さと》し、腹蔵なく議論を闘わせたといい（『伊藤博文伝』）、井上の甲乙案とロエスレル案をもとに審議を重ねた。白熱した議論の後には、ビゴーの絵のような場面があったかもしれないし、伊藤は東屋の女将《おかみ》一之瀬愛子を寵愛したともいう。起草後、夏島の別荘は砲台建設により小田原に移築されたが、金沢を愛した伊藤は、明治三十一年に夏島から近い野島に別荘を新築した（「旧伊藤博文金沢別邸」として現存）。

明治三十三年頃の話として、伊藤は船中で野島の船頭に「伊藤さんは芸者も連れてくるだろう、なかなか女好きの爺さんよなー」と話しかけると、船頭は「あの上様は、いつもお出での時は素敵なべっぴんさんを沢山連れてきて、結構なご身分であはし」と答える会話をしている（「大正二年七月十七日、本郡役所鈴木書記へ送付ス」横浜開港資料館所蔵）。ビゴーの絵を彷彿《ほうふつ》させる伊藤博文の一面である。

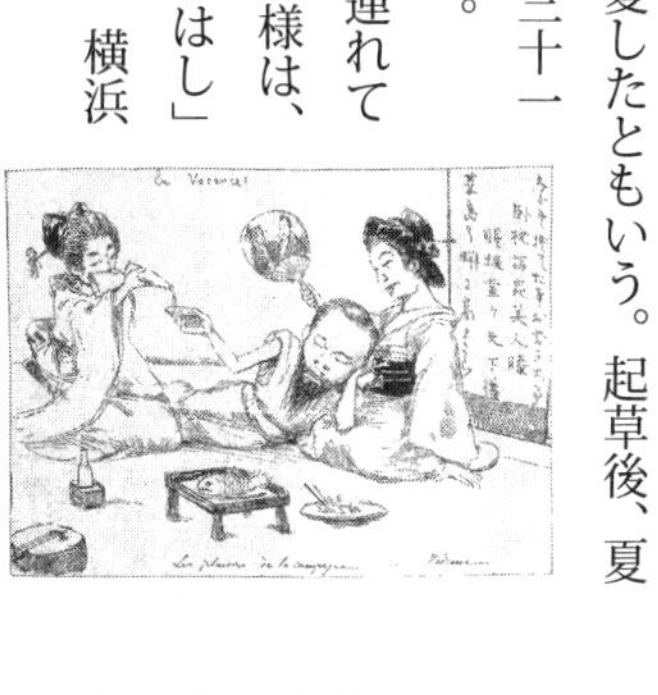

第93話　ノルマントン号事件に対する市民の反応

ノルマントン号事件　明治十九（一八八六）年十月二十三日に横浜を出港して神戸に向かった英国貨物船ノルマントン号は、翌日和歌山沖で暴風雨に遭い、沈没した。その際、船長ドレークをはじめとするイギリス人乗組員は全員ボートで脱出したが、日本人乗客二十五名は全員船に残されて水死し、インド人・中国人火夫十二名も溺死《できし》した。

この事態に世論は人種差別であると沸騰し、船長の措置を不当と非難したが、神戸英国領事館で開かれた海難審判は、「日本人乗客をボートに乗り移るようつとめたが、日本人は欲しなかった」という船長の主張を認め、処置は当を得ていたとして、十一月五日無罪判決を下した。これに世論はますます硬化し、排外機運にまで高まりをみせた。そこで政府は、領事裁判権により外国人を国内法で裁けないので、兵庫県知事に船長ドレークを殺人罪で告訴させ、舞台は神戸から横浜の英国領事裁判所に移った。その結果、十二月八日ドレークの怠務殺人罪が認められ、禁錮《きんこ》三か月の有罪判決が下されたが、賠償はなかった（高等海難審判庁編『海難審判史』）。

東京・横浜の市民沸きたつ　神戸領事裁判所判決を受けて、『東京日日《にちにち》新聞』（以下「東日」と略記）は「『外国人は日本乗客を処するに荷物の如し』と日本人が盲信することは外国人にとっても不幸である」と批判し（明治十九年十一月七日記事）、事件後まもなく「岸打つ浪の音高く　夜半の嵐に夢さめて　青海原を眺めつつ」に始まる「ノルマントン号沈没の歌」が流行した。新聞各紙は連日事件の報道を載せ、時事新報社・報知社・朝野《ちょうや》新聞社・毎日新聞社・日報社（東日）の五紙は連名で遺族への義捐金《ぎえんきん》を募り、義捐者の氏名を報じた。

横浜では、県会議長島田三郎や実業家来栖壮兵衛《くるすそうべえ》らが、潜水業者を雇って現場の探索を図り、そのための醵金《きょきん》や義捐金について協議し（十一月十六日東日）、十一月十七日には来栖壮兵衛・茂木惣兵衛《もぎそうべえ》・原善三郎《ぜんざぶろう》ら横浜の実業家が五百円を給して潜水業者を現地に向かわせたと報じた（十一月十七日東日）。横浜町会所では、島田三郎らが演説会を開催し、聴衆千人余りの盛況という（十一月二十日東日）。一方、遺族への損害賠償を請求する私訴を横浜領事館に起こす動きがあり、財界の支援を得て高梨哲四郎・益田克徳《かつのり》が遺族総代になった。明治法律学校（後の明治大学）も私訴を決定して、義捐金を募ったという（十一月十六日東日）。

公判をどのように受け止めたか　事件を、イギリスのアジア人・日本人への蔑視・差別として、また領事裁判所により公平な裁判が行われない不平等条約の問題としてとらえたことで、民衆が沸騰したのであった。新聞各紙が連日報道して民衆を扇動した面もあるが、政界・財界をも巻き込んでの高まりを見せた。しかし、公判で船長の怠務殺人罪が認められると、新聞は鉾《ほこ》を収めた。「その公平を感謝し、世論と共にこの公平を求めて公平を得るを喜び、併《あわ》せて英国の法官・検察官及び我が国の当局者に謝意を表するものなり」（十二月十日東日）などと報じ、私訴も収めている。背景には、折からの条約改正交渉のなかで、イギリスとのこれ以上の関係悪化を懸念する政府の思惑もあったと思われる。この事件は、領事裁判権の撤廃を求める国民世論の昂揚《こうよう》に重要な契機をなした事件であった。

第94話　日清戦争——文明国への昇格試験

日清戦争とは　明治二十七（一八九四）年七月、朝鮮で起きた甲午《こうご》農民戦争を鎮圧するため出兵した日清両軍が衝突して戦端が開かれた。日清戦争である。戦況は、列強各国の予想を裏切り、日本側に有利に展開し、豊島沖《ほうとうおき》海戦・平壌《へいじょう》の戦い・黄海《こうかい》海戦・旅順《りょじゅん》占領と日本が勝利し、翌年、下関講和条約が締結されるに至った。また、この戦争によって清国の弱体化が露呈され、列強による中国の分割が進んだ。

「文明」対「野蛮」の戦争　近代日本では最初の大規模なこの海外戦争を、外務大臣陸奥宗光《むつむねみつ》は「西洋的新文明と東洋的旧文明の衝突」であり、日本が「文明列国の仲間に加入する試験」と位置付けた。そのためには戦時であっても国際法を遵守《じゅんしゅ》することが「文明国」の証《あかし》であり、「仲間に加入」してこそ悲願の条約改正が実現すると考えた。開戦の詔勅《しょうちょく》にも「苟《いやしく》モ国際法ニ戻《もと》ラザル限リ（万が一にも国際法に反することなく）」の一文があった。

日清戦争の開戦に際し、福沢諭吉は「日清の戦争は文野の戦争なり」（『時事新報』一八九四年七月）で、次のように述べている。福沢が書いたとされる社説（いわゆる「脱亜論」）が同紙に掲載されてから九年後のことである。

清国人は、頑固・愚かで物事の道理を理解せず、文明開化の進歩を喜ぶどころか、それを妨《さまた》げようとして我が国に反対の意思を表したので、やむを得ず事ここに及んだ。幾千の清国兵に罪は無く、これを皆殺しにすることは哀れむべきことだが、世界の文明進歩への妨害《ぼうがい》を排除するためにも多少の「殺風景」は免れない。彼らも、不幸にして清国のような腐敗政府のもとに生まれた運命を諦めるしかない。

福沢にとって、日本は「文明開化の番兵」であり、清国と戦うのは「人類の幸福、文明の進歩のための天職」であった。

旅順《りょじゅん》虐殺　朝鮮進駐の清軍を緒戦の牙山《がざん》の戦い・平壌の戦いで破った日本軍は、鴨緑江《おうりょくこう》を渡り行軍を続け、十二月に旅順・大連《だいれん》を占領し遼東《りょうとう》半島を制圧した。第二軍司令官の大山巌《おおやまいわお》大将（陸軍大臣）は、すでに将兵に次のように訓示していた。「この戦争は文明の戦いである。すなわち掠奪《りゃくだつ》暴行など『義』を失う行為は帝国軍の不名誉である」と。しかし、旅順占領時に、第二軍は虐殺事件を起こす。皮肉にも、その時、事態を知らない大山は旅順港で祝勝会を開いていた。

明治二十七（一八九四）年十一月二十一日、第二軍は旅順砲台を占領後、市街で掃討作戦を二十五日頃まで続けた。これらの虐殺については、多くの兵士たちの手記が残されているので紹介する（小松裕『日本の歴史14「いのち」と帝国日本』小学館）。

我々が旅順町に入ると、日本兵士の首が道端の木の台に載せられさらしものになっていた。これを見て怒りに堪えかね、清国兵を見たら粉にしてやると思い、旅順市中で人を見たら皆殺しにした。だから、道路は死体であふれ行進にも不便なほどだった。人家にいる者も皆殺しにした。大抵の人家には二人から六人の死体があった。その流れた血の香りはひどかった。捜索隊を出して討ち取ったり切り

殺した。敵は武器を捨てているので、これを切り殺すことは、実に愉快きわまりない。（窪田仲蔵）
どの家にも多ければ十数名、少なくても二、三人の敵の死体があった。白髭の老人が幼児とともに倒れて、白髪の老婆が娘と手をつないで横たわって死んでいる。その惨状は言いようが無い。（小野六蔵）

このように、旅順では武器を捨てた敵兵も、無抵抗な民間人も殺害されている。また、日本兵から逃れようと多くの者が海に飛び込み溺死した。一体、何人の人間が虐殺されたのか、正確な数字は判明しないが、数千人から一万八千人までの諸説がある。

虐殺が起きた理由の一つとして、旅順に至る途中の土城子《どじょうし》で、戦死した日本兵の遺体に対する清軍兵士による残虐な行為（首や手足を斬り落とすなど）が多くあり、激怒した兵士たちの復讐心を高ぶらせたことがある（土城子事件）。これを見た山地元治《やまじもとはる》師団長は「上陸以来、敵国の土民《どみん》（住民）には暴行を加えなかったが、今後は土民といえども、我が軍を妨害する者は残らず殺すべし」との命令を出した。「妨害する者」「老人・婦女子は除く」という条件があっても、敗残兵を掃討する兵に冷静な判断を求めることは無理であり、虐殺を容認する結果となった。また、敗残兵が軍服を捨て民間人の中に紛れ込むと区別ができないことも虐殺の拡大につながった。

世界に報道された旅順事件　日清戦争には、各国の特派員が同行したが、十一月二十八日の英誌『タイムズ』を皮切りに、米誌『ニューヨークワールド』などで「野蛮」な旅順虐殺の記事が次々に報道された。日本政府は、この報道が日英通商航海条約に続く条約改正交渉の妨げになることを恐れ、陸奥外務大臣が「戦闘の混乱の中での行き過ぎた出来事」という弁明を積極的に行うとともに、通信社ロイターを買収して事件のもみ消しにつとめた。一方、政府内部でも、伊藤博文首相は関係者を「不問に付」して事態の沈静化をはかった。

旅順と南京　秦郁彦氏は「旅順虐殺事件」のなかで、一九三七年の南京虐殺との共通点を指摘している。【A中国側の要因】①地形の類似：逃げ道が乏しく住民の退避が困難、②正規兵の便衣《べんい》化：軍服を捨て民間人に紛れ込む、③責任者の逃散：責任者が先に逃げ整然と降伏することができない。【B日本側の要因】①背景と誘因：遺体陵辱、苦戦などによる復讐感情の高まり、②捕虜を作らぬ方針（なお、捕虜の保護を規程したハーグ条約〈一八九九・一九〇七年〉は結ばれていないが、同じ観念のジュネーブ条約〈一八六四年〉に日本は加入している）、③サディズム的指揮官の存在、④責任者を処罰せず：反省が行われていない。【Cその他の要因】①外国人目撃者の報道、②犠牲者の数をめぐる論争。

今日、それぞれの要因をあらためて検討してみることが重要である。これらの要因の多くが、旅順・南京に限らず、時と場所を越えて起きている幾多の虐殺事件に共通していることに気づくだろう。そして、現在も紛争地域で同じ悲劇が繰り返されていることを忘れてはならない。

「試験」の結果　日清戦争は「文明」を掲げた戦争であったが、内容はむしろ「野蛮」で決して「文明」的ではなかった。では、この陸奥の言う「文明列国へ加入する試験」の結果はどうであっただろう。日本政府のもみ消し政策は功を奏して旅順虐殺の印象は薄れ、条約改正交渉もその後順調に進んだ。「試験」の結果は「合格」。何といっても、この新入りの日本は中国が「眠れる獅子」でないことを明らかにしたのだ。「文明列国」にとってこの功績は大きい。この後、彼らは、次の目標＝「中国の分割」に動き出す。

第95話　巨大津波の記録――明治二十九年の三陸海岸大津波

東北地方太平洋沖地震と大津波　平成二十三（二〇一一）年三月十一日に起こった東北地方太平洋沖地震では、地震とともに巨大な津波が発生し、千葉県から青森県に至る太平洋岸の地域に大きな被害をもたらした。なかでも岩手・宮城両県沿岸の市町村は大津波に襲われた。波の高さは、所によっては三十メートル以上となり、波は多くの人々を飲み込んで家屋を流し、その惨状は筆舌に尽くしがたいものとなった。情報化社会の今日、この津波の凄まじさは、映像として日本のみならず世界中に伝えられ、大きな衝撃を与えた。

過去にもあった大津波　この東北地方太平洋沖地震が起こったときに専門家から「想定外」という言葉を耳にすることがあった。しかし、歴史をひもといてみるに東北地方では、近代以降に少なくとも三回の大地震と大津波に見舞われている。一回目は明治二十九（一八九六）年の明治三陸地震、二回目は昭和八（一九三三）年の昭和三陸地震、三回目は昭和三十五（一九六〇）年のチリ地震津波である。ここでは、最初の明治三陸地震について、考えてみたい。

明治三陸地震と大津波　東京日日新聞の明治二十九年六月十七日の記事は以下の通りである。

我が東海岸に於いて一大海嘯《かいしょう》を起こし、非常の損害を与える報に接せり。即ち東は陸前国釜石《かまいし》海岸より北は陸中国宮古港に至るおよそ三十余里の間、あるいは全村ことごとく海水に没し、あるいは全戸

みな逆浪《さかなみ》に奪はれ、溺死《できし》せしもの負傷せしもの其数いかなるを知らず。（一部わかりやすくした）

東日本大震災で被害を受けた場所は、明治二十九年の大津波の時にも同じような被害に見舞われたことがわかる。津波は「海嘯」と呼ばれている。津波の被害状況は、死者二万千九百五十九人（行方不明者を含む）、負傷者四千三百九十八人、流出家屋九千八百七十八戸であったという。甚大な被害であった。この地震発生の二年前となる明治二十七（一八九四）年には日清戦争が起こっており、日本はその勝利によって下関条約を結び、遼東《りようとう》半島や台湾、さらに多額の賠償金を手に入れた。そのあと、ロシア・ドイツ・フランス三国が講和条約に強硬な干渉をおこない、遼東半島の日本領有を放棄させている。明治の日本が近代化を推し進め、帝国主義国家の道程を歩み始めようとしている頃であった。

津波の記憶　この地震について、吉村昭氏は被害にあった地域を訪ね歩き、古老より当時の様子を聞き取り、まとめている（吉村昭『三陸海岸大津波』中公文庫）。

たとえば、岩手県閉伊《へい》郡田野畑《たのはた》村で、この大地震の体験者である明治十九年生まれの中村丹蔵氏（当時八十五歳）の聞き取りを行っているが、その話は興味深い。

地震は、明治二十九年六月十五日午後七時におこった。中村氏は当時、まだ十歳の少年であった。田野畑村羅賀《らが》という地区に住んでおり、地震のおきた時は夜、小雨が降り、家の周囲には濃い霧が立ちこめていた。突然、背後の山の中からゴーッという音がして、これが津波であった。そして家の戸を押し破られ、海水が家の中に流れ込んできた。中村氏は、家族とともに裏山を登って難を逃れた。

田野畑村の被害　当時の田野畑村について、『東京日日新聞』は「田野畑村の惨状」として、明治二十九年六月二十六日の記事で次のように報告している。

> 同村は小本村から約三里余の北方に位置し、共に外海に面するをもって最も悲惨を極み聞く。居民、もっぱら漁を以て業とし、兼ねて加工場十二三ヶ所を建設し、おりしも無情なる大海嘯の襲到する所となり、田野畑村平井賀《ひらいが》では民戸四を全亡し十三人を流殺し、残るは僅かに十三人のみ。同羅賀全三十二戸のうち十六戸を流潰し、百二十二人の流亡者、十名の重傷者を生せり。（一部わかりやすくした）

田野畑村は、平成二十三年の東北地方太平洋沖地震でも大津波に襲われている。この地震での死者・行方不明者は三十九名。住居、船舶、漁業関係施設、公共施設などにも大きな被害を出し、自力での復興は困難な状況になっている、と報告された。

津波という言葉　明治三陸地震に話を戻すと、中村氏の祖父は、そのときに襲ってきた津波のことを「ヨダだ」と叫んでいた。津波のことを、地元では「ヨダ」と呼んでいたことがわかる。実に不気味な名前である。また、「津波」という言葉は不思議なことに、日本だけでなく英語圏でも「TSUNAMI（ツナミ）」という言葉で通用している。現在では、ロシア語やスペイン語などを含め、ほとんどの国の辞書に「ツナミ」と発音する言葉が掲載され、世界的に通用している。

津波の到達地点　この聞き取りには、吉村氏とともに当時の田野畑村の村長も参加した。田野畑村における津波の到達地点について、『三陸海岸大津波』には次のように書かれている。

その話を聞いた早野村長は、驚きの声をあげた。田野畑村の津波を防ぐために設けられている防潮《ぼうちょう》堤《てい》の高さは八メートルで、専門家もそれで十分だとしているが、「ここまで津波が来たとすると、あんな防潮堤ではどうにもならない。」と不安そうに顔を曇らせた。中村氏の家はかなり高い丘の上に建っている。そのあたりの地形は、当時とほとんど変わりがないし、そこまで波が押し寄せてきたとは想像もできなかった。私は村長と中村氏の家の庭先に立ってみた。海は、はるか下方に輝き、岩に白い波濤《はとう》がくだけている。

羅賀という集落は、リアス式海岸の深い湾の奥にあり、押し寄せてきた津波は、湾の奥に進むにつれて高くなっていったものと考えられる。その後の調査で、この津波の高さは約二十五メートルであったことが判明した。

田野畑村に残る「津波石」の教訓　田野畑村には、海抜約二十五メートルの場所に、いずれも約二トンという大きさの巨石が二つあり、明治三陸海岸大津波が運んだものとして長く語り継がれていた。これらの石は「津波石」と呼ばれていた。平成二十三年の東北地方太平洋沖地震の際にも津波がこの巨石のところまで到達したことから、「津波石」はやはり本当に津波が運んだものだったとして話題になった。

これらの史実は、大災害時に発せられる「想定外」という言葉が通用するものではないことを物語っている。今後、二度と同じ惨事が繰り返されないようにするためには、過去を振り返り、史実を検証し、伝承をなおざりにせず、十分な対策を講じていく必要がある。

第96話　明治期の女子労働者——製糸女工の実態

外貨を稼いだ製糸業　幕末以来、生糸《きいと》は最大の日本の輸出品であり、日露戦争後もアメリカ向けの生糸がさらに伸びて、明治四十二（一九〇九）年に輸出額が世界最高となった。こうして生糸の生産は外貨を稼ぐ重要産業として位置づけられて大きく発展していったが、製糸業を底辺で支える労働者は、低賃金・長時間労働という待遇のもとで苦しめられていた。

製糸女工の実態　繊維工業では女性労働者（女工・工女）の占める比率が高く、その待遇は低賃金・長時間労働、労働環境は劣悪であった。新聞記者の横山源之助《げんのすけ》が労働者の実態を調査し、明治三十二（一八九九）年に刊行した『日本之下層社会』には、製糸女工の実態が次のように記されている。

> 労働時間の如《ごと》き、忙しき時は朝床《とこ》に出でて直《ただち》に業に服し、夜業十二時に及ぶこと稀《まれ》ならず。食物はワリ麦六分に米四分、寝室は豚小屋に類して醜陋《しゅうろう》見るべからず。……而して一ケ年支払ふ賃金は多きも二十円を出でざるなり。

この史料から、夜の十二時まで労働していることがわかる。農商務省《のうしょうむしょう》の明治三十六（一九〇三）年刊行の『職工事情《しょっこうじじょう》』によると、長野県のある製糸工場では、一日の就業時間の合計は十五時間との報告がなされている。日曜休業もなく、休みは盆と正月だけであった。賃金も史料では年二十円とあるが、日給にすると六銭弱ということになる。工女たちは、こうした薄給で長時間労働に堪えていたのである。

野麦峠でのある女工の死　山本茂美の『あゝ野《の》麦《むぎ》峠《とうげ》』（角川文庫）には、こうした女子労働者の体験談が掲載されている。

昭和九（一九三四）年に国鉄高山線が開通するまで、飛騨《ひだ》（岐阜県）と信濃（長野県）を結ぶ野麦街道を、十一、二歳の少女たちが、親と別れて信濃にある製糸工場で働くために出かけていった。彼女たちのなかには、信濃の製糸工場での厳しい労働と粗末な食事で、病気になる者もいた。病気になってもよほどの重症にならない限り、当時は医者にかかるということはしなかった。

『あゝ野麦峠』には、野麦峠でなくなった岐阜県吉城《よしき》郡《ぐん》河合《かわい》村《むら》（現岐阜県飛騨市河合町）の政井みねという当時二十歳の女性の話が載っている。彼女は、病気で重症となり、飛騨にいる辰次郎という兄に迎えにきてもらった。兄は何日もかかるこの街道を休みなしに歩いて迎えに来た。彼女はろくな手当も受けておらず、兄とあった時にはやつれはててみるかげもなかった。追い立てられるように工場から出された彼女は、飛騨に帰りたいという一心で兄に背負われて帰路についたが、この野麦峠で飛騨がみえると「あー飛騨が見える」と喜び、そのあと、力尽きて息絶えてしまった、という。

日本の近代化が、このような多くの女性労働者（女工）の犠牲のもとに成し遂げられたことを忘れてはならない。しかし、当時の農村があまりに貧しく、彼女たちのわずかばかりの収入ですら、小作人である彼女の親たちの収入を上回ることもあったのである。寄生《きせい》地主《じぬし》制が、多くの貧しい小作人と、女工という安価な労働力を提供する村を作り出していたのである。

第97話　軍事郵便からみた日露戦争――脚気《かっけ》に苦しんだ兵士たち

日本人にとっての日露戦争　明治三十七（一九〇四）年にはじまった日露戦争は、総力戦であった。戦費は、当時の金額にして約二十億円、その額は一九〇五年の一般会計予算の約五倍であった。また、多くの犠牲者を出した。乃木希典《のぎまれすけ》将軍の第三軍による旅順《りょじゅん》攻撃では、占領までに一万五千人以上の戦死者を出した。最終的には、約八万四千人の死者と十四万三千人もの負傷者が出ている（小松裕《ひろし》『日本の歴史14「いのち」と帝国日本』小学館）。

数年前に司馬遼太郎《しばりょうたろう》の歴史小説『坂の上の雲』がドラマ化されて話題となったが、日露戦争を題材とする小説や映画は数多く作られてきた。この日露戦争は、アジアの小国であった日本が大国ロシアに勝ち、帝国主義国家の仲間入りをした戦争として、現在も国民の心に強く意識されていることがわかる。

軍事郵便　この戦争では、日本各地の村々から多くの若者が出征し、尊い犠牲となった。福井県大野郡羽生村《はにゅう》（現福井市大宮町）の笠松家では、日露戦争中に地元出身の兵士たちが戦地から送った手紙が多数残されている。その数は四百七十五通に達する。これらの中には軍事郵便と呼ばれる戦地からの郵便が多数含まれていた。そこには「軍事郵便」というスタンプが押され、切手は貼られていない。これらの貴重な手紙から、当時の様子を知ることができる（大江志乃夫『兵士たちの日露戦争―五〇〇通の軍事郵便から』朝日新聞社）。

脚気に苦しんだ兵士たち　広島開助という若者は、戦地から次のような手紙を出している。

仕儀この度先月十九日より旅順攻撃いたし、つづきて守備いたしおり候ところ、脚気病のため二十五日入院いたし候。実に残念に堪えず候えども、内地へ転送され、本月二十六日金沢予備病院着し、もはや回復の心もちした。元の勤務に服することできるべく思いおり候あいだ、他事ながらご休神くだされたく候。（明治三十七年九月二十七日）

彼は、旅順攻撃のさなかに脚気となり、治療のために内地に戻されてきたのである。これは、本人に原因があるのではなく、ビタミンB1の欠乏によるものであった。戦時食として白米を食べていたことが原因であった。国内で訓練中の兵士には、麦四割・米六割の麦飯が支給されていた。この麦にはビタミンB1が含まれていて、この病気にかかる者はいなかった。ところが、戦時食は白米だけになり、十分な副食もなかったために脚気となるものが多発したのであった。日露戦争中に脚気にかかり入院した出征軍人数は、十一万七百九十一人であった。実に出征軍人数の十一・七パーセントが脚気になっていたことがわかる。日露戦争での大敵はロシア軍とともに脚気であった。

森鷗外と脚気　明治の文豪である森鷗外《おうがい》は、同時に軍医で陸軍軍医総監を務めた人物でもあった。鷗外は日露戦争には軍医として従軍している。その鷗外と後に海軍の軍医総監となる高木兼寛《かねひろ》との「兵食論争」は有名である。高木は脚気は栄養障害が原因と考え、鷗外は伝染病が原因としている。後世、この事件は、鷗外の失態といわれ、鷗外の責任に関しての議論が絶えない。しかし、当時は医学界全体がビタミンの存在を認識していなかったのも事実であった。

第98話　教育勅語——教育の目的とは

教育勅語の発布　大日本帝国憲法発布の翌明治二十三（一八九〇）年、教育理念の指針として「教育ニ関スル勅語」が発布された。この教育勅語は、井上毅《こわし》の原案に儒学者元田永孚《もとだながざね》の意見を入れて成立したが、学校教育を通して自由民権思想を抑え、忠君愛国の精神を広く国民に浸透させるねらいもあった。以後、教育現場では天皇への絶対服従が要求されたが、昭和二十三（一九四八）年、国会決議により失効した。

教育勅語の徳目　勅語は大きく三段から成っており、第一段で教育の根源は日本の天皇を中心とした「国体《こくたい》」にあるとし、第二段で国民の具体的生き方をあげ、第三段でこれらは歴代天皇の残した教えであり、古今東西に通用するもので遵守《じゅんしゅ》すべきであると説いている。ポイントとなるのは第二段の徳目（道徳的細目）である。

爾《なんじ》臣民、父母に孝に、兄弟に友に、夫婦相和し、朋友《ほうゆう》相信じ、恭倹《きょうけん》己れを持し、博愛衆に及ぼし、学を修め、業を習い、以《もっ》て智能を啓発し徳器《とっき》を成就《じょうじゅ》し、進《すすん》で公益を広め、世務《せいむ》を開き、常に国憲を重《おもん》じ国法に遵《したが》い、一旦緩急《かんきゅう》あれば義勇《ぎゆう》公に奉じ、以て天壌無窮《てんじょうむきゅう》の皇運を扶翼《ふよく》すべし。

ここには、親孝行から兄弟・夫婦・友や人との円満で信頼のおける関係、勉学・仕事に励み才能人格を高めて公共のために尽くし、憲法を重んじ法に従うという徳目が並んでいる。そもそも道徳の徳目である以上、儒学的なことはともかく、それ自体は至極真っ当な内容で、「良いこと」ばかりが書かれている。だから、これをもって現代の若者の道徳観の希薄さを嘆き、教育勅語の復活を主張する者もいるが、教育勅語はその裏側に隠された権力者の意図を読み取る必要がある。たとえば「父母・兄弟」の裏には家父長的家庭制度の押し付けがあり、「夫婦相和し」にしても、男尊女卑が前提で、男女平等の観点はまったくない（たとえば戦前の刑法では、妻だけに姦通罪があった）。現在の感覚で字面だけ見て判断すると大きな間違いを犯すことになる。

さらに、これらの徳目の目的は個人や家族のためではなく、最後の「一旦緩急あれば義勇公に奉じ、以て天壌無窮の皇運を扶翼すべし（国家の一大事には勇気をもって国のために心身を捧げて、永遠に続く天皇を助けなければいけない）」にかかる。つまり並んだ徳目は、すべては天皇のためなのである。一例をあげるなら、親にとっての最大の親不孝は子に先立たれることだが、戦争中、国家は天皇のために死ぬこと（＝最大の親不孝）を若者に強要した。天皇の前では、「臣民」の親孝行などは鴻毛《こうもう》より軽かった。

内村鑑三《かんぞう》と教育勅語　教育勅語発布の翌明治二十四（一八九一）年、第一高等中学校では、キリスト教徒で嘱託《しょくたく》教員の内村鑑三が偶像崇拝を拒否する立場から教育勅語に拝礼しなかった。そのため、職員・学生から非難を受け、退職させられる事件が起こった。彼は世間からも非難を浴び、妻は心労のため急死している。その後、各地を転々とし、明治三十（一八九七）年、東京に戻り、『万朝報《よろずちょうほう》』の英文主筆となった。彼は、明治三十五（一九〇二）年に起きた教科書疑獄事件（教科書採択をめぐる贈収賄《ぞうしゅうわい》事件）について、次のように述べている。

かつて私は教育勅語に向かって頭を下げなかったと国民から責められた。その時、私は勅語は行うべきもので、拝むものではないと言ったが、日本人の多くは国賊・不敬漢であると私の意見など聞かなかった。……そして文部省が勅語を拝ませることだけに努めて、これを行うことに努めなかった結果、教科書事件という世界に向かって日本国の体面を非常に傷つける大事件を起こしたことを悲しまずにはいられない。勅語に向かって頭を下げないのは罪であるかも知れないが、国民に勅語教育をする倫理の教科書の採用に出版社より賄賂《わいろ》を貰うに至っては、勅語を拝まないことより数百数千倍の罪悪であると思う。(「不敬罪と教科書事件」)

内村は形式ばかりにこだわり、肝心の教育勅語の実践どころか、それを破って平然としている文部省を痛烈に批判した。

教育勅語と学校儀式　一方、文部省は同年、「小学校祝日大祭日儀式規程」を定め、該当日には児童を登校させ、「御真影《ごしんえい》(天皇の写真)」拝礼・校長による教育勅語奉読・式歌斉唱を義務付けた。本来の儒学的内容よりも、厳粛な儀式の強制こそが、子どもたちの心に忠君愛国の意識を植えつけることにつながった。その様子を山中恒《ひさし》は『ボクラ少国民』で次のように書いている。

とにかく式典には必ず『教育勅語』が奉読され、その間にぼくら生徒は、礼法にのっとり、頭をさげて拝聴しなければならなかった。(冬は寒く)式場のあちらこちらからおこる、ズルズルという鼻水をすする音が続き、最後の〈御名御璽《ぎょめいぎょじ》〉が終わって、もう一度敬礼したあと、元の姿勢に戻ると一斉に鼻水をすすりあげる音が、まさにシンフォニィのごとく式場である講堂を圧したのを思い出す。……戦後、ぼくはその『教育勅語』が、教育関係者の間で「濡れ雑巾《ぞうきん》」なる符丁《ふちょう》で呼ばれていたことを知った。「消火器」とか、「消防車」というほどにしゃれた表現でもないから、かなり侮蔑《ぶべつ》の意味がこめられていたらしい。つまりこれで火の立つ所、煙の立つ所をずるずる引きずり廻して、もみ消して歩いたというのだ。

学校では、「教育勅語」を免罪符に、厳しい国家主義的教育が展開したことは想像に難《かた》くない。

生徒より教育勅語　天皇の神格化が進むにつれ、そのシンボルである教育勅語（謄本《とうほん》＝写し）と「御真影《ごしんえい》」の取り扱いは厳重なものとなった。学校の火事などで消失した場合には、責任を取って自殺する校長も続出した（余談だが、関東大震災の際、文部省にあった教育勅語の謄本も焼失したが、自殺した大臣はいない）。当惑した学校現場は、警備のために教員による日直・宿直制度を開始した。さらに火事から守るために、校庭に耐火コンクリート製の「奉安殿《ほうあんでん》」を建て、そこに教育勅語と御真影を納めた。再び山中恒の『ボクラ少国民』から。

いかなる理由があるにせよ、奉安殿の前を通過する際、欠礼は許されなかった。きちんと停止し、正面に向って最敬礼をしなくてはならなかった。……そのことで既に何人もの生徒が、教師から手ひどい体罰をくわされていた。最敬礼がぞんざいであるということは「恐れ多くも天皇陛下に対し奉り不敬の心がある」ということになるのである。これはまさに最大級の反逆罪なのである。

そして、第二次世界大戦中の昭和十八（一九四三）年に文部省より出た「学校防空指針」では、子どもの生命より、教育勅語・御真影を優先して守るようにと定められている。もはや、そこには「教育」のかけらさえなかった。

第99話　大逆《たいぎゃく》事件と文学者たち

大逆事件　大逆事件とは、明治四十三（一九一〇）年、幸徳秋水《こうとくしゅうすい》・菅野《かんの》スガ・宮下太吉《たきち》・大石誠之助ら社会主義者・無政府主義者二十六名が、明治天皇暗殺を計画したとして起訴・処刑された事件である。しかし、実際に爆弾を作り、明治天皇暗殺を計画したのは、宮下太吉・管野スガ・新村《にいむら》忠雄・古河力作《ふるかわりきさく》ら四名に過ぎなかった。それにもかかわらず、わずか一か月の裁判で二十四名が死刑判決（実際には十二名が死刑、十二名が特赦により無期懲役）、二名が有期刑となった。つまりこの事件は、社会主義・無政府主義を弾圧するためのでっち上げ事件だったのである。

大逆事件の衝撃　この事件は多くの文学者に衝撃を与えている。たとえば石川啄木《たくぼく》は日記に、「孝徳秋水等陰謀事件発覚し、予の思想に一大変革ありたり。これよりポツポツ社会主義に関する書籍雑誌をあつむ」と記し、強い影響を受けたことを明かしている。そして二十四人に死刑判決が出た明治四十四（一九一一）年一月十八日の日記には、「日本はダメだ」と記している。

与謝野鉄幹《よさのてっかん》と大逆事件の因縁には興味深いものがある。大逆事件で処刑された和歌山の医師大石誠之助は随筆家でもあり、鉄幹とも交流があった。そのため鉄幹が自らの主催する「明星」同人である弁護士平《ひら》出修《いでしゅう》にこの事件の弁護を依頼したのである。さらには、弁護のために平出を森鷗外のもとに連れていき、社会主義や無政府主義について学ばせてもいる。鷗外は陸軍高官として社会主義などについて当時随一の知識をもっていたのである。大石が処刑されると鉄幹はその死を悼み、皮肉を込めて「大石誠之助の死」と題する詩を作っている。

同じく大石誠之助を悼《いた》み歌ったものに、佐藤春夫の「愚者の死」もある。佐藤春夫の父親は和歌山で大石と同業の医師で大石と親交があった。

千九百十一年一月二十三日／大石誠之助は殺されたり。／げに厳粛なる多数者の規約を／裏切る者は殺さるべきかな。／死を賭《と》して遊戯を思ひ、／民俗の歴史を知らず、／日本人ならざる者／愚者なる者は殺されたり。（後略）

この詩も反語的な表現を用いており、真意が伝わりにくいが、当時の時代状況の中で苦心して精一杯大石誠之助への同情を示したものと評価されている。

徳富蘆花《ろか》は幸徳らを処刑しないように訴える公開直訴状を『東京朝日新聞』に掲載するよう依頼し、孝徳らの処刑直後には「死刑廃止すべし」という文章も書いている。

「冬の時代」　事件後の言論・思想取り締まりに危機感を覚えた文学者もいた。たとえば永井荷風《かふう》は「希望」と題するエッセイのなかで、この事件の結果、社会主義の出版物が取り締まられるのを見て、それが文芸や新しい思想にまで及ぶことを危惧《きぐ》している。社会主義には批判的な森鷗外も事件直後、「沈黙の塔」を発表し、言論弾圧に対して批判を加えている。しかし、現実には事件後思想統制は強められ、社会主義は「冬の時代」に入っていくのである。

第100話　明治の終焉《しゅうえん》――明治天皇・乃木希典《のぎまれすけ》の死とその神格化

明治天皇崩御　明治天皇の崩御《ほうぎょ》は、明治四十五（一九一二）年七月三十日午前零時四十三分と官報等で発表された。しかし実際の死はその二時間前であり（『財部彪《たからべたけし》日記』他）、死亡時刻を繰り下げたのは、皇室典範や登極令に記すように、崩御後直ちに神器《じんぎ》を継承する践祚《せんそ》と改元を実行すると日付が変わってしまうことを回避するためであった（山口輝臣『明治神宮の出現』吉川弘文館）。天皇の崩御により元号が大正と改められ、人々は明治の終焉を意識した。先帝に贈る諡号《しごう》を止めて、元号を以て追号《ついごう》としたのも新しいことで、明治という時代と天皇との一体感がより強まることになった。明治の栄光は、明治天皇とともにあり、天皇がその栄光の象徴となった。七月二十日に天皇の病状が「御不例」として報道されると、夏祭りが中止され、歌舞音曲が慎まれ、二重橋前には民衆があふれて天皇の平癒《へいゆ》を祈った。九月十三日の大喪《たいそう》には全国から民衆が集まり、哀悼を表出するなど、天皇と民衆との一体感が見られた。

明治神宮の創建　天皇崩御により、何をもって明治の代を記念するかが新聞等で活発に議論され、一方で陵墓を東京にと、渋沢栄一や阪谷芳郎《さかたによしろう》東京市長など東京の政財界が動いた。宮内省が大喪を青山練兵場で行い、陵墓は桃山城址に内定していると発表すると、彼らは明治天皇を祀《まつ》る明治神宮を青山に建てようと運動を転換した。新聞各紙はこの動きを報じ、なかでも徳富蘇峰《そほう》の『国民新聞』は、連日の報道で運動を盛り上げた。このような神宮建設を求める民間の動きは、二個師団増設問題で西園寺公望《さいおんじきんもち》内閣が倒れ、代わった桂太郎内閣も護憲運動で倒れるなどで遅延したが、帝国議会に建議され、政府を動かすことになった。

大正二（一九一三）年十一月に天皇の裁可を得て、政府の手で神宮建設が進められ、大正九年に明治天皇及び皇后を祀る明治神宮の鎮座祭が行われた。神社がある内苑のほかに外苑を造営したのは、新しいスタイルとして護国神社などの先例となった。各種運動施設などが建てられた外苑の中心は、明治天皇の葬儀が行われた葬場殿跡地とその前に建てられた聖徳《せいとく》記念絵画館である。伏見《ふしみ》桃山《ももやま》陵と天皇を祀る宮中皇霊殿のほかになぜ神社が必要なのかについては、大隈重信《おおくましげのぶ》が「宮中も御陵墓も下万民《しもばんみん》は入る事は許されず。されば下万民は、御宮を造営して御祭典を行い、聖徳を記念せざるべからず」（『報知新聞』大正元年八月三日）と述べ、国民のために神社が造られると強調し、全国的展開を見せた青年団の造営奉仕や献木運動はその様相を示した。

明治天皇の死によってもたらされた新時代への潮流は、やがて大正デモクラシーを醸成していった。

乃木希典夫妻の死と情報統制　大正元年九月十三日、明治天皇大喪の日に陸軍大将乃木希典と静子夫人が自刃《じじん》した。新聞各紙が連日このことを報じると、政府や軍当局は情報統制を行い、九月十六日に乃木の死を初めて公表するとともに、遺書の一部を伏せる措置をとった。乃木は、日露戦争で第三軍司令官として旅順《りょじゅん》を攻略したが、多くの将兵とともに、家を継ぐべき二人の息子を失った。遺書には、養子を迎えず乃木伯爵家を断絶する意思が記されていたのである。これは華族制度の根幹にかかわることなので公表を控えたが、伏せた部分を新聞に報道されてしまった。乃木夫妻自刃の状況についても、警視庁警察医員岩田凡平が死体を実検して「乃木将軍及同夫人死体検案始末」という詳細な報告書を作成したが公表されず、一年後に岩田が頒布《はんぷ》した同検案書も押収されてしまった。自刃について、当初は新聞各紙が様々な人の情報を得て報じたことから、その内容は錯綜《さくそう》していた。遺書に「静子どの」とあることから、乃木は前日の時点で夫人の自刃を想定していなかった。その夫人について、十六日に「白鞘《しらさや》の短刀にて左胸心臓部を刺して前方に伏し居り毫末《ごうまつ》も取りみだされた処なかりき」と公表されたが（十七日付『読売新聞』）、それ以前の新聞記事は、実検した赤坂警察署長談話として「七寸の懐剣《かいけん》を持ち喉笛《のどぶえ》の気管をバッと払い」（十六日付『国民新聞』）、家人の談として「夫人は最初に咽喉を刺し貫きて即死し」（十五日付『読売新聞』）、自刃後真っ先に立ち会った人の談として「初め夫人は短刀にて咽喉部《いんこう》を突かれ更《さら》にむねのあたりを深く刺し」（十六日付『東京日日新聞』）とある。上記岩田の検案書には、頚部《けいぶ》に傷はないと報告されている。十五日付『東京日日新聞』は、安楽警視総監から大山巌《いわお》元帥への報告文に「令夫人は仰座両手を胸に当て」とあることを報じ、前方に伏していたとする公表と異なっているのである。また、その時一階に居た夫人の姉馬場サダ子は、異様な音がして二階に上がり、苦しそうな息がするので鍵がかかったドア越しに声をかけると、乃木希典が「御免ください」と答えたという。夫人は公表のようにあとを追って自刃したのか定かではない。

ここでは、夫妻の死には謎が多いことに留め、それをもたらした要因としての情報統制に注目したい。馬場サダ子からの聞き取りを行った宿利《しゅくり》重一《しげいち》は、著書『乃木静子』で上記のように記すとともに、自序に「自刃という事実がいち早く諸新聞の号外に依《よ》って報道せられなかったならば……将軍の死も自刃でなく、或いは普通の死であったように発表されたかも知れぬ」「未だ一切を公にすることの自由がない」と記している。事実を隠蔽し公表を控えさせようとする当時の状況があったようである。それをさせたのは政府や軍当局であり、また乃木を神格化のヴェールに包もうとする人々の思いでもあったであろう。

乃木希典の神格化　明治四十三年、国定教科書尋常《じんじょう》小学読本と尋常小学読本唱歌に「水師営《すいしえい》の会見」が取り上げられ、武人としての乃木希典の名声は高まっていた。九月十八日の葬儀には十数万人の人出があったといい、新聞は「その最期が壮烈であっただけに、満都の人心を感動せしめた」ためと報じた（九月十八日付『東京日日新聞』）。武人乃木の評価は、軍事指揮官としての名将でなく、「水師営の会見」のモチーフでもある武士道を殉死《じゅんし》によって貫いたとするものであり、それが多くの人々を感動させたようである。乃木を軍神と仰ぎ神社を建設する動きが進んだ。赤坂の乃木神社は、大正二年に乃木会が発足して阪谷東京市長が会長に選ばれ、これを母体に建設が推進された。乃木邸内の小社に夫妻の霊を祀《まつ》り、同八年神社創立許可、同十二年に乃木邸隣地に社殿が完成して鎮座祭を執行した。前後して大正四年に那須《なす》、同五年に伏見《ふしみ》、同九年に長府《ちょうふ》、昭和十年に善通寺《ぜんつうじ》にも乃木神社が建設された。明治神宮と違って乃木神社は全く民間の手で創建され、現在も中央乃木会は崇敬会として存続する一方、大正四年には乃木講（のち乃木修養会）という修養団体が結成されたことも注目される。

一方、乃木の死を冷ややかに見た人々も多かった。とくに白樺派の志賀直哉《なおや》は九月十四日の日記に「馬鹿な奴だ」、武者小路実篤《むしゃのこうじさねあつ》は「武士道は御陰《おかげ》で終わりを完《まっと》うすることができた」と辛辣《しんらつ》である。明治の精神に殉じた乃木に対して、それを評価しない白樺派の人々によって新しい大正の精神が形成されることになるのである（大濱徹也《おおはまてつや》『乃木希典』講談社学術文庫）。

【編集委員略歴・執筆担当】

〈代表〉

樋口　州男（ひぐちくにお）

一九四五年生まれ。山口県出身。早稲田大学大学院文学研究科博士課程単位取得。博士（文学）。現在、拓殖大学非常勤講師。

▼『中世の史実と伝承』（東京堂出版）、『日本中世の伝承世界』（校倉書房）、『武者の世の生と死』（新人物往来社）ほか。

第18・24・27・28・31・33話

〈第1章担当〉

中村　俊之（なかむらとしゆき）

一九五九年生まれ。東京都出身。明治大学文学部卒業。現在、駒込学園・国本学園講師。

▼『新説日本史』（共著・日本文芸社）『東京都謎解き散歩』（共著・新人物往来社）ほか。

第1・2・3・5・7・9・10話

〈第2章担当〉

戸川　点（とがわともる）

一九五八年生まれ。東京都出身。上智大学大学院文学研究科博士後期課程中退。現在、高等学校教員。

▼『検証・日本史の舞台』（共編著・東京堂出版）、「軍記物語に見る死刑・梟首」（『歴史評論』六三七号）ほか。

第14・15・19・22・23・25・26・52・53・99話

〈第3章担当〉

松井　吉昭（まついよしあき）

一九五三年生まれ。石川県出身。早稲田大学大学院文学研究科博士課程前期修了。現在、都立高校教諭・早稲田大学非常勤講師。

▼『「川」が語る東京』（共編・山川出版）、『暦を知る事典』（共著・東京堂出版）、『木曾義仲のすべて』（共編・新人物往来社）ほか。

第34・36・38・39・40・58・65話

〈第4章担当〉

藤木　正史（ふじきまさし）

一九七九年生まれ。東京都出身。立教大学大学院文学研究科史学専攻博士課程前期課程修了。現在、東京学芸大学附属国際中等教育学校教諭。

▼「内乱と飢饉の中世―歴史研究と歴史教育の接続を試みた授業―」（『歴史地理教育』七七一号）ほか。

第44・45・46・47・49・50・66・85話

〈第5章担当〉

森　正太郎（もりしょうたろう）

一九五六年生まれ。東京都出身。駒澤大学文学部歴史学科卒業。現在、駒沢学園女子中学・高等学校教諭

▼『稲城市史』資料編2（共著・稲城市）、『日本中世内乱史人名辞典』下巻（共著・新人物往来社）ほか。

第54・55・56・63・64・67・72話

〈第6章担当〉

田中　暁龍（たなかとしたつ）

一九六一年生まれ。東京都出身。東京学芸大学大学院修士課程修了。博士（史学）。現在、桜美林大学准教授。

▼『近世前期朝幕関係の研究』（吉川弘文館）、『近世朝廷の法制と秩序』（山川出版社）ほか。

第68・69・70・78・79・80・81・82話

〈第7章担当〉

鍋田　英一（なべたえいいち）

一九五四年生まれ。東京都出身。駒澤大学大学院修士課程修了。現在、東京学館高等学校教諭。

▼『新編　史料でたどる日本史事典』（共著・東京堂出版）ほか。

第75・86・90・94・98話

【執筆者略歴・執筆担当】

岩﨑　孝和（いわさきたかかず）
一九四八年生まれ。神奈川県出身。駒澤大学大学院博士課程中退。元駒澤大学文学部非常勤講師。二〇一二年逝去。
▼『神奈川県の歴史散歩』（編著・山川出版）ほか。
第87・88話

坂井　久能（さかいひさよし）
一九四九年生まれ。群馬県出身。國學院大學大学院修士課程修了。現在、神奈川大学外国語学部特任教授。
▼『名誉の戦死―陸軍上等兵黒川梅吉の戦死資料―』（岩田書院）、「営内神社等の創建」（『国立歴史民俗博物館研究報告』第一四七集）ほか。
第89・92・93・100話

関口　明（せきぐちあきら）
一九六八年生まれ。東京都出身。駒澤大学大学院修士課程終了。現在、正智深谷高等学校非常勤講師。
▼「戦国期上野赤見氏の動向」（『駒沢史学』七〇号）ほか。
第30・57・59・60・61・62話

武井　弘一（たけいこういち）
一九七一年生まれ。熊本県出身。東京学芸大学大学院修士課程修了。現在、琉球大学法文学部准教授。
▼『鉄砲を手放さなかった百姓たち』（朝日新聞出版）ほか。
第71・73・74・76・77・83・84話

田辺　旬（たなべじゅん）
一九八一年生まれ。東京都出身。東京都立大学人文学部史学科卒業。現在、東京都立桐ヶ丘高等学校教諭。
▼『大人のための教科書　新説日本史』（共著・日本文芸社）ほか。
第4・6・8・29・32・35・37話

土屋　伸也（つちやのぶや）
一九六三年生まれ。静岡県出身。千葉大学大学院修士課程修了。現在、都立三田高校教諭。
▼『荘園絵図研究の視座』（共著・東京堂出版）、『吾妻鏡辞典』（共著・東京堂出版）ほか。
第11・12・13・16・17・20・21話

徳永　健太郎（とくながけんたろう）
一九七一年生まれ。長崎県出身。早稲田大学大学院博士後期課程単位取得退学。現在、早稲田大学非常勤講師。
▼「鎌倉期の地方神社と幕府」（『年報中世史研究』三六）、「中世宇佐弥勒寺における神功皇后裳腰伝承をめぐって」（池享編『室町戦国期の社会構造』吉川弘文館）ほか。
第41・42・43話

松澤　徹（まつざわあきら）
一九七二年生まれ。東京都出身。早稲田大学大学院博士後期課程単位取得退学。現在、早稲田大学高等学院教諭。
第48・51話

松丸　明弘（まつまるあきひろ）
一九六一年生まれ。千葉県出身。筑波大学大学院修士課程修了。現在、千葉県立東葛飾高等学校教諭。
第91・95・96・97話

史料が語るエピソード
日本史100話

2013年4月20日　第1刷発行

編著者　樋口州男（代表）
発行者　稲葉義之
印刷所　株式会社シナノパブリッシングプレス

発行所　株式会社 小径社 Shokeisha Inc.
〒350-1103　埼玉県川越市霞ケ関東5-27-17　TEL 049-237-2788

ISBN　978-4-905350-01-9
◎定価はカバーに表示してあります。
◎落丁・乱丁はお取り替えいたします。